高等职业教育精品教材·旅游酒店类

导游业务

（第 2 版）

主　编　李晓标　解程姬

副主编　张　颖　潘　成

参　编　常智伟

北京理工大学出版社
BEIJING INSTITUTE OF TECHNOLOGY PRESS

内 容 简 介

本教材系统地阐述了合格导游员应该具备的知识、素质和技能。全书总体上分为认知篇、技能篇和实训篇3大部分。认知篇是旅游管理专业学生所必需的理论基础；技能篇是从事导游业务必需掌握的基本技能；实训篇是本教材的重点，是工作过程理念的集中体现。

认知篇包含3个项目，即认知导游人员、认知导游服务、散客旅游与团队旅游；技能篇包含3个项目，即导游带团技能、导游语言技能、导游讲解技能；实训篇包括4个项目，即地陪导游服务程序与规范、全陪导游服务程序与规范、出境领队导游服务程序与规范、导游服务中常见问题及事故的预防与处理。

本书既可作为高等院校旅游管理专业教材，也可作为相关专业师生的参考用书以及导游从业人员的学习用书。

版权专有　侵权必究

图书在版编目（CIP）数据

导游业务／李晓标，解程姬主编．—2版．—北京：北京理工大学出版社，2020.8（2020.10重印）

ISBN 978-7-5682-8788-3

Ⅰ.①导… Ⅱ.①李…②解… Ⅲ.①导游—教材 Ⅳ.①F590.633

中国版本图书馆CIP数据核字（2020）第136296号

出版发行 /	北京理工大学出版社有限责任公司
社　　址 /	北京市海淀区中关村南大街5号
邮　　编 /	100081
电　　话 /	（010）68914775（总编室）
	（010）82562903（教材售后服务热线）
	（010）68948351（其他图书服务热线）
网　　址 /	http://www.bitpress.com.cn
经　　销 /	全国各地新华书店
印　　刷 /	唐山富达印务有限公司
开　　本 /	710毫米×1000毫米　1/16
印　　张 /	18
字　　数 /	345千字
版　　次 /	2020年8月第2版　2020年10月第2次印刷
定　　价 /	49.80元

责任编辑／申玉琴
文案编辑／申玉琴
责任校对／刘亚男
责任印制／施胜娟

图书出现印装质量问题，请拨打售后服务热线，本社负责调换

前　言

在经济快速发展，旅游成为热潮的今天，导游培训教材层出不穷。如何能够使学生尽快地把握导游岗位的运作特点，掌握从业必备的知识和技能，以过硬的专业素质去尽快地适应导游这一职业，是我们在编写教材中反复思考的。在编写时，我们借鉴了以项目教学为载体的"能力本位"教育理念，依据旅行社导游岗位的职业能力要求，兼顾学生可持续发展能力的培养，以项目为纲，以工作任务为学习导向，将必备的知识和技能融入每一个工作任务，让学生在完成工作任务过程中有的放矢地获取专业知识，训练专业技能，从而达到培养导游的综合职业能力。

本书是以培养旅游管理专业学生导游职业能力为目的，在征求多位旅游业界专家意见的基础上，参照相关行业标准，结合目前我国导游行业现状的基础上编写的。与同类教材相比，本教材还具有如下特点：

1. 项目主导、任务驱动

本书在编写过程中以"项目主导，任务驱动"为指导思想，从编写体例、模式、内容和方法等方面进行了必要改革，突出实践性、可操作性。每个任务都设置了任务介绍、任务目标、任务导入、相关知识、任务实施、思考与讨论、考证专栏等内容，并且安排了与该任务相关的实训内容。以导游人员具体业务为任务载体，使学生在完成具体业务操作的过程中，学习必要的知识，掌握导游带团技能。这样既可以加深学生对知识目标和能力目标理论的理解，又可以在实践中提高学生的实际操作能力。

2. 内容丰富、可读性强

本书充分考虑了学生的特点与培养目标的要求，理论叙述力求简洁明了，注重培养学生的实践操作能力。在本书编写中穿插了相关的资料链接，同时还辅以案例分析、行业动态、导游经验、业务示例等栏目内容，既加深了学生对所学知识的理解，又丰富了教材内容，增强了教材的趣味性和可读性。

3. 立足行业、工学结合

旅游管理专业立足于旅游行业的发展，以企业需求为人才培养的依据，注重在教学过程中实现工学结合。基于此，本书在编写过程中，充分调研了旅行社行业的导游人员知识需求，并收集了大量的案例及业务资料。这些资料既丰富了本书的内容，也为同学们提供了实践性的学习机会。

4. 教学与实训相结合，注重提升实践能力

为满足人才培养目标中对学生实践动手能力的要求，本书在编写过程中开设了专门的实训项目，每个教学项目中的每个教学任务都设置了对应的实训项目。既方便了教师组织学生进行实训，也可以让学生自行实训，提升学生的实践能力。

5. 关注教学需求，信息化教学引入课本

适应目前教育教学工作需要，加入信息化教学方式，实现二维码扫描，信息化内容呈现。

6. 满足导游资格证书考试需求，开设相应专题

目前，大部分高职高专院校都在大力推进"1+X"证书制度，各专业都将更加重视专业证书的培训工作。导游业务课程就是考取全国导游资格证书的必考科目之一。为此，我们在本书编写过程中增设了[考证专栏]，有针对性地将各个章节涉及的考点、考题、应试技巧等内容进行系统性梳理，方便学生进行应试准备。

7. 紧跟政策法规变化，实时更新行业新规

近几年，国家针对旅游行业相继出台和修改了一些法律法规，这些都是旅游从业人员尤其是导游人员必须了解和掌握的。例如：2017年10月16日，国家旅游局正式通过《导游管理办法》，自2018年1月1日起施行。2016年12月6日国家旅游局正式通过了《国家旅游局关于修改〈旅行社条例实施细则〉和废止〈出境旅游领队人员管理办法〉的决定》，自12月12日起生效。本书在编写中对于此类法规进行了相应更新，以便学生学习和掌握最新行业法规。

本书由李晓标（内蒙古财经大学）、解程姬（内蒙古建筑职业技术学院）担任主编，张颖（内蒙古农业大学职业技术学院）、潘成（南昌职业大学）担任副主编。常智伟（河北东方学院）参与了本书的编写。具体编写分工为：李晓标编写项目八、项目九、项目十；解程姬编写项目三、项目六、项目七；张颖编写项目四、项目五；潘成编写项目一、项目二；常智伟参与编写工作。解程姬负责全书的统稿工作。

本书在编写过程中，得到了多位旅游行业专家的支持与关注，在此要特别感谢内蒙古蒙忻国际旅行社有限责任公司经理陈琦女士、北京天辰假日国际旅行社有限公司总经理罗辉先生、内蒙古中国青年旅行社商务会展部经理马海军先生，社会导游张春颖、党渊。因为有了他们的参与，本书内容才更加丰富、实用。

本教材的编写过程中，参考和借鉴了许多专家的相关著作、文章、教材、各院校网络精品课程、知名相关旅游网站及其他科研成果，在此，谨向相关作者表示敬意和衷心的感谢！

由于编者水平有限，本教材难免有不足和差错之处，恳请各相关院校的同仁、专家和读者在使用本教材的过程中给予关注，并将意见及时反馈给我们，以臻完善。

编　者

目 录

认知篇

项目一 认知导游人员 …………………………………………（003）
 任务一 导游人员的定义与分类 …………………………（003）
  一、导游人员的定义 ………………………………………（004）
  二、导游人员的分类 ………………………………………（006）
 任务二 导游人员的职责 …………………………………（009）
  一、导游人员的基本职责 …………………………………（010）
  二、全程陪同导游人员的职责 ……………………………（010）
  三、地方陪同导游人员的职责 ……………………………（011）
  四、出境旅游领队的职责 …………………………………（011）
  五、景点景区导游人员的职责 ……………………………（012）
 任务三 导游人员的素质 …………………………………（012）
  一、导游人员的道德素质 …………………………………（013）
  二、导游人员的知识素质 …………………………………（015）
  三、导游人员的身心素质 …………………………………（018）
  四、导游人员的能力素质 …………………………………（019）

项目二 认知导游服务 …………………………………………（024）
 任务一 导游服务的定义与类型 …………………………（024）
  一、导游服务的定义 ………………………………………（025）
  二、导游服务的类型 ………………………………………（026）
 任务二 导游服务的特点与基本原则 ……………………（029）
  一、导游服务的特点 ………………………………………（029）
  二、导游服务的基本原则 …………………………………（032）

项目三　散客旅游与团队旅游 …………………………………………（038）

任务一　散客旅游 ……………………………………………………（038）
一、散客旅游的定义 …………………………………………………（039）
二、散客旅游迅速发展的原因 ………………………………………（039）
三、散客旅游的特点 …………………………………………………（042）
四、散客旅游服务的类型 ……………………………………………（043）
五、散客导游服务的特点 ……………………………………………（043）
六、散客导游服务的要求 ……………………………………………（044）

任务二　团队旅游 ……………………………………………………（045）
一、团队旅游的定义与类型 …………………………………………（046）
二、团队旅游与散客旅游的区别 ……………………………………（046）
三、散客旅游团队 ……………………………………………………（047）

技能篇

项目四　导游带团技能 …………………………………………………（057）

任务一　导游与旅游者交往的技能 …………………………………（057）
一、导游人员带团模式 ………………………………………………（058）
二、树立良好的导游形象 ……………………………………………（060）
三、导游人员的心理服务技能 ………………………………………（061）

任务二　导游人员的协作技能 ………………………………………（074）
一、导游人员与领队的协作 …………………………………………（075）
二、全陪与地陪的协作 ………………………………………………（076）
三、导游人员与司机的协作 …………………………………………（077）
四、导游人员与旅游接待单位的协作 ………………………………（078）

任务三　特殊旅游团队接待服务技能 ………………………………（079）
一、大型旅游团队导游服务技能 ……………………………………（080）
二、高龄旅游团队导游服务技能 ……………………………………（082）
三、家庭旅游团队导游服务技能 ……………………………………（084）
四、青少年儿童团队导游服务技能 …………………………………（086）
五、宗教型旅游团队导游服务技能 …………………………………（087）
六、政务型旅游团队导游服务技能 …………………………………（088）

任务四　导游人员带团的常用技巧 …………………………………（089）

一、以我为主，把握全局 ……………………………………………（090）
　　二、以客为主，灵活控制 ……………………………………………（093）
　　三、机智老练，对付扰乱 ……………………………………………（095）
　　四、有理有节，处理投诉 ……………………………………………（097）

项目五　**导游语言技能** ……………………………………………………（103）
　　任务一　导游语言的概念与基本要求 ………………………………（103）
　　　一、导游语言的概念 ………………………………………………（104）
　　　二、导游语言的基本要求 …………………………………………（104）
　　任务二　导游口头语言的表达技能 …………………………………（111）
　　　一、口头语言的基本形式 …………………………………………（112）
　　　二、导游口头语言表达技能 ………………………………………（113）
　　任务三　导游态势语言表达技能 ……………………………………（116）
　　　一、首语 ……………………………………………………………（117）
　　　二、表情语 …………………………………………………………（117）
　　　三、目光语 …………………………………………………………（118）
　　　四、服饰语 …………………………………………………………（118）
　　　五、姿态语 …………………………………………………………（120）
　　　六、手势语 …………………………………………………………（120）
　　任务四　导游交际语言运用技能 ……………………………………（122）
　　　一、称谓的语言技巧 ………………………………………………（123）
　　　二、交谈的语言技巧 ………………………………………………（124）
　　　三、劝服的语言技巧 ………………………………………………（125）
　　　四、提醒的语言技巧 ………………………………………………（126）
　　　五、回绝的语言技巧 ………………………………………………（127）
　　　六、道歉的语言技巧 ………………………………………………（129）

项目六　**导游讲解技能** ……………………………………………………（132）
　　任务一　导游词的创作 ………………………………………………（132）
　　　一、导游词的概念 …………………………………………………（133）
　　　二、导游词的特点 …………………………………………………（133）
　　　三、导游词的创作 …………………………………………………（135）
　　任务二　导游讲解的原则与要求 ……………………………………（140）

一、导游讲解的原则 …………………………………………（140）
二、导游讲解的要求 …………………………………………（143）
任务三　导游讲解常用方法 …………………………………（146）
一、简单概述法 ………………………………………………（146）
二、分段讲解法 ………………………………………………（147）
三、突出重点法 ………………………………………………（148）
四、触景生情法 ………………………………………………（149）
五、制造悬念法 ………………………………………………（150）
六、问答法 ……………………………………………………（151）
七、虚实结合法 ………………………………………………（152）
八、类比法 ……………………………………………………（152）
九、画龙点睛法 ………………………………………………（154）

实训篇

项目七　地陪导游服务程序与规范 ………………………………（159）
任务一　地陪导游接团准备工作 ………………………………（159）
一、熟悉接待计划 ……………………………………………（160）
二、落实接待事宜 ……………………………………………（163）
三、服务准备工作 ……………………………………………（164）
任务二　地陪接站服务 …………………………………………（168）
一、旅游团抵达前的业务准备 ………………………………（168）
二、旅游团抵达后的服务 ……………………………………（169）
三、赴饭店途中的导游服务 …………………………………（170）
任务三　入店服务 ………………………………………………（174）
一、协助办理入住手续 ………………………………………（174）
二、介绍饭店设施 ……………………………………………（174）
三、确定叫早时间 ……………………………………………（175）
四、带领旅游团用好第一餐 …………………………………（175）
五、重申当天或第二天的活动安排 …………………………（175）
六、照顾旅游者和行李进房 …………………………………（176）
任务四　核对、商定活动日程 …………………………………（177）
一、核实、商定日程的时间、地点和对象 …………………（178）

二、核对、商定日程的原则 …………………………………………（178）
　　三、在核对、商定日程时，可能出现的几种情况及处理方法 …（178）
　任务五　参观游览 ……………………………………………………（180）
　　一、出发前的服务 ……………………………………………………（180）
　　二、途中导游 …………………………………………………………（181）
　　三、景点导游、讲解 …………………………………………………（182）
　　四、参观活动 …………………………………………………………（183）
　　五、返程途中的工作 …………………………………………………（184）
　任务六　其他服务 ……………………………………………………（185）
　　一、餐饮服务 …………………………………………………………（185）
　　二、社交活动服务 ……………………………………………………（188）
　　三、娱乐活动服务 ……………………………………………………（188）
　任务七　送站服务 ……………………………………………………（192）
　　一、送站前的服务准备 ………………………………………………（193）
　　二、离店服务 …………………………………………………………（195）
　　三、送团服务 …………………………………………………………（195）
　任务八　后续工作 ……………………………………………………（198）
　　一、处理遗留问题 ……………………………………………………（198）
　　二、结账 ………………………………………………………………（198）
　　三、总结工作 …………………………………………………………（198）

项目八　全陪导游服务程序与规范 ………………………………………（201）
　任务一　全陪导游接团准备工作 ……………………………………（201）
　　一、熟悉接待计划 ……………………………………………………（202）
　　二、做好物质准备 ……………………………………………………（204）
　　三、做好知识准备 ……………………………………………………（204）
　　四、做好充分的心理准备 ……………………………………………（204）
　任务二　全程陪同服务 ………………………………………………（205）
　　一、首站接团服务 ……………………………………………………（206）
　　二、入住饭店服务 ……………………………………………………（207）
　　三、核对、商定日程 …………………………………………………（207）
　　四、各站服务 …………………………………………………………（208）
　　五、转站服务 …………………………………………………………（209）

任务三　末站送团服务 …… (210)
一、出境前的准备工作 …… (211)
二、征求意见 …… (211)
三、致欢送词 …… (211)
四、站点送行 …… (212)

任务四　后续工作 …… (213)
一、处理遗留问题 …… (213)
二、认真填写《全陪日志》 …… (213)
三、处理与派出旅行社的相关事务 …… (213)

项目九　出境旅游领队服务程序与规范 …… (217)

任务一　准备工作 …… (217)
一、行前业务准备 …… (218)
二、核对各种票据、表格和旅行证件 …… (220)
三、物质准备 …… (221)
四、做好团队行前说明会 …… (221)

任务二　全程陪同服务 …… (223)
一、办理中国出境手续 …… (223)
二、办理国外入境手续 …… (224)
三、境外旅游服务 …… (225)
四、返程服务 …… (227)

任务三　后续服务 …… (230)
一、和计调交接 …… (230)
二、整理旅游者意见、处理投诉或委托事项 …… (230)
三、报账和归还物品 …… (231)

项目十　导游服务中常见问题及事故的预防与处理 …… (233)

任务一　计划或活动日程变更的处理 …… (233)
一、旅游者要求改变计划或活动日程 …… (234)
二、客观原因造成计划和日程的变更 …… (235)

任务二　接、送站事故的预防与处理 …… (237)
一、漏接的原因、处理与预防 …… (239)
二、错接的处理与预防 …… (240)

三、空接的原因与处理 ……………………………………………（241）
四、误机（车、船）事故的原因、预防与处理 ………………（242）

任务三　旅游者丢失证件、财物、行李事件的预防与处理 …………（246）
一、旅游者丢失证件、财物、行李事件的预防 …………………（247）
二、旅游者丢失证件事件的处理 …………………………………（247）
三、旅游者丢失财物事件的处理 …………………………………（249）
四、旅游者丢失行李事件的处理 …………………………………（250）

任务四　旅游者走失事件的预防与处理 ……………………………（251）
一、旅游者走失的原因 ……………………………………………（252）
二、旅游者走失事件的预防 ………………………………………（253）
三、旅游者走失事件的处理 ………………………………………（253）

任务五　旅游者患病、死亡事件的处理 ……………………………（255）
一、旅游者患病事件的预防与处理 ………………………………（256）
二、旅游者死亡事件的处理 ………………………………………（257）

任务六　旅游者越轨言行的处理 ……………………………………（259）
一、对旅游者攻击和诬蔑言论的处理 ……………………………（260）
二、对旅游者违法行为的处理 ……………………………………（260）
三、对旅游者散发宗教宣传品行为的处理 ………………………（261）
四、对旅游者违规行为的处理 ……………………………………（261）

任务七　突发事件的预防与处理 ……………………………………（263）
一、交通事故的预防和处理 ………………………………………（263）
二、治安事故的预防和处理 ………………………………………（265）
三、火灾事故的预防和处理 ………………………………………（266）
四、旅游者受伤、骨折事件的预防和处理 ………………………（267）
五、旅游者溺水事件的预防和处理 ………………………………（268）
六、天灾逃生常识 …………………………………………………（269）

参考文献 ………………………………………………………………（273）

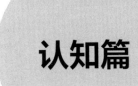

认知篇

项目一

认知导游人员

【项目分析】

导游人员是导游服务的主体。通常所说的导游人员是地陪、全陪和领队。本项目主要介绍导游人员的概念、职责、素质等基本知识。重点是熟悉导游人员的概念及分类,掌握导游人员的职责。通过以上内容的学习,学生能够深入了解导游人员及导游工作。

【学习目标】

※ 知识目标

1. 理解导游人员的概念及分类。
2. 掌握导游人员的职责。
3. 熟悉导游人员的素质要求。

※ 能力目标

熟悉如何成为一名合格的导游人员。

任务一 导游人员的定义与分类

【任务介绍】

说到导游人员,大家对这个称呼都不陌生。但是,何谓导游人员?导游人员的工作范围广泛,工作对象复杂,使用语言各异,工作方式也不尽相同。即使是同一导游人员,由于从事的业务性质不同,所扮演的角色也会随之变换。世界各国对导游类型的划分不尽相同,很难用一个统一的标准对导游人员进行分类。本任务结合我国导游人员的实际情况,按照不同的标准对导游人员进行分类。

【任务目标】

1. 了解导游人员的定义。

2. 掌握导游人员的分类。

【任务导入】

考取了导游资格证书就可以成为导游、进行带团工作了吗？对导游工作特别热爱，同时也具备导游能力的在校学生可以做兼职导游人员吗？这往往是在校大学生比较关注的问题。通过本任务的学习，我们将找到这些问题的答案。

【相关知识】

一、导游人员的定义

导游人员是指依照《导游人员管理条例》的规定取得导游证，接受旅行社委派，为旅游者提供向导、讲解及相关旅游服务的人员。

由这个定义可见，导游人员的概念包含以下三层含义。

1. 导游人员是指按规定取得导游证的人员。

在人们的日常生活中，有着各种各样的导游。例如，某单位组织员工外出旅游，由本单位熟悉旅游目的地情况的某人充任导游。在这里，某人虽然也为其单位员工导游，但其并不是《导游人员管理条例》所称的导游人员，因其并没有依法取得导游证。所以，依法取得导游证的导游人员不同于日常生活中泛称的导游。

2. 导游人员必须是接受旅行社委派的人员。

这一规定把导游人员是由旅行社委派，为旅游者提供向导、讲解及相关旅游服务这一特性揭示了出来。在日常生活中，也有为他人提供向导、讲解服务的人，但是，只要其不是由旅行社委派的，尽管为他人提供向导、讲解服务，他也不是《导游人员管理条例》所称的导游人员。

3. 导游服务的主要业务活动是向旅游者提供向导、讲解及相关的旅游服务。

所谓"向导"，一般是指为他人引路、带路；而"讲解"则是指向旅游者解说、指点风景名胜；"相关旅游服务"，一般是指为旅游者代办各种旅行证件，代购交通票据，安排旅游住宿、旅程、就餐等与旅行游览有关的各种服务。

知识链接

导游人员证书

2018年1月1日起施行的《导游管理办法》第三条规定："国家对导游执业实行许可制度。从事导游执业活动的人员，应当取得导游人员资格证和导游证。"第六条规定："经导游人员资格考试合格的人员，方可取得导游人员资格证。"第七条规定："取得导游人员资格证，并与旅行社订立劳动合同或者在旅游行业组织注册的人员，可以通过全国旅游监管服务信息系统向所在地旅游主管部门申请取得导游证。"导游证采用电子证件形式，由文化和旅游部制定格式标准，由各级旅游主管部门通过全国旅游监管服务信息系统实施管理。电子导游证以电子数据形式保存于导游个人移动电话等移动终端设备中。

由以上规定可见，申请领取导游证的前提必须是参加导游人员资格考试并合格，从而取得导游人员资格证书。在满足这一前提条件下，可以申请领取导游证的人员又可分为两类，即：① 取得导游人员资格证书，与旅行社订立劳动合同的人员。这类人员是指专职导游人员，劳动合同明确了导游人员在旅行社内有义务完成担任的工作，并且遵守用人单位内部劳动规则，旅行社则有义务按照导游人员工作的数量和质量给付工资，并且提供劳动法规规定或双方约定的劳动条件。② 取得导游人员资格证书，在旅游行业组织注册的人员。这类人员可以是专职导游人员，也可以是非专职导游人员，但他们都不是某一旅行社的正式员工，而是在旅游行业组织注册的人员，如果某旅行社需要导游人员时可以临时聘用他们。

《导游人员管理条例》

导游人员资格证书与导游证的区别

根据《导游人员管理条例》的规定，导游人员资格证书与导游证是两种既有联系又有区别的证书。两者的联系是导游人员资格证书是取得导游证的必要前提，也就是说，要取得导游证，必须首先取得导游人员资格证书。但应当指出的是，取得导游人员资格证书并不意味着必然取得导游证。导游人员资格证书与导游证的区别在于：

（1）性质不同。导游人员资格证书是标志某人具备从事导游职业资格的证书，而导游证则是标志国家准许某人从事导游职业的证书。前者是表明某人具备导游职业的资格，而后者表明某人获准从事导游职业。

（2）颁证机构不同。导游人员资格证书是由国务院旅游行政部门或国务院旅游行政部门委托的省、自治区、直辖市人民政府旅游行政部门颁发，而导游证则是通过全国旅游监管服务信息系统由省、自治区、直辖市人民政府旅游部门颁发。

（3）领取程序不同。导游人员资格证书是参加导游人员资格考试并合格后，向旅游行政部门领取；而导游证则必须是取得导游人员资格证书，并与旅行社订立劳动合同或者在旅游行业组织注册的人员，通过全国旅游监管服务信息系统向所在地旅游主管部门申请取得导游证。

（4）作用不同。导游人员资格证书仅仅是表明持证人具备了从事导游职业的资格，但并不能实际从事导游职业；而导游证则表明持证人可以实际从事导游职业。前者是从业的资格，后者是从业的许可。

《导游管理办法》

二、导游人员的分类

根据我国目前的旅游市场现状以及未来旅游业发展趋势，借鉴国外成功的经验和中国旅游业特定的运行规律，下面从不同的角度对中国导游人员进行分类。

（一）按业务范围划分，导游人员分为出境旅游领队、全程陪同导游人员、地方陪同导游人员和景点景区导游人员

1. 出境旅游领队，是指经国家旅游行政主管部门批准可以经营出境旅游业务的旅行社的委派，全权代表该旅行社带领旅游团队从事旅游活动的工作人员。

2. 全程陪同导游人员，简称全陪，是指受组团旅行社委派，作为组团社的代表，在领队和地方陪同导游人员的配合下实施接待计划，为旅游团（者）提供全程陪同服务的工作人员。这里的组团社是指接受旅游团（者）或海外旅行社预订，制订和下达接待计划，并可提供全程陪同导游服务的旅行社。这里的领队是指受海外旅行社委派，全权代表该旅行社带领旅游团队从事旅游活动的工作人员。

3. 地方陪同导游人员，简称地陪，是指受接待旅行社委派，代表接待旅行社实施接待计划，为旅游团（者）提供当地旅游活动安排、讲解、翻译等服务的工作人员。这里的接待旅行社是指接受组团社的委托，按照接待计划委派地方陪同导游人员负责组织安排旅游团（者）在当地参观游览等活动的旅行社。

4. 景点景区导游人员，亦称讲解员，是指在旅游景点景区，如博物馆、自然保护区、纪念馆、名人故居等地为游客进行导游讲解的工作人员。他们只负责讲解而不涉及其他事务。

（二）按职业性质划分，导游人员分为专职导游人员和兼职导游人员

1. 专职导游人员，是指在一定时期内以导游工作为其主要职业的导游人员。目前，这类导游人员大多数受过中、高等教育，或受过专门训练，一般为旅行社的正式职员，他们是当前我国导游队伍的主体。

2. 兼职导游人员，亦称业余导游人员，是指不以导游工作为其主要职业，而利用业余时间从事导游工作的人员。

（三）按导游使用的语言划分，导游人员分为中文导游人员和外语导游人员

1. 中文导游人员，是指能够使用普通话、地方话或者少数民族语言，从事导游业务的人员。目前，这类导游人员的主要服务对象是国内旅游中的中国公民和入境旅游中的港、澳、台同胞。

2. 外语导游人员，是指能够运用外语从事导游业务的人员。目前，这类导游人员的主要服务对象是入境旅游的外国旅游者和出境旅游的中国公民。

（四）按技术等级划分，导游人员分为初级导游人员、中级导游人员、高级导游人员和特级导游人员

根据《导游人员等级考核评定管理办法（试行）》规定，导游人员等级分为初级、中级、高级、特级4个等级。导游员申报等级时，由低到高，逐级递升，经考核评定合格者，颁发相应的导游员等级证书。

《导游人员等级考核评定管理办法（试行）》

【任务实施】

实训项目： 认知导游人员。

实训内容： 1. 以小组为单位进行实训。

2. 参考实训资料，通过各种途径了解导游人员的具体工作，可以联系当地知名导游人员进行小组座谈，也可以到旅行社对导游人员进行采访。

3. 通过实训，谈谈你对导游工作的认识。

实训考核： 以同学间分享成果为主、教师点评为辅。
实训资料：

做导游真好

2005年年底，当我代表宜昌作为一名全国优秀导游员和数百位同行们一起步入人民大会堂的那一刻，我激动了。从头回味工作的苦与乐，那时才真正体会到导游工作的艰辛与快乐同存、责任与意义并重。

10年前，刚毕业的我带着美好的憧憬成为一名导游。此后，一直工作在这个平凡的岗位上。客观地讲，这10年让我亲身经历了宜昌旅游业的巨大变化，感受到了它的蓬勃生机。也正是这些让我积累了经验、增长了才干，并让我深深地感到：作为一名导游真好！而要做一名真正好的导游，却要用你的细心、耐心和用心才能完成。

"小事成就大事，细节成就完美。"作为导游，每天都和不同的客人打交道，看起来琐碎，但我们的一颦一笑也就在这琐碎中变得伟大起来。因为服务就是从这些细小做起的，细心地面对接待的每一位游客，让他们能够真正体会到导游的服务。记得有一次，一位老人来到三峡工程参观，当他进入坛子岭景区后，老人被工程所震撼，但当老人面对高高的坛子岭观景平台时却迟疑了。"唉！你们上去吧，我在这等你们，我就在下面看。"话虽这么说，但我从老人的眼里看到了沮丧，感觉到了老人不能一睹工程全景的遗憾。"老爷爷，我带您老上去。"当我提出这一想法时，老人面露难色，"小洪，你行吗？""没事，我来当您的拐杖，您杵着我上去。"在我的坚持下，老人答应了。当老人"杵"着我登上坛子岭后，激动得热泪盈眶，"谢谢你啊，小洪！这太好了，看到了！我看到了中国的腾飞！够了，我这辈子没白活，太谢谢你了！"虽然这时我已全身湿透，但当听到老人激动的话语后我也很欣慰。真的，做导游真好！

每天面对不同的游客，耐心便成了我的宗旨。一次参加小学生的春游活动，在路上我用孩子们能理解的语言给他们耐心讲解着。可由于路程过远有一个孩子因为晕车呕吐不止，我见到后只有一个念头：要赶快清理。但由于车上条件有限，一时找不到扫帚清扫，我只有用清洁袋一次次将呕吐物往垃圾桶里扔，老师看到都捂着鼻子说："小洪，你甭管了，等会儿让司机处理吧。"我风趣地说："没关系，年轻，多活动一下就给它压回去了。"清理完地上的呕吐物后，为引开他们的注意力我便带领他们唱歌、做游戏，一路欢声笑语到达目的地。下车前同学们异口同声说"谢谢你，洪姐姐"，让我感受到做导游真好。

在许多游客的心目中，导游被定义为"万能的专家"，口才了得，滔滔不绝，上晓天文，下知地理，博古通今，社会常识信手拈来。的确，导游是一本内容丰富的书，但这本书是在游客的帮助下靠自己的用心积累、丰富起来的。记得在三峡工程展览馆，一位客人面对着塔带机的模型问："你们大坝混凝土到底是如何快速施工的？"由于当时不完全清楚更多材料，我就简单地回答了他的提问，客人一脸茫然，我感到很惭愧。回家后，我立即查找相关资料，终于找到了大坝混凝土快速施工技术的详细资料。第二天，趁这位客人有空的时候，我将三峡工程混凝土施工的相关数据、施工方案、原材料选配以及二次风冷骨料技术一口气讲完，客人愣住了，然后不停地夸我"勤奋好学，爱岗敬业"。听到夸奖我真的很高兴，高兴的是我又一次丰富了自己，更高兴的是觉得做一名导游真好。

有付出就有收获。的确，如果我们把导游工作只看成是一种职业来对待，就会觉得极其辛苦和平凡，游客只是一种工作对象；而当我们把它看作一种事业时，对游客的认识就会有一种全新的意义。我们不会再用一般的职业心理去对待他们，在为他们服务的过程中会带入爱的情感，工作的辛劳就会变成我们付出后的欢乐。而这种欢乐使一种念头油然而生，那就是"做导游真好"。

资料来源：洪佳《做导游真好》，中国导游网　http://www.tourguide.net.cn

任务二　导游人员的职责

【任务介绍】

各类导游人员由于其工作性质、工作对象、工作范围和时空条件各不相同，职责重点也有所区别。但他们的基本职责是共同的，就是为旅游者提供良好的导游讲解和旅行服务。每位导游人员各司其职、各负其责，共同目的都是为了圆满完成整个旅游团的接待任务。

【任务目标】

1. 理解导游人员的基本职责。
2. 掌握地陪、全陪及出境旅游领队的工作职责。

【任务导入】

早在20世纪60年代，周恩来总理就对外事翻译人员提出了"三过硬"（思想、业务、外语过硬）和"五大员"（宣传员、调研员、服务员、安全员、翻译员）的要求，这是对当时翻译导游人员职责的明确概括。改革开放以来，我国旅游业发生了翻天覆地的变化。"五大员"就其精髓而言，至今仍有其现实意义，但内涵和外延已发生了变化。我国导游翻译界著名人士认为，当今导游人员要真正做好导游服务工作，真正成为旅游者和自己工作单位所喜欢的导游人员，必须要当好"八大员"，即国情讲解员、导游翻译员、旅游协调员、生活服务员、安全保卫员、情况调查员、座谈报告员和经济统计员。

【相关知识】

一、导游人员的基本职责

导游人员的基本职责是指各类导游人员都应履行的共同职责。

1. 接受旅行社分配的导游任务，按照接待计划安排和组织旅游者参观、游览。
2. 负责向旅游者导游、讲解，介绍中国（地方）文化和旅游资源。
3. 配合和督促有关部门安排旅游者的交通、住宿，保护旅游者的人身和财产安全等事项。
4. 反映旅游者的意见和要求，协助安排会见、座谈等活动。
5. 耐心解答旅游者的问询，协助处理旅游者旅途中遇到的问题。

二、全程陪同导游人员的职责

全程陪同导游人员（以下简称"全陪"）受组团社委派，作为组团社的代表，在领队和地方陪同导游人员的配合下实施接待计划，为旅游团（者）提供全程的陪同服务，在导游工作集体中处于中心地位，起着主导作用。其具体职责是：

1. 实施旅游接待计划。

按照旅游合同或约定实施组团旅行社的接待计划；监督各地接待单位的执行情况和接待质量。

2. 联络。

负责旅游过程中同组团旅行社和各地接待旅行社的联络，做好旅行各站的接待工作，掌握旅游活动的连贯性、一致性和多样性。旅游团在各站间移动时，做好上下站之间的联络，特别是遇到离站的交通工具更改或班次变更时，应及时通知下一站接待社。协调旅游团在各地的旅游活动，避免活动内容重复，及时将旅游者和领队的愿望、要求和意见传达给各站地方陪同导游人员，使旅游团的活动顺利进行。

3. 组织协调。

协调旅游团与地方接待旅行社及地方陪同导游人员之间，领队与地方陪同导游人员、司机等各方面接待人员之间的合作关系；协调旅游团在各地的旅游活动，听取旅游者的意见。

4. 维护安全、处理问题。

维护旅游者旅游过程中的人身和财物安全，转达或处理旅游者的意见、建议和要求；依靠、协同各地方接待社和地方陪同导游人员妥善处理旅游过程中发生的问题和事故并向组团社报告。

5. 宣传、调研。

耐心解答旅游者的问询；介绍中国（地方）文化和旅游资源；开展市场调研，协助开发、改进旅游产品的设计和市场促销。

三、地方陪同导游人员的职责

地方陪同导游人员（以下简称"地陪"）接受接待旅行社的委派，作为接待社的代表，实施接待计划，为旅游团（者）提供当地旅游活动的安排、讲解、翻译等项服务。其具体职责是：

1. 安排落实旅游活动。

严格按照旅游接待计划，合理安排旅游团在当地的旅游活动。

2. 做好接待工作。

认真落实旅游团在当地的接送服务和食、住、行、游、购、娱等服务；与全陪、领队密切合作，按照旅游接待协议做好当地旅游接待工作。

3. 负责导游讲解。

负责旅游团在当地参观游览中的导游讲解，解答旅游者的问题，积极介绍和传播中国（地方）文化和旅游资源。

4. 维护旅游者安全。

维护旅游者在当地旅游过程中的人身和财物安全，做好事故防范和安全提示工作。

5. 处理问题。

妥善处理旅游相关服务各方面的协作关系，以及旅游者在当地旅游过程中发生的各类问题，如旅游者走失、丢失钱物、就餐标准降低、突发事件等。地陪应针对不同情况，积极进行协调，妥善处理。

四、出境旅游领队的职责

出境旅游领队是经国家旅游行政主管部门批准组织出境旅游的旅行社的代表，是出境旅游团的领导者和代言人。带团"高高兴兴出游去，平平安安回家来"是领队的重要职责。因此，出境旅游领队在团结旅游团全体成员、组织旅游者完成旅游计划方面起着全陪、地陪往往难以起到的作用。其具体职责是：

1. 全程服务，旅途向导。

领队行前应向旅游团介绍旅游目的国（地）概况及注意事项；陪同旅游团的全程参观游览活动，积极提供必要的旅途导游服务和生活服务。

2. 落实旅游合同。

领队要监督但更要配合旅游目的国（地）的全陪、地陪安排好旅游计划，组织好游览活动，全面落实旅游合同。领队应积极关注并听取旅游者的要求和意见，做好旅游团的组织工作，维护旅游团内部的团结，调动旅游者的积极性，保证旅游活动顺利进行。

3. 协调联络、维护权益、解决难题。

领队应负责旅游团与接待方旅行社的联络工作，转达旅游者的建议、要求、意见乃至投诉，维护旅游者的正当权益，遇到麻烦和微妙问题时出面斡旋或解决。

五、景点景区导游人员的职责

1. 导游讲解。

负责所在景区、景点的导游讲解，解答旅游者的问询。

2. 安全提示。

提醒旅游者在参观游览过程中注意安全，并给予必要的协助。

3. 宣传知识。

结合景物向旅游者宣讲环境、生态和文物保护等相关方面的知识。

【任务实施】

实训项目： 导游人员职责分析。

实训内容： 1. 以小组为单位进行实训。

2. 利用节假日到旅游景点进行实地考察，了解导游人员在旅游景区内的导游服务工作。

3. 通过实地考察形成对导游工作的简单认知，完成认知报告，并与同学交流讨论。

实训考核： 教师进行点评，打分。

任务三　导游人员的素质

【任务介绍】

"任何行业都有代表性的业务，在旅游业中，就是导游服务。"在旅游活动过程中，导游人员是整个旅游服务的轴心，导游人员的素质决定服务质量，因此导游人员素质起着至关重要的作用。同时，导游是旅行社的窗口和旅游的灵魂，导游人员素质的高低直接关系到导游的服务质量、旅游业的整体水平和国家的整体形象。

【任务目标】

掌握成为一名合格的导游人员所要具备的基本素质。

【任务导入】

"祖国的一面镜子""民间大使""旅客之友""游人之师""旅行社代表"等称呼是对导游人员的美誉,更是一个国家、一个地区、一个企业以及社会公众或游客对导游人员的形象与行为的要求与期望。这是一种角色要求和旅游消费者的需求,正是这种要求对"导游"这一角色产生了行为与形象的定位,要达到这种个人形象定位,就得提升个人的综合素质。因此,合格的导游人员或优秀的导游人员的综合素质主要表现为良好的道德素质,广博合理的知识结构,杰出的组织、人际交往能力和自控力以及高超的语言表达能力,健康的心理和体质等。

【相关知识】

一、导游人员的道德素质

在任何时代、任何国家,人的道德品质总是处于最重要的地位。导游人员的道德素质主要表现在下述几个方面。

(一)具有爱国主义意识

"爱国"是世界各国伦理道德的核心,"爱国是文明人的首要美德"。导游人员首先应是一名爱国主义者。在为旅游者提供热情、友好的服务的同时,要维护国家的利益和民族的自尊,热爱人民和大好河山,热爱家乡。面对四海宾朋介绍自己国家的悠久历史、灿烂文化、壮丽河山、现代成就,没有对祖国强烈的爱,就很难通过导游讲解使旅游者了解自己的国家,并对自己的国家产生美好的印象。只有爱国,才能以热情的介绍和强烈的爱国情绪感染旅游者。我国导游人员作为中华民族的一员,其思想品德、言行举止都是以民间大使的身份表现的,外国朋友正是通过他们的形象来了解中国的,因此他们必须对自己的言行负责,自觉维护祖国尊严和民族尊严。文化和旅游部相关文件明确指出:"导游人员必须是热爱祖国的,他不仅是坚定的爱国主义者,而且要通过自己的讲解和服务,使来华访问的旅游者深深体会到中华民族的自尊心和自信心。"

(二)具有集体主义思想和乐于为人民服务的品质

集体主义和全心全意为人民服务的精神是社会主义道德的本质特征。旅游接待是一项关联性很强的工作,它不但涉及旅行社各部门的人员,还离不开各相关接待单位，任何一个环节出现差错，都有可能导致接待工作的失败。因此，它是一项依靠集体才能完成的工作。导游人员是这一工作集体中的一员，必须从这个集体的利益出发，只有团结协作，才能圆满完成接待任务。

【案例分析】

2005年8月，陕西洛川，一次旅游被突如其来的车祸中断。旅游大巴车被撞得严重变形，车内血肉模糊，人们乱作一团。危急时刻，车厢里传来导游文花枝"挺住！加油！"的鼓励声。这个声音虽然微弱，却透着一股沉稳、坚定，像黑暗中的一线光束，让受伤、受惊的游客从死亡的噩梦里看到生的希望。事后许多亲历者都说，正是这个很有穿透力的声音给了大家支撑下去的勇气。

其实，在这起6人死亡、14人重伤、8人轻伤的重大交通事故中，文花枝是伤得最重的一个，但重伤的她一直牢记着自己的神圣职责。当施救人员一次次向她走过来，她总是吃力地摇摇头说："我是导游，我没事，请先救游客！"在长达两个多小时的救援时间里，她多次昏迷，但只要一醒过来，就不停地为大家鼓劲、加油。文花枝是最后一个被救出来的。她左腿9处骨折，右腿大腿骨折，髋骨3处骨折，右胸第4、5、6、7根肋骨骨折。由于延误了宝贵的救治时间，医生不得不为文花枝做了左腿截肢手术。

在这个案例中，我们看到一名优秀的导游高尚的职业道德素养。遵纪守法、爱岗敬业，文花枝热爱自己的导游工作。"请先救游客"这句话表明：在她的心里，游客至上，为每一个游客提供优质的服务是她的目标。同时也体现了她工作中爱岗真诚、信誉第一、不卑不亢、一视同仁的原则。面对着突如其来的灾难，她没有慌乱、没有失去控制力，而是尽自己最大的力量去挽救游客，体现了她团结协作、顾全大局的职业道德。

（三）具有尽职敬业的精神

导游人员应树立远大的理想，将个人的理想与事业的成功紧密结合起来，立足本职工作，热爱本职工作，刻苦钻研业务，不断提高自身的业务水平。

【案例分析】

2006年11月的一个晚上，李静娜接到海南银通旅行社的求助电话。第二天，6对深圳、贵阳、昆明的新婚夫妇拼成的散团就要出发了，但旅行社找的几位导游都嫌人数少而不愿意接团。当时，李静娜已经接下一个45人团，也是第二天出团。李静娜二话不说，当即把45人团推了，接下这个仅12人的新婚团。早上6时，李静娜就赶到海口世纪阳光酒店接团。她挨个给客人的房间打电话："请你们起床，收拾好行李，到二楼餐厅吃早餐，我们7点钟准时出发。"

面对着12张青春飞扬的脸庞，李静娜心中感慨万千。此刻，她想到了他们远在千里之外的父母对孩子的新生活寄予的美好希望和祝福。在途中讲解时，李静娜以一个母亲的心情语重心长地说："父母千里迢迢把你们送来海南旅游，体现了父母之爱，以后你们只有好好生活、创业、成长，才是对父母最好的回报。"车厢内，掌声久久不散。

一路上，李静娜给他们拍照片、谈人生，3天下来，大家已处得像一家人一样难舍难分。新人回到各自的家乡后，纷纷打电话给李静娜报平安："大姐，你放心，我们一定好好生活、孝敬父母！"

资料来源：全国诚实守信模范事迹展播——李静娜（节选），中国文明网 http://archive.wenming.cn/2008-02/20/content 14365482.htm

（四）具有高尚的情操

高尚的情操是导游人员必备的修养之一。导游人员要通过不断的学习，提高思想觉悟，增强自身的是非观、善恶观、荣辱观，自觉抵制各种物质诱惑和精神污染，兢兢业业带团，堂堂正正做人。

（五）严于律己，遵纪守法

导游人员应该自觉地遵守国家的法律、法令，遵守旅游行业的规章，严格执行导游服务质量标准；严守国家机密和商业秘密，维护国家和旅行社的利益，牢记内外有别的原则，在工作中多请示汇报，切忌自作主张，更不能做违法乱纪的事。

二、导游人员的知识素质

旅游业的发展既带来机遇，也带来挑战。导游工作不断朝高科技化、高知识化、方法多样化的方向发展。导游本身就是知识密集型的服务工作，一名好的导游人员必须以渊博的知识作为后盾，要能够把广博的知识融会贯通，做到内容丰富、言之有物、恰到好处，能使旅游者产生看景不如听景的感觉。英国伦敦旅游局培训班的导游教学大纲中指出："知识是导游的基础，这种知识必须是有根据的、经过选择的，而且能很好地表达出来的。"导游人员应掌握的知识包括以下几个方面。

（一）语言知识

语言是导游服务的重要工具。导游人员不仅要有娴熟的导游业务知识，而且要有规范化、艺术化的语言。导游讲解是一种综合性的口语艺术，因此，语言表达是基本功。语言基础不扎实，就会影响有效的传递与沟通，也就不可能完成导游工作的任务。而过硬的语言能力和扎实的语言功底是以丰富的语言知识为基础的。这里所说的语言知识包括外语知识和本民族语言知识（或少数民族语言知识）。

涉外导游人员至少应掌握并熟练运用一门外语，最好掌握两三门外语。掌握一门外语，了解一种外国文化，有助于接受新思想、新观念，开阔眼界，在传播文化中做出贡献。导游讲解是一种综合性的口语艺术，要求导游人员具有很强的口语表达能力。

（二）史地文化知识

史地文化知识包括历史、地理、宗教、民族、风俗民情、风物特产、文学艺术、古建园林等诸多方面的知识。这些知识是导游讲解的素材，是导游服务的"原料"，是导游人员的看家本领。导游人员要努力学习，力争使自己上知天文、下晓地理，对本地及邻近省、市、地区的旅游景点、风土人情、历史典故、民间传说等了如指掌，并对国内外的主要名胜亦应有所了解，还要善于将本地的风景名胜与历史典故、文学名著、名人轶事等有机地联系在一起。总之，对史地文化知识的综合理解并将其融会贯通、灵活运用，对导游人员来说具有特别重要的意义，是一名合格导游人员的必备条件。而且，我国的旅游资源对境外旅游者最有吸引力的就是悠久的历史、独特的民俗和灿烂的文化。

（三）专业基础知识和相关理论知识

导游人员应精通业务。首先要精通各种业务手续和导游工作程序，如安排旅游者的饮食起居、了解景点景区布局和最佳游览路线等。此外，导游人员还应学习旅游学概论、饭店前厅与客房管理、旅行社经营与管理、旅游服务礼仪等。具备了这些基础知识，在与相关方面合作时心中会更有底、工作会更有效，导游服务质量也会大大提高。

（四）政策、法规知识

政策、法规知识也是导游人员应必备的知识。这是因为：第一，政策、法规是导游人员工作的指针。导游人员在导游讲解、回答旅游者对有关问题的问询或同旅游者讨论有关问题时，必须以国家的方针、政策和法规作指导。否则会给旅游者造成误解，甚至给国家造成损失。第二，对于旅游过程中出现的有关问题，导游人员要根据国家的政策和有关的法律、法规予以正确处理。第三，导游人员自身的言行要符合国家政策、法规的要求，要遵纪守法。

总之，导游人员应该牢记国家现行的方针、政策，掌握有关的法律法规知识，了解外国旅游者在中国的法律地位以及他们的权利和义务。只有这样，才能正确地处理问题，做到有理、有利、有节，导游人员才可少犯或不犯错误。

（五）心理学和美学知识

导游人员的工作对象主要是形形色色的旅游者，还要与各旅游服务部门的工作人员打交道，因而掌握必要的心理学知识具有特殊的意义。导游人员要随时了解旅游者的心理活动，有的放矢地做好导游讲解和旅途生活服务工作，有针对性地提供心理服务，从而使旅游者在心理上得到满足、在精神上获得享受。事实证明，向旅游者多提供心理服务远比功能服务重要。

旅游活动是一项综合性的审美活动。导游人员不仅要向旅游者传播知识，也要传递美的信息，让他们获得美的享受。一名合格的导游人员要懂得什么是美、知道美在何处，并善于用生动形象的语言向不同审美情趣的旅游者介绍美，而且还要用美学知识指导自己的仪容、仪态，因为导游人员代表着国家（地区），其本身就是旅游者的审美对象。

（六）政治、经济及社会知识

由于旅游者来自不同国家的不同社会阶层，他们中一些人往往对目的地的某些政治、经济和社会问题比较关注，询问有关政治、经济和社会问题，有的人还常常把本国本地的社会问题同旅游目的地的社会问题进行比较。另外，在旅游过程中，旅游者随时可能见到或听到目的地的某些社会现象，会引发他们对某些社会问题的思考，可能要求导游人员给予相应的解释。所以，导游人员掌握相关的社会学知识，熟悉国家的社会、政治、经济体制，了解当地的风土民情、婚丧嫁娶习俗、宗教信仰情况和禁忌习俗等就显得十分必要。

（七）旅行常识

旅行常识指交通知识、通信知识、货币保险知识、卫生防病知识等。导游人员率领旅游者旅游，在提供导游服务的同时，还要随时随地帮助旅游者解决旅行中的种种问题。这时，导游人员掌握必要的旅行常识，对旅游活动的顺利进行显得十分重要。

（八）国际知识

涉外导游人员还应掌握必要的国际知识，了解国际形势和各时期国际上的热点问题，以及中国的外交政策和对有关国际问题的态度；要熟悉客源国或出游接待国的概况，知道其历史、地理、文化、民族、风土民情、宗教信仰、礼俗禁忌等。了解和熟悉这些情况不仅有利于导游人员有的放矢地提供导游服务，而且能加强与旅游者的沟通。

 **导游故事**

做导游更要读万卷书

我曾有6年做导游的经历,也算得上胜任吧。细细想来得益于读书。初当导游时,只识得好山好水,但不求甚解。有几次连下姑苏,遇有深究者细问,不免紧张心跳,讷讷无言以答。不安之下,寻来书本,一册《吴中胜迹》细啃下来,倒也悟出点"道道"。原来那一块青石头、几座旧楼阁,连接着千年历史、百年遗迹。看来,过去是有眼不识"天堂"美,枉下姑苏做导游啊!朋友又借我一本《苏州史话》,上下数千年历史尽收其中。细看慢品,总算打下点底子,及至再下苏州倒也颇能应付一番。有一次游客问我:"苏州四大名园分别有什么特色?"我运用书本上学来的知识讲述沧浪亭、狮子林、拙政园、留园的历史及特点,回答得倒也使游客满意。读书初尝甜头,"笨鸟"倒想飞得再高些。于是一些"地方志"之类的书籍也借来阅读,又查出不少奇观胜景的来源和形成,读到一些历代诗人吟咏佳景的诗词、散文,导游时穿插其中,效果奇佳。那年头旅游类书少得可怜,一次去无锡带团,几处托人觅来一本《无锡园林》,花了数个晚上将近百页书中的精华抄了下来,连诵数遍,虽仓促上阵却也应付自如,游客评价:"这个导游对无锡历史、掌故相当熟悉。"以后,每到一地,遇有空闲,购买旅游书籍是我最热衷的事。结合专业看书、剪报,丝毫不敢有所懈怠。天长日久,日积月累,于己帮助不小。随团带班,话筒在手,虽谈不上"激扬文字",但运用书本上学来的知识认认真真地给游客们"指点江山",那还是能够做到的。如今我虽已从做导游转为搞经营多年,但做好导游或做成任何什么事都要多读书。古人云:"行万里路,读万卷书。"读书行路相得益彰,这是我最深切的体会。

资料来源:孙一飞《做导游更要读万卷书》,《旅游时报》2001年11月11日

三、导游人员的身心素质

导游工作是一项脑力劳动和体力劳动高度结合的工作,工作纷繁,量大面广,流动性强,体力消耗大,而且工作对象复杂、诱惑性大。因此,导游人员必须是一个身心健康的人,否则很难胜任工作。身心健康包括身体健康、心理平衡、头脑冷静和思想健康4个方面。

(一)身体健康

导游人员的工作内容要求他能走路、会爬山,能连续不间断地工作。全陪导游人员、地陪导游人员和旅游团领队要陪同旅游团周游各地,变化的气候和各地的水土、饮食对他们都是严峻的考验。因此导游人员必须具备良好的身体素质。

（二）心理平衡

"客人吃着我看着，客人玩着我干着。"这句俚语从一个侧面反映出导游人员不能同旅游者一起"享受"而产生的不平衡心理。导游人员必须具有良好的心理素质，要时刻明白导游人员与旅游者的关系是一种提供服务与接受服务的关系。导游人员要很快进入角色，并且能始终不受任何外来因素的影响，在旅游者面前显示出良好的精神状态。

（三）头脑冷静

在旅游过程中，导游人员应始终保持清醒头脑，处事沉着、冷静、有条不紊，处理各方面关系时要机智、灵活、友好、协作，处理突发事件以及旅游者的挑剔、投诉时要干脆利索，要合情、合理、合法。

（四）思想健康

导游人员应具有很强的是非观念和自控能力，自觉抵制形形色色的物质诱惑和精神污染。

四、导游人员的能力素质

（一）导游人员的表达能力

"一句话能把人说笑，也能把人说跳。"导游人员在进行导游服务时必须具备一定的语言表达能力。进行导游讲解时，应认真思考讲解方法和表达方式，努力使大好河山的"静态"变为"动态"，使沉睡了千百年的文物古迹死而复生、使优雅的传统工艺品栩栩如生，从而使旅游者感到旅游生活妙趣横生，留下经久难忘的深刻印象。导游工作要求导游人员具有比较扎实的语言功底，而正确、优美、得体的语言表达能力对提高导游服务质量至关重要。

导游是一种社会职业，与其他社会职业一样，在长期的社会实践中逐渐形成了具有职业特点的语言——导游语言。导游语言是导游人员与旅游者交流思想感情、指导游览、进行讲解、传播文化时使用的一种具有丰富表达力、生动形象的口头语言。

朱光潜先生说："话说得好就会如实地达意。使听者感到舒服，发生美感。这样的说话就成了艺术。"导游人员的语言表达直接影响着旅游者的心理活动，所以必须在语言艺术的"达意"和"舒服"上下功夫，在"美"字上做文章。导游人员的语言美不仅是为了尊重旅游者，同时也反映出其语言艺术水平高、感召力大。

（二）导游人员的人际交往能力

导游人员每天都要与各种各样的游客打交道，必须有一定的社会活动能力，善于交际，既要能够接近别人，又要使自己容易被人信任。只有这样，才能创造和谐的人际关系，营造良好的工作氛围。导游人员只有具备一定的交际能力，在工作中才能处理好各种关系，搞好导游服务集体间的合作共事，搞好与其他旅游接待单位的协作，与合作者（如旅游车司机）愉悦共事。

优秀的导游员往往具备许多人际交往的技巧。能理解人，善于领会别人的言语和行动所表示的意愿；能容人，能够容忍别人的过失；善于观察人，并能及时地对自己的个人行为可能产生的后果作出判断；能影响人，能通过自己的言行并以对方能接受的方式传递自己的观点；能团结人，能使自己所在的团队成为一个短时结合而又团结愉快的集体。

【案例分析】

××旅行社某导游一次带了一个幼儿园小朋友团，回来以后该导游遭到了随团的幼儿园阿姨的投诉，原因是导游在带团过程中除与幼儿园阿姨说话外，没有与小朋友说过一句话。后来找到该导游询问情况时，她说："反正我说了他们也听不懂。"

分析：导游人员的接待对象千变万化，既有普通成年人，也有老人、孩子，这就要求导游人员要学会与不同的人打交道。

（三）导游人员的应变能力

旅游活动中经常会出现各种始料未及的情况，如遗失物品、变更计划、突发性事故等。遇到此类情况，导游人员应镇定沉着、及时冷静地处置。导游服务的难度就在于工作的灵活性和问题出现的随机性、突发性，因此，导游人员应具备处理错综复杂问题的应变能力。

这就要求导游人员具有处变不惊的判断力、获取信息和处理信息的能力、解决问题和化解矛盾的能力、决策能力、掌握知识和技能并善于应用的能力等。当出现问题和事故时，导游人员要知道怎样去做，能控制情绪、保持机警，面对挑战时应镇定自若，能把自己的经验和常识转化成快速、果断的行动，从而转危为安，化解矛盾。

（四）导游人员的学习能力

导游工作是文化性工作，导游人员必须具备较高的文化素养。"业精于勤，荒于嬉；行成于思，毁于随。"导游学习是不断的学习充实，是终生的学习提高。正如加拿大旅游专家帕特里克·克伦告诫导游人员的那样："你的知识永远不会饱和，不可能万事精通。"唯一的途径是"不断更新知识，多读书，多了解世界发展状况"。导游人员应该重视文化修养的提高，努力成为知识型导游，在导游业务中不断提升自身的能力与素质。

 导游故事

我的导游经验体会

有的人认为导游是一项苦差事，疲于奔波；有的人认为导游是一个很潇洒的职业。作为一名新的导游，刚刚接触到这个行业，我对导游工作有些自己的体会。

导游工作的特性在于其直接为人服务，需要体现"以人为本"的精神，只有具备良好的综合素质，才能高质量地完成导游服务。因此，现代导游既是一种服务，又是一门专业和艺术。游客需求的高品位决定了对导游文化素养的高要求。所以一名优秀的导游除了要具备良好的职业道德之外，更要能为游客提供知识广博、内涵丰富的导游讲解。随着人们生活节奏的加快，现代的旅游已不仅仅是单纯的游玩，也是一种获取知识与信息的途径，同时也是人们开阔眼界、提高素养的途径。

导游工作对导游人员来说是一种历练。导游工作使我自身的综合能力得到了提高。

游客出游为的是放松心情、陶冶情操，导游人员的精神状态也是引导游客游览的一部分，这就要求导游人员在全部游程中始终保持最佳精神状态和旺盛的服务热情。

导游人员要有良好的职业道德和高度的责任感。导游人员既要对旅行社负责，维护旅行社的利益形象，又要处处为游客着想，负责游客安全，关心游客的满意程度。旅游旺季时，导游人员往往整日在外工作，没有正常的作息。因此，没有良好的职业道德和高度的责任感不可能成为一名优秀的导游人员。

导游讲解是一项综合性的口语艺术，要求导游人员具有很强的口语表达能力。口语不同于书面语，口语化的东西让人听着舒服、更具趣味性、更容易理解。

要善于与人打交道，这样会对自己的工作有很大的帮助。导游人员仅有知识还不够，一个好的导游人员必须有乐观的情绪，要有能引起旅游团的热情的信心和能力。这点非常重要，它决定了你工作完成的质量。大多数的游客都是比较通情达理的，游客心情愉快，自然愿意配合你的工作，这样就可以顺利地完成任务了。

以上是我从事导游工作得到的经验体会。作为一个新人，希望在以后从事导游工作的过程中不断积累经验，提高自己的综合能力，做一名出色的导游！

资料来源：耿广慈《我的导游经验体会》，中国导游网　http://www.tourguide.net.cn

【任务实施】

实训项目： 导游美誉度调研。

实训内容： 1. 以小组为单位进行实训。

2. 开展对导游人员及导游服务工作认知度及美誉度的调研与讨论。每个小组要选取50人左右为调研对象。

3. 调研对象可以是同学、老师、亲属、行人等。进行调研前要提交调研方案，调研结束后经小组讨论形成文字报告，并选派代表进行班内交流讨论。

实训考核： 教师进行点评，打分。

【思考与讨论】

1. 谈谈导游人员应该具备什么样的知识素质。
2. 结合实际，根据所学知识，谈谈如何提高导游人员的能力素质。

【考证专栏】

一、考点归纳

1. 导游人员的概念。
2. 按照业务范围划分，导游人员的4种类型。
3. 导游人员的5条基本职责。
4. 全陪导游人员的5条职责。
5. 地陪导游人员的5条职责。
6. 海外领队的3条职责。
7. 景区景点导游人员的3条职责。
8. 导游人员的4项基本素质。
9. 导游人员身心健康的4个表现。

二、同步练习

1.（　　）是导游人员最重要的基本功，是导游服务的工具。

  A. 讲解　　　　　　B. 沟通　　　　　　C. 语言　　　　　　D. 体力

2. 金喜珊是一名朝鲜族中国人，主要服务对象是韩国来的旅游者，从使用的语言划分，她属于（　　）。

A. 中文导游员　　B. 外语导游员　　C. 专职导游员　　D. 兼职导游员

3. 基于对工作、事业的热爱,以高度的责任感和使命感,对自己所从事事业的积极投入和执着追求的精神,我们称之为(　　)。

A. 服务精神　　B. 敬业精神　　C. 乐业精神　　D. 主动精神

4. 社会主义职业精神是社会主义精神体系的重要组成部分,其本质是(　　)。

A. 爱岗敬业　　B. 为人民服务　　C. 廉洁奉公　　D. 公私分明

5. 取得导游人员资格证,并与旅行社订立劳动合同或者在旅游行业组织注册的人员,可以通过(　　)向所在地旅游主管部门申请取得导游证。

A. 全国旅游监管服务信息系统　　B. 地方导游协会
C. 地方旅游行政管理部门官网　　D. 导游自由执业平台

6. 地陪导游员的主要职责有(　　)。

A. 安排旅游活动　　B. 做好接待工作　　C. 导游讲解
D. 维护安全　　E. 处理问题

7. 具有(　　)学历的中国公民,可以参加导游人员资格考试。

A. 高中　　B. 初中　　C. 大专
D. 本科　　E. 中专

8. 导游人员只有以渊博的知识做后盾,讲解时才能做到内容丰富、言之有物,这些知识主要包括(　　)。

A. 语言知识　　B. 史地文化知识　　C. 政策法规知识
D. 心理学知识　　E. 旅行常识

参考答案:1.C　2.A　3.B　4.A　5.A　6.ABCDE　7.ACDE　8.ABCDE

项目二

认知导游服务

【项目分析】

导游服务是旅游服务中的一个重要组成部分。一般说来,旅游者在旅游过程中需要进行食、住、行、游、购、娱等活动,旅游业要提供饮食、住宿、交通、导游等项目的服务。同住宿、餐饮、交通等服务相比,导游服务居于中心地位。因为只有导游服务才能将各个服务环节连接起来,使相应的服务部门的商品和服务的销售得以实现,使旅游者在旅游过程中的种种需要得到满足。通过本项目的学习,学生可以了解导游服务的定义与类型,理解导游服务的特点及基本原则。

【学习目标】

※ 知识目标

1.了解导游服务的定义与类型。

2.理解导游服务的特点。

3.熟悉导游服务的基本原则。

※ 能力目标

1.能够提供符合导游服务特点的各项服务。

2.能够在导游服务实践中熟练运用导游服务的基本原则。

任务一 导游服务的定义与类型

【任务介绍】

导游服务是旅游服务的一个重要组成部分,是随着近代旅游活动的产生而产生,并随着现代旅游活动的发展而发展的。但目前大多数人对导游服务的准确含义还缺乏足够的认识。导游服务应该是取得导游证的导游人员代表旅游企业,按照旅游合同或事先约定的内容和标准为旅游者提供的向导服务、讲解服务及旅行生活服务。导游服务的类型是指导游人员向旅游者介绍所游览景区或地点情况的方式。提供导游服务的方式大致可分为两类，即图文声像导游方式和实地口语导游方式。

【任务目标】

1. 理解导游服务的定义。
2. 掌握导游服务的类型。

【任务导入】

导游人员在带团过程中，往往不会完全以自身的口语导游讲解为主，还会经常借助一些辅助手段，如导游图、VCD 光盘等。这些都是导游服务的主要方式，如何在导游服务中综合运用这两种导游服务方式呢？

【相关知识】

一、导游服务的定义

导游服务是导游人员代表被委派的旅行社，接待或陪同旅游者旅行、游览，按照组团合同或约定的内容和标准向其提供的旅游接待服务。

导游服务的内涵，具体来说应包括以下几层含义：

1. 导游人员是旅行社委派的，可以是专职的，也可以是兼职的。未受旅行社委派的导游人员不得私自接待旅游者。

2. 导游人员的主要业务是接待旅游者。一般说来，多数导游人员是在陪同旅游者旅行、游览的过程中向其提供导游服务的，但是也有些导游人员是在旅行社设在不同地点的柜台前接待客人，向客人提供旅游咨询，帮助客人联系和安排各项旅游事宜，他们同样提供的是接待服务。不同的是，前者是在出游中提供接待服务，后者是在出游前提供接待服务。

3. 导游人员向旅游者提供的接待服务，对于团体旅游者必须按组团合同的规定和导游服务质量标准实施，对于散客必须按事前约定的内容和标准实施。导游人员不得擅自增加或减少甚至取消旅游项目，也不得降低导游服务质量标准。一方面，导游人员在接待过程中要注意维护所代表的旅行社的形象和信誉，另一方面也要注意维护旅游者的合法权益。对于参加旅行社组织的旅游活动的旅游者而言，导游服务工作是其顺利完成旅游活动的主要依托。

因此，导游服务是整个旅游服务过程中的灵魂，导游人员在旅游过程中的服务艺术、服务技能、服务效果和组织能力会对游客的旅游感受形成最直接的影响。不仅如此，导游服务工作的优劣还会直接影响整个旅游行业的信誉，对旅游经济的发展产生直接或间接的影响。

二、导游服务的类型

导游服务的类型是指导游人员介绍所游地区或地点情况的方式。导游服务的范围极广,内容相当复杂,不过,现代导游就服务方式而言大致可分为两类:图文声像导游方式和实地口语导游方式。

(一)图文声像导游方式

图文声像导游方式,亦称物化导游方式,包括:

1. 导游图、交通图、旅游指南、景点介绍册或页、画册、旅游产品目录等。
2. 有关旅游产品、专项旅游活动的宣传品、广告、海报以及旅游纪念品等。
3. 有关国情介绍、景点介绍的录像带、录音带、微电影、幻灯片和CD、VCD光盘等。
4. 旅游景区配套的图文声像指示系统,如景区介绍、景区游览线路牌、景区路标等。
5. 现代媒体、微博、微信、自媒体等网络宣传形式。

(二)实地口语导游方式

实地口语导游方式,亦称讲解导游方式,它包括导游人员在旅游者旅行、游览途中所做的介绍、交谈和问题解答等导游活动,以及在集体参观游览途中所做的讲解。

随着时代的发展、科学技术的进步,导游服务方式将越来越多样化、高科技化。图文声像导游方式形象生动、便于携带和保存的优势将会进一步发挥,在导游服务中的作用会进一步加强。然而,同实地口语导游方式相比,它仍然处于从属地位,只能起到减轻导游人员负担、辅助实地口语导游方式的作用。实地口语导游不仅不会被图文声像导游方式所替代,而且将永远在导游服务中处于主导地位。这是因为:

1. 导游服务的对象是有思想和目的的旅游者。

由于社会背景和旅游动机的不同,不同的人出游的想法和目的也不尽相同,有的人会直接表达出来,有的人比较含蓄,还有的人可能缄默不语。单纯依靠图文声像千篇一律的固定模式介绍旅游景点,是不可能满足不同社会背景和出游目的的旅游者的需求的。而导游人员可以通过实地口语导游方式掌握旅游者对旅游景点的喜好程度,在与其接触和交谈中了解其不同的想法和出游目的,然后根据不同需求,在对参观游览的景物进行必要介绍的同时,有针对性、有重点地进行讲解。导游讲解贵在灵活、妙在变化,即使是一个高智能的机器人也未必能应付不同旅游者的所有问题。

2. 现场导游情况复杂多变。

现场导游情况纷繁复杂，在导游人员对参观游览的景物进行介绍和讲解时，有的旅游者会专心致志地听，有的则满不在乎，有的还会借题发挥，提出各种稀奇古怪的问题。这些情况都需要导游人员在讲解过程中沉着应对、妥善处理。在不降低导游服务质量标准的前提下，一方面满足那些确实想了解参观游览地景物知识的旅游者的需求，另一方面要想方设法调动那些对参观游览地不感兴趣的旅游者的游兴，还要对提出古怪问题的旅游者做必要的解释，以活跃旅游气氛。此类复杂情况也并非现代科技导游手段可以做到的，只有高水平的导游人员才能得心应手地应付复杂多变的情况。

3. 旅游是一种人际交往和情感交流。

旅游是客源地的人们到旅游目的地的一种社会文化活动，通过对目的地社会文化的了解来接触目的地的人民，实现不同国度、地域、民族之间的人际交往，建立友谊。导游人员是旅游者首先接触而且接触时间最长的目的地居民，导游人员的仪容仪表、言谈举止和导游讲解方式都会给其留下难以泯灭的印象。通过导游人员的介绍和讲解，旅游者不仅可以了解目的地的文化、增长知识、陶冶情操，而且通过接触目的地居民，特别是与其相处时间较长的导游人员，会自然而然地产生一种情感交流，即不同国度、地域、民族之间的相互了解和友谊。这种旅游者与导游人员之间建立起的正常的人与人之间的情感关系是提高导游服务质量的重要保证。这同样是高科技导游方式难以做到的。

【行业动态】

告别"八股"讲解　500个景区10月1日起上线"随身听"

一名金牌"导游"的讲解可能同时服务于上万名游客。近日，高德地图发布"景区随身听"服务，从"十一"起在500个热门景区正式启用。"景区随身听"类似"线上真人导游"，不仅将"马未都讲故宫"等名人语音囊括其中，还欢迎所有导游、主播、民间高手等上传自己对身边景点的优质讲解，帮助这些声音触达万千用户。

与目前大范围应用的景区导览器相比，"景区随身听"是否值得用户花钱购买，又能否满足文化深度游的消费升级需求？

走进故宫，游客往往会被富丽堂皇的宫殿所吸引。这时，高德地图的语音包会在一旁播放："故宫有180万件宝贝，青铜馆、陶瓷馆、钟表馆……你可以透过这些看到历史……更深一层的是，通过故宫，你可以看到中国人的生活哲学、人文精神、物质文化，知道或者体会我们是怎样一个民族。"这段话的讲解人是著名收藏家、古董鉴赏家马未都。当游客来到太和殿前，语音包会播放"太和殿广场的最佳观赏点"；当游客来到延禧宫，语音包则会讲一讲延禧宫与前阵儿大热的电视剧《延禧攻略》有什么关系。

从这些语音包中不难看出，与一般的景区导览器播放内容不同，这些在线语音包并非百度百科上就能搜索到的"八股文"式生硬讲解，而是结合了时下热点，提供更丰富的景区相关知识。据介绍，"景区随身听"的内容涵盖历史风云、野史秘闻、科学科普、自然地理、亲子故事、国学漫谈、神话传说等。在景区内，游客可边走边听，软件会根据定位自动调出对应讲解。

有了"景区随身听"，人们都去听文化"大咖"们讲景点了，传统导游会因此失业吗？

"我们实际上是向声音内容创作者打开了另外一个广阔的天地。"阿里巴巴合伙人、高德集团总裁刘振飞在接受本报记者采访时对上述问题予以否认。他表示，"景区随身听"服务给内容创作者提供了一个平台。以前，导游或许只能小范围地提供服务，现在有了这个平台，无论是导游、专业达人还是民间高手，任何人只要有足够的文化知识，或者声音好听、受到粉丝喜欢，都可以上传自己的语音内容，并经过高德审核后上线。"比如你对岳王庙、对西溪湿地有什么见解，都可以录下来传到平台，让市场去检验，让中国的亿万消费者去检验。"至于创作者上传内容的录音工具，高德表示，目前已经有了一个初期的版本，但还未正式向创作者发布。

记者也注意到，将在"十一"首批上线的"景区随身听"服务中，就有非遗传人、知名主播、知名配音演员、金牌导游等各领域的真人真声。

旅游社会学家刘思敏分析，"线上导游"无法替代真人导游，目前完全不需要有这类恐慌。"真人导游是灵活的、有温度的，能够提供的服务远超过单纯的景点知识讲解。从现场感和互动的角度来说，目前的线上讲解也无法与真人导游相较量。"他表示，也正因如此，"线上导游"应意识到自身的局限性，多在吸引游客方面下苦功。

不过，对于文化旅游业态来说，类似于"景区随身听"的服务将起到明显的助推作用。品质化、个性化、多样化、体验化已经成为国民文旅消费的新诉求、新风尚，"线上导游"服务为游客提供了更多福利和选择，尤其能让喜欢深度体验的旅行者得以触及更多元化的内容。

资料来源：新华网　http://www.xinhuanet.com/politics/2019-09/19/c_1125012554.htm（有删减）

告别"八股讲解"500个景区10月1日起上线"随身听"

【任务实施】

实训项目：图文声像导游。
实训内容：1. 以小组为单位进行实训。
2. 制作旅游宣传片，要求图文并茂，同时有一名同学配合宣传片进行讲解。
实训考核：以小组间互评为主，教师点评为辅。

任务二　导游服务的特点与基本原则

【任务介绍】

导游服务是一项脑力劳动与体力劳动高度结合的工作，工作繁重，流动性强，体力消耗大，而且工作对象复杂，诱惑性也很大。同时导游服务是服务行业中的一种，导游人员要为旅游者提供优质高效的服务，必须遵循宾客至上、平等待客、安全第一、维护旅游者合法权益、规范化与个性化服务相结合等服务业基本原则。

【任务目标】

1. 理解导游服务的特点。
2. 掌握导游服务的基本原则。

【任务导入】

在许多人眼中，导游人员谈吐文雅、知识渊博、游山玩水、收入不菲，导游是一个令人羡慕的、既轻松又赚钱的职业。之所以有这种片面的看法，主要还是由于对导游服务没有足够的认识。真正的导游服务是什么样的呢？

【相关知识】

一、导游服务的特点

导游服务是旅游服务中具有代表性的工作，处在旅游接待的前沿。随着时代的发展，导游服务的特点也会随之发生变化。

（一）独立性强

导游人员在接受了旅行社委派的任务后，带团外出旅游时往往要独当一面。在旅游者的整个旅游活动过程中，往往只有导游人员与其朝夕相处，时刻照顾他们食、住、行、游、购、娱等方面的需求，独立地提供各项服务，特别在回答旅游者政策性很强的问题或处理突发性事故时，常常要当机立断、独立决策，事后才能向领导和有关方面汇报。

导游人员的导游讲解也具有相对的独立性。导游人员要根据不同旅游者的文化层次和审美情趣进行有针对性的导游讲解，以满足他们的精神享受需求。这是导游人员的主要任务，每位导游人员都应独立完成，其他人无法替代。

导游服务的这一特点要求导游人员要勇于向困难挑战，在战胜困难的过程中提高自己的各种能力。

（二）脑、体高度结合

导游服务是一项脑力劳动和体力劳动高度结合的工作。导游人员接待的旅游者中，各种社会背景、文化水平的都有，因此导游人员需要很广的知识面，古今中外、天文地理、政治、经济、社会、文化、医疗、卫生、宗教、民俗等均需涉猎。导游人员在做景观讲解、解答问题时，需要运用所掌握的知识灵活应对，这是一种艰苦而复杂的脑力劳动。另一方面，导游人员经常要跋山涉水、远距离行路，还要克服晕车（机、船）的困扰和适应各地的水土与饮食。除了在旅行游览过程中进行介绍、讲解之外，还要随时随地应旅游者的要求，帮助解决问题，事无巨细，也无分内分外。尤其是旅游旺季时，导游人员往往连轴转，整日、整月陪同旅游者，无论严寒酷暑，长期在外作业，体力消耗大，又常常无法正常休息。

导游服务的这一特点要求导游人员具有广博的知识和健康的体魄，以便能随时随地向游客提供所需要的服务。

（三）复杂多变

导游服务工作具有一定的规范，如接站、送站、旅途服务和各方面关系的接洽、协调等，都要按照一定的程序进行工作。但导游服务中面对更多的是不确定性和未知性，客观要求复杂多变。即使是预定的日程和规程范围内，具体的情况也可能千差万别，意外的情况也可能随时出现，游览中各种矛盾可能集中显现。因此，导游人员必须具备应对各种可能和偶然情况的能力。归纳起来，导游服务的复杂性主要有以下几方面。

1. 服务对象复杂。

导游服务的对象是旅游者，他们来自五湖四海，不同国籍、民俗、肤色的人都有，职业、性别、年龄、宗教信仰和受教育的情况各异，性格、习惯、爱好等各不相同。导游人员面对的就是这样一个复杂的群体，而且每一次接待的旅游者都互不相同，这就更增加了服务对象的复杂性。

2. 旅游需求多种多样。

导游人员除按接待计划安排和落实旅游过程中的食、住、行、游、购、娱等基本活动外，还有责任帮助旅游者解决随时随地提出的各种个别要求，以及解决或处理旅游中随时出现的问题和情况，如会见亲友、传递信件、转递物品、患病、走失、财物被盗与证件丢失等。而且由于对象不同、时间场合不同、客观条件不同，同样的要求或问题也会出现在不同的情况下，需要导游人员审时度势、判断准确并妥善处理。

3. 接触的人员多，人际关系复杂。

导游人员的工作是与人打交道的工作，导游服务触及方方面面的关系和利益。抛开导游人员是旅游目的地国家（或地区）的代表不谈，如前所述，导游人员还是旅行社的代表，他们既要维护旅行社利益，又代表着旅游者的利益，除天天接触旅游者之外，在安排和组织旅游活动时还要同酒店、餐厅、旅游景区、商店、娱乐、交通等部门和单位的人员接洽、交涉，以维护旅游者的正当权益，这自然是一项复杂的工作。单就旅游者而言，他们由于来自不同的国家，有着不同的旅游心愿和文化背景，他们的旅游需求基本一致却又各具特色，导游人员能够面对旅游者提供规范服务已是难能可贵。但良好的旅游感受是综合的，导游人员还要处理和协调全陪、地陪与海外领队的关系，争取各方面的支持和配合。虽然导游人员面对的这方方面面的关系是建立在共同目标基础之上的合作关系，然而每一种关系的背后都有各自的利益，落实到具体人员身上，情况就更为复杂了。因此，导游人员需要具备"十八般武艺"来面对纷繁复杂的人际关系。

4. 要面对各种物质诱惑和"精神污染"。

导游人员常年直接接触各类旅游者，直接面对各色各样的意识形态、政治经济、文化观点、价值观念和生活方式，有时还会面临金钱、色情、利益、地位的不断诱惑，他们直接面对"精神污染"的机会大大多于常人。常言道："近朱者赤，近墨者黑。"导游人员如果缺乏高度的自觉性和抵抗力，往往容易受其影响。所以身处这种氛围中的导游人员需要有较高的政治思想水平、坚强的意志和高度的政治警惕性，始终保持清醒头脑，防微杜渐，自觉抵制"精神污染"。

导游服务的这一特点要求导游人员要有高度的责任感和敬业精神，以及较强的心理自控能力，从而能沉着冷静地处理各种变化的情况和问题。

（四）跨文化性

导游服务是传播文化的重要渠道，起着沟通和传播文明、为人类创造精神财富的作用。各类旅游者来自不同的国家和地区、不同的民族、不同的文化背景，导游人员必须在各种文化差异中，甚至在各民族、各地区文化的碰撞中工作，应尽可能多地了解中外文化之间的差异，圆满完成文化传播的任务。

（五）关联度高

导游服务质量除了取决于导游人员的水平和能力之外，还需要得到旅游接待服务中其他相关部门和单位，如旅行社计调部门、旅游酒店、交通部门、旅游景区、娱乐单位等的配合与支持。它们提供的服务对旅游活动来说不仅是必不可少的，而且是环环相扣的，任何一个环节的服务出现偏差都会对旅游活动产生影响，都会使导游服务黯然失色，也会对旅游者产生心理压力。导游人员若对上述环环相扣的服务因安排不当、考虑不周而出现差错，也会影响整个旅游活动的顺利进行。如误机事故的出现，既使旅游者被迫延长在一地的停留时间，又势必缩短甚至取消下一地的游程，使两地已安排妥当的住宿、交通、游览项目等发生变更，不仅会引起旅游者的不满，而且会给旅行社带来重大的经济损失。由此可见，导游服务中任何一个环节出现问题总是会牵涉到其他方面，都会对全局产生影响。

导游服务的关联性特点在一定程度上说明了服务质量控制的难度。因此，导游人员一定要有全局观念，在工作中要头脑清醒、思维缜密，努力预防服务质量事故的发生，要有较强的协调能力和公关能力，以保证旅游活动按计划顺利进行。

二、导游服务的基本原则

（一）宾客至上、服务至上的原则

"宾客至上"或称"顾客是上帝"是服务行业的座右铭，东西方皆然。这不仅是一句招徕顾客的宣传口号，更是服务行业的服务宗旨、服务人员的行动指南，也是导游工作中处理问题的出发点。众所周知，服务行业离不开顾客，他们是服务行业存在、发展的前提和基本保证。属第三产业的旅游业需要它的特殊顾客——旅游者，旅游企业需要旅游者，导游人员也需要旅游者；如果没有了旅游者，导游人员就失去了主要服务对象，也就失去了自身存在的必要性。导游人员只有充分认识到这一点，才会更自觉地、真心实意地为旅游者服务。

服务至上既是导游人员的一条服务准则，也是导游人员职业道德中一项最基本的道德规范，还是导游人员在工作中处理问题的一个出发点。"服务至上"的关键在于关心人，导游人员要始终将旅游者放在心上，时时、处处关心旅游者。

导游人员要严格遵循服务至上原则，首先考虑的应是旅游者的利益和要求，而不要过多地强调自己的困难和旅行社的得失，更不得以任何借口拒绝旅游者的合理、正当要求；当旅游者向导游人员提出口头投诉时，只要真正从宾客至上、服务至上原则出发，以不损害各方利益的原则办事，导游人员就有可能妥善地处理投诉，合理地解决问题和困难。因此，可以这样认为：宾客至上、服务至上原则是圆满解决问题的前提，也是处理问题的钥匙。

（二）为大家服务的原则

导游人员必须为全体旅游者服务，因为所有的旅游者在支付了同等的旅游费用后都应享受同等的服务待遇。若导游人员不按这一原则办事，而是偏爱旅游团的一部分人却拒绝为另一部分人服务，必然使受冷落的那部分旅游者心理失去平衡，游览参观的情绪受到影响。这既造成了旅游团内部关系紧张，使团队失去轻松愉快的"接待气氛"，也将使导游人员的工作遇到障碍和困难，因而是绝对不允许的。

为大家服务的基本要求是：导游人员必须对旅游团的每一个成员保持等距离，一视同仁，对每个旅游者都同样热情、友好、礼貌，提供同样的服务。导游人员只要坚持为大家服务的原则，在处理问题时公平、公正，就可赢得旅游者的尊重与信赖，从而避免许多不必要的麻烦。

【案例分析】

一次，某旅行社欧美部的英语导游员小陈作为地陪，负责接待一个说两种语言散客组成的旅游团。旅游团共13人，其中8人讲英文，5人讲中文。在旅游车上，小陈用两种语言交替为游客讲解。到了一游览点时，小陈考虑到团员中讲英语的较多，便先用英语进行了讲解，没想到他讲解完毕想用中文再次讲解时，讲中文的游客已全都走开了，因而他就没用中文再做讲解。事后，小陈所在旅行社接到了那几位讲中文游客的投诉，他们认为地陪小陈崇洋媚外，对待游客不平等。

分析： 这是一次由误会而招致的投诉。由选择性旅游的散客组成的旅游团是指原来分散住在不同饭店，因为目标一致（选择了同一景点或同一线路），而由旅行社门市工作人员临时组织成的旅游团。正因为旅游团是临时组织起来的，因而团员经常是来自不同国家或地区，互不熟悉，语言不通，行为各异。接待这样的旅游团要比接待团体游客复杂得多、困难得多。本案例中，小陈遭受投诉其实并非因为真的崇洋媚外，只是服务过程中在实施"为大家服务"的原则时工作欠细致、周到而已。从案例中我们可知，无论是动机上或行为上，小陈本人都没有不想为这些讲中文的游客做讲解（在车上小陈就是用中英文交替的方式进行讲解的），但是由于他没有与游客讲明自己的服务方式，没有考虑到自己先用英语讲解会给讲中文的游客带来心理上的不平衡，结果导致了游客对他的投诉。消除这种因误会而招致投诉的方法其实非常简单，小陈只要事先与游客声明他将用中英文交替的方式为游客讲解即可；若要完全平等，则可采用转换讲解法，在甲地"此时"英语讲解在先，到了乙地"彼时"英语讲解在后。

（三）合理而可能的原则

合理而可能的原则既是导游服务原则，也是导游人员处理问题、满足旅游者要求的依据和准绳。其实，它也是处理人际关系的一个准则。

旅游者外出旅游一般都会产生求全心理，往往把旅游活动理想化，常常在生活和游览活动方面提出种种要求、意见和建议，有时甚至对旅游活动的安排横加指责，少数人还一味挑剔。处理旅游者的要求、意见和建议以及少数人的指责、挑剔，关系重大，有时会影响整个旅游服务的成败，因此，导游人员不能等闲视之。当旅游者提出要求、意见时，导游人员必须认真倾听、冷静、仔细地分析，看是否合理、是否可能实现；对个别人的指责和挑剔也要认真对待，看其中是否有合理的成分，导游人员对此绝不能置之不理，更不得断然拒绝、严厉驳斥。凡是合理的又有可能实现的，即对旅游者有益的而且是正当的要求，导游人员就应该努力去做，如果没有做好就应改正，给予弥补。对不合理或不可能实现的要求和意见，导游人员要耐心解释，解释时要实事求是、通情达理，使旅游者心悦诚服。

（四）规范化服务与个性化服务相结合的原则

规范化服务又称标准化服务，它是由国家和行政主管部门制定并发布的某项服务（工作）应达到的统一标准，要求从事该项服务（工作）的人员必须在规定的时间内按标准进行服务（工作）。

个性化服务亦称特殊服务，指导游人员按照国家和行业主管部门制定的统一标准完成旅游者与旅行社签订的合同的同时，在约定的内容之外针对旅游者在旅游过程中提出的合理要求而提供的个别服务。

导游人员为满足旅游者的需求，应将规范化服务和个性化服务有机结合起来，实现功能服务与心理服务的统一。这样，导游服务不仅会使旅游者得到满足，而且还会赢得新的客人。

（五）维护旅游者合法权益的原则

维护旅游者合法权益是一些国际性旅游组织所倡导的，也是世界上许多国家的旅游法规所规定的内容。我国颁布的《中华人民共和国消费者权益保护法》《中华人民共和国旅游法》以及国家旅游局发布的《旅行社管理条例实施细则》，都对消费者和旅游者应享受的权益作了明确规定。导游人员只有学法、懂法，带团过程中遇到问题才能客观公正地加以处理，使旅游者的合法权益得到保障。

维护旅游者合法权益最核心的就是要不折不扣地履行旅游合同，兑现对旅游者的承诺，充分尊重旅游者的知情权和投诉权，保障旅游者的人身和财物安全。

【案例分析】

某旅行社组织一旅游团在 H 城市购物大厦购物时，其中一游客王某被商场售货人员叫住，称其偷拿了该柜台内的金戒指。王某矢口否认，售货人员便要强行搜身，而该旅游团的导游为防止引起事端，也要求王某接受检查。搜查完毕，一无所获，商场保安人员强行扣留游客达两小时以上，导游也未就此事据理力争，而一味埋怨王某惹是生非。后经查实，戒指实际上掉落在柜台下的角落。事后，该游客就此事件要求依法处理。经过多方协商，导游被旅行社处以公开向游客道歉、公开检查，并扣罚当月奖金。当地法院裁决，商场向游客公开道歉，赔偿王某精神损失费2 000元，并根据消费者权益保护法第五十条对商场罚款1万元。

分析：法律以其最高的威严还以游客尊严，捍卫了人权。关于本例中的导游，有3条可评点。（1）导游应该明白：公民人身权利不可侵犯。在基本的大是大非上，导游的基本判断不能错。我国消费者权益保护法第二十七条规定："经营者不得对消费者进行侮辱、诽谤，不得搜查消费者的身体及携带的物品，不得侵犯消费者的人身自由。"导游如果对这一点一无所知，不知商场强行搜身和扣人是否合法，甚至还认为是合法的，那就大错特错了。（2）导游应当主动维护游客的正当权益。本例中，导游一开始就要求游客接受检查，而后也未能据理力争、维护游客权益，应该说是犯了一个立足点的错误，或者说一直摆错了自己的位置。由于摆错了位置，所以对游客没有同情之心、没有保护之举，反而怨其"惹是生非"。导游忘记了自己应当主动维护游客正当权益这一职责。游客在异地他乡、人地两生的境遇中蒙受不白之冤，反遭导游责难，这确实令人气愤。（3）导游应采取果断措施控制事态发展，保证旅游活动的正常进行。本案例中，不仅当事游客的旅游活动被干扰，旅游团其他人肯定也受到影响。遇到此情况或面临导游个人无法调解的纠纷时，应采取果断措施，直接求助于权威部门或执勤警察，控制事态发展；不能做一个旁观者，任其发展，因为事态的失控或无序发展必然会影响导游履行自己的职责。

知识链接

《中华人民共和国旅游法》中关于旅游者权益的部分规定

第二章　旅游者　部分条款内容

第九条　旅游者有权自主选择旅游产品和服务，有权拒绝旅游经营者的强制交易行为。

旅游者有权知悉其购买的旅游产品和服务的真实情况。

旅游者有权要求旅游经营者按照约定提供产品和服务。

第十条　旅游者的人格尊严、民族风俗习惯和宗教信仰应当得到尊重。

第十一条　残疾人、老年人、未成年人等旅游者在旅游活动中依照法律、法规和有关规定享受便利和优惠。

第十二条　旅游者在人身、财产安全遇有危险时，有请求救助和保护的权利。

旅游者人身、财产受到侵害的，有依法获得赔偿的权利。

【任务实施】

实训项目：导游服务的原则。
实训内容：1. 以小组为单位进行实训。
2. 集体讨论如何在带团中坚持导游服务的原则，形成讨论意见，由一名同学进行代表性发言。
实训考核：以小组间互评为主、教师点评为辅。

【考证专栏】

一、考点归纳

1. 导游服务的概念。
2. 导游服务的类型。
3. 导游服务的特点。
4. 导游服务的原则。

二、同步练习

1. 对于海外旅游者而言，导游服务的重要性集中体现为（　　）。
   A. 有利于扩大旅行社知名度　　　　B. 有利于反馈游客意见
   C. 有利于旅行社改进旅游产品　　　D. 有利于沟通异域文化
2. 景区讲解员在从事讲解服务时，必须（　　）。
   A. 持有正式的导游证　　　　　　　B. 接受旅行社的委派
   C. 携带并使用话筒　　　　　　　　D. 在限定的景区内服务
3. 旅游接待服务中处于中心位置的是（　　）。
   A. 饭店服务　　　B. 航空服务　　　C. 景区服务　　　D. 导游服务
4. 根据导游服务的概念，以下说法正确的有（　　）。
   A. 导游人员是旅行社委派的，未受旅行社委派的导游人员，不得私自接待游客
   B. 导游人员的主要业务是从事游客的接待
   C. 导游人员向游客提供的接待服务，对于团体游客必须按组团合同的规定和导游服务质量标准实施，对于散客必须按事前约定的内容和标准实施
   D. 导游人员利用节假日带家属游玩景区也是导游服务
   E. 导游人员可以根据游客的需求，随意增加或减少游览景点
5. 图文声像导游方式包括（　　）。
   A. 导游图　　　　　　B. 旅游纪念品　　　　　C. 景点介绍性光盘

D. 景区电子讲解器　　　E. 景区导游员讲解
6. 导游服务的基本原则包括（　　　）。
A. 宾客至上　　　　B. 为大家服务　　　C. 合理而可能
D. 规范化服务与个性化服务相结合　　　E. 维护旅游者合法权益

参考答案：1.D　2.D　3.D　4. ABC　5. ABCD　6. ABCDE

项目三

散客旅游与团队旅游

【项目分析】

近几年来，随着旅游行业的不断发展和人们旅游经验的不断丰富，散客旅游发展迅速，并已成为当今旅游的主要方式。对散客旅游及散客旅游服务知识的了解将直接影响旅游服务质量。与此同时，将团队旅游与散客旅游进行区别，有助于更好地提供针对性服务。散客旅游团队作为较特殊的一类旅游团队，其全部团员皆为散客组成，团队成员复杂，接待标准不一，服务内容庞杂。作为一名导游员，想要带好散客旅游团队也必须掌握相关知识。通过本项目的学习，学生可以了解散客旅游的定义及特点、旅游团队的定义及类型，理解散客导游服务的要求，掌握散客旅游服务类型及特点；在此基础上理解团队旅游与散客旅游的区别，同时掌握散客旅游团队的特点、服务原则及技巧。

【学习目标】

※ 知识目标
1. 了解散客旅游的定义及特点。
2. 掌握散客旅游服务类型及特点。
3. 理解散客导游服务的要求。
4. 了解旅游团队的定义及类型。
5. 理解团队旅游与散客旅游的区别。
6. 掌握散客旅游团队的特点、服务原则及技巧。

※ 能力目标
1. 能够根据散客旅游服务特点，有针对性地提供散客导游服务。
2. 能够为散客旅游团队提供旅游服务。

任务一 散客旅游

【任务介绍】

散客旅游又称自助或半自助旅游，在国外称为自主旅游。它是旅游者自行安排旅游行程、零星现付各项旅游费用的旅游形式。近年来，散客旅游已逐渐成为人们乐于选择的一种主要的旅游方式。散客旅游的发展是旅游业进入更高层次、更新阶段的产物，也是旅游业发展的必然趋势。掌握散客旅游服务的特点及导游服务要求，将有助于导游人员更好地提供导游服务。

【任务目标】

1. 了解散客旅游的定义及特点。
2. 掌握散客旅游服务类型及特点。
3. 理解散客导游服务的要求。

【任务导入】

散客旅游已经成为当今旅游的主要形式。散客旅游有什么特点？导游人员如何有针对性地为散客旅游者提供服务？

【相关知识】

一、散客旅游的定义

散客旅游又称自助或半自助旅游。它是旅游者自行安排旅游行程、零星现付各项旅游费用的旅游形式。

散客旅游并不意味着全部旅游事务都由旅游者自己办理，而完全不依靠旅行社。实际上，不少散客的旅游活动均借助了旅行社的帮助，如出游前的旅游咨询、交通票据和饭店客房的代订、委托旅行社派遣人员的途中接送、参加旅行社组织的菜单式旅游等。

二、散客旅游迅速发展的原因

近几年来，从国际旅游统计的各种数据来看，散客旅游发展迅速，已成为当今旅游的主要方式。从国内市场来看，人们旅游的类型已经从简单的观光旅游逐步向参与型旅游发展，国内散客市场也日益扩大。导致散客旅游迅猛发展的原因有以下几点。

（一）旅游者自主意识的增强和旅游经验的增加

随着我国国内旅游的发展，旅游者的旅游经验得到积累，他们的自主意识、消费者权益保护意识不断增强，更愿意根据个人喜好自主出游或结伴出游。

（二）旅游者结构的改变

随着我国经济的发展，社会阶层产生了变化，一部分人先富裕起来，中产阶层逐渐形成，改变了旅游者的经济结构；大量青年旅游者增多，他们往往富有冒险精神，旅游过程中带有明显的个人爱好，不愿受团队旅游的束缚和限制。

（三）交通和通信条件的改变

现代交通和通信工具的迅速发展为散客旅游提供了便利的技术条件。随着我国汽车进入家庭步伐的加快，人们驾驶自己的汽车或租车出游十分盛行。现代通信、网络技术的发展也使得旅游者无须通过旅行社来安排自己的旅行，他们越来越多地借助于网上预订和电话预订。

（四）散客接待条件的改善

世界各国和我国各地区为发展散客旅游都在努力调整其接待机制，增加或改善散客接待设施。他们通过旅游咨询电话、电脑导游显示屏等为散客提供服务。我国不少旅行社已经在着手建立完善的散客服务网络，并运用网络等现代化技术手段为散客旅游提供详尽、便捷的信息服务，许多旅行社都设立了专门接待散客的部门，以适应这种发展趋势。

【行业动态】

旅游进入"散客时代" 我们如何应对？

2013年11月我省举行的"旅游强省"泰豪论坛上，中国旅游研究院院长戴斌声明"中国旅游进入散客化时代"，中国国际旅行社总社副总裁陈月亮指出："今年游客76.6%是散客，23.4%是团队。"如今，越来越多游客由旅行社"一手包办"转向"自助游"，景区停车场由停放旅游大巴为主向大量地停放私家车转变，已经习惯于接待团队游客的景区和旅行社是否做好准备，迎接散客时代的到来？

景区：提高接待服务能力

"去年来婺源旅游的团队和散客人数比例接近4∶6，今年到目前为止，这个比例已经接近2∶8，散客比重越来越大。"婺源县旅游委员会主任葛健称，婺源县的旅游工作已经开始转变，应对散客人数不断增加的趋势。

记者了解到，针对散客成为旅游主要人群，婺源县旅游部门正在对官方网站进行改版，改版后的网站将更突出自助游线路咨询、餐饮住宿订购、自驾游攻略等内容。记者获悉，婺源县还将全面推进数字婺源建设，建设电子门票、移动支付等系统平台。

"截至当前，散客人数同比增长41.7%。"龙虎山景区管委会书记李卫国告诉记者，针对今年散客人数首次超过团队游客数量的情况，龙虎山正积极转变营销策略，主要针对散客进行营销，并且已在景区500千米范围内开通了38条散客直通车。

然而，面对散客时代的到来，并不是所有的景区都做好了准备。记者发现，部分景区没有旅游集散中心，散客无法获得旅游咨询帮助；一些景区没有完善的旅游交通指示系统，给散客游览造成不便；另一方面，景区的配套服务设施如停车场、旅游厕所、游客休憩设施的不足，使得景区秩序容易陷入混乱。

江西财经大学旅游与城市管理学院副教授曹国新说："旅游景点应该提高接待能力、服务能力，适应散客比重大幅度增加的变化，这样才能提高游客的满意度。"

旅行社：不断开发新业务

记者走访南昌市多家旅行社后发现，不少旅行社积极应对散客市场，纷纷推出自驾游、自助游等服务，提供单订机票、酒店，单独办理自由行证件，订制旅游计划等新型业务。"我们已经设计了一些满足自助游、自驾游游客需求的业务。目前公司为散客提供的机票、酒店、旅游线路等服务很受欢迎。"江西光大国旅国内后台运营中心主任地接一部经理阳明告诉记者，旅游业界人士称这样的模式为"机票+酒店"，这种模式在国外以及北京、上海等地已经很成熟，但在省内还有待进一步推广。

记者还在省内几家大型旅行社的官方网站上发现，游客能够通过网站查询线路、订购旅游产品。"我们在积极开发这项业务。"南昌铁路国际旅行社有限责任公司总经理蹇伟称，散客游是未来的发展方向，旅行社转向发展电子商务是大势所趋。

但记者了解到，相比于携程、艺龙等国内大型公司，旅行社在电子商务领域做得并不够好，大部分旅行社还仅仅是将网站定位为"网上黄页"，用于宣传推广，并没有利用好这个与客户沟通的渠道。

积极应对散客时代的到来

记者在采访游客后发现，游客逐渐由"目的消费"转向"手段消费"，希望能得到人性化和个性化的服务，传统规范化的旅游模式在一定程度上压抑了游客在这方面的要求，从而使得很多游客加入自助游队伍。喜欢和好友结伴出游的陈女士说："现在工作节奏快，我喜欢自己规划行程，享受过程，旅行社可以给我们提供订机票、酒店以及线路推荐等服务。"

"散客时代的到来是毋庸置疑的，散客在景区的人均消费额高于团队游的游客。"曹国新介绍，景区和旅行社应该重视和积极应对这样的变化。

省旅游局副巡视员曾宜富说："我们作为旅游主管部门，也应该重视这个转变，加快智慧旅游建设步伐，旅游配套设施的建设应适合散客需求，并且加强市场监督和管理，为更加注重旅游质量和拥有较高维权意识的散客提供更好的旅游环境。"

资料来源：大江网－江西日报［2013-11-25］，http://www.jxnews.com.cn

《散客时代·导游如何应对客户个性化和碎片化需求》

三、散客旅游的特点

（一）规模小

由于散客旅游多为旅游者本人单独出行或与朋友、家人结伴而行，所以同团体旅游相比，人数规模小。对旅行社而言，接待散客旅游的批量比接待团体旅游的批量要小得多。

（二）批次多

虽然散客旅游的规模小、批量小，但由于散客旅游发展迅速，采用散客旅游形式的旅游者人数大大超过团体旅游人数。各国、各地都在积极发展散客旅游业务，为其发展提供了各种便利条件，散客旅游更得到了长足的发展。旅行社在向散客提供旅游服务时，针对其批量小、总人数多的特征，形成了批次多的特点。

（三）要求多

散客旅游中，大量的公务和商务旅游者的旅行费用多由其所在的单位或公司全部或部分承担，他们在旅游过程中的许多交际应酬及其他活动一般都要求旅行社为他们安排，这种活动不仅消费水平较高，而且对服务的要求也较多。

（四）变化大

由于散客的旅游经验还有待完善，在出游前对旅游计划的安排缺乏周密细致的考虑，因而在旅游过程中常常随时变更其旅游计划，导致更改或全部取消出发前向旅行社预定的服务项目，而要求旅行社为其预订新的服务项目。

（五）预定期短

同团体旅游相比，散客旅游的预定期比较短。因为散客旅游要求旅行社提供的不是全套旅游服务，而是一项或几项服务，有时是在出发前临时提出的，有时是在旅行过程中遇到的，他们往往要求旅行社能够在较短时间内安排或办妥有关的旅行手续，从而对旅行社的工作效率提出了更高的要求。

四、散客旅游服务的类型

（一）单项委托服务

单项委托服务是指旅行社为散客提供的各种按单项计价的可供选择的服务。

单项委托服务主要有：抵离接送；行李提取、保管和托运；代订饭店；代租汽车；代订、代购、代确认交通票据；代办出入境、过境临时居住和旅游签证；代向海关办理申报检验手续；代办国内旅游委托；提供导游服务等。

单项委托服务分为受理散客来本地旅游的委托、办理散客赴外地旅游的委托和受理散客在本地的各种单项服务委托。

（二）旅游咨询服务

一般散客出游前都会向旅行社咨询有关旅游行程中的食、住、行、游、购、娱方面的情况，旅行社产品种类，旅游项目价格等。旅行社则要及时开展咨询服务，向前来咨询的散客提供相关的建议、旅游方案和信息等。

旅游咨询服务业务形式可分为：电话咨询、信函咨询、人员咨询、网络咨询。

（三）选择性旅游服务

选择性旅游服务是旅行社通过招徕将赴同一旅游目的地的来自不同地方的旅游者组织起来，并分别按单项计价的旅游方式。

选择性旅游服务产品的形式主要有：

1. 小包价旅游中的可选择性部分（除住房和早餐、接送费、城市交通费以外）。
2. 某一景点游览、观赏文娱节目、品尝当地风味等单项服务项目。
3. "购物旅游""半日游""一日游"和"数日游"等。

选择性旅游服务产品销售的途径主要有：

1. 设立旅行社的门市柜台。旅行社在机场、饭店、车站、码头及闹市区设立销售柜台。
2. 建立销售代理网络。旅行社与国内其他旅行社及海外经营出境散客旅游业务的旅行社建立代理业务关系，为本社代销选择性旅游产品，并向其支付约定的代理费，也可代销对方的选择性旅游产品。

五、散客导游服务的特点

（一）服务项目少

由于散客导游服务的服务项目完全是散客个人自主选择而定，所以除散客包价旅游之外，其他形式的散客导游服务在服务项目上相对较少，有的只提供单项服务，如接站服务、送站服务。

（二）服务周期短

散客导游服务由于服务项目少，有的比较单一，因而同团队包价旅游相比，所需服务的时间较短，人员周转较快，同一导游在同一时期内接待的游客数量也较多。

（三）服务相对复杂

由于散客导游服务的服务周期短，周转时间快，导游人员每天、每时都将面对不同面孔、不同类型、不同性格的旅游者，与旅游者的沟通、对旅游者的适应时间都非常短，从而使得散客导游服务比团队导游服务要相对复杂。

（四）旅游者自由度高

散客由于自主意识强、兴趣爱好各异，在接受导游服务时，一方面不愿导游人员过多地干扰其自由，另一方面又经常向导游人员提出一些要求。他们往往会根据各自的喜好向导游人员提出一些变动的要求，如提前结束旅游活动或推迟结束游览时间等。

六、散客导游服务的要求

（一）接待服务效率高

散客旅游由于旅游者自主意识强，往往要求导游人员有较强的时间观念，能够在较短的时间内为其提供快速高效的服务。

在接站、送站时，散客不仅要求导游人员要准时抵达接、送现场，而且也急于了解行程的距离和所需的时间，希望能够尽快抵达目的地，所以往往要求导游人员能迅速办理好各种有关手续。

（二）导游服务质量高

一般选择散客旅游的旅游者往往旅游经验较为丰富，希望导游人员的讲解更能突出文化内涵和地方特色，能圆满回答他们提出的各种问题，以满足其个性化、多样化的需求。因此，导游人员在对散客提供服务时，要有充分的思想准备和知识准备，以便为旅游者提供高质量的导游服务。

（三）独立工作能力强

散客旅游没有领队和全陪，导游服务的各项工作均由导游人员一人承担，出现问题时，无论是哪方面的原因，导游人员都需要独自处理。所以，散客导游服务要求导游人员的独立工作能力强，能够独自处理导游活动中发生的一切问题。

（四）语言运用能力强

散客的情况比较复杂，如他们中有不同国家或地区的、不同文化层次的、不同信仰的。在带领选择性旅游团时，导游人员的讲解需综合考虑各种情况，使所有的旅游者均能从中获得受益，切忌偏重某一方。

【任务实施】

实训项目：认知散客旅游。
实训内容：1. 以小组为单位进行实训。
　　　　　　2. 通过多种途径了解目前当地散客旅游现状，可以进行街头随机采访，也可以到旅行社进行了解。
　　　　　　3. 通过实训，谈谈你对散客旅游的认识。
实训考核：以同学间分享成果为主、教师点评为辅。

任务二　团队旅游

【任务介绍】

团队旅游是将散客与团队旅游进行有机结合的一种市场产物，也是目前旅游市场上较为普遍的产品形式。由于散客旅游团队的团员往往来自不同旅行社甚至不同地区，而各家旅行社的客源结构、收费标准、行程安排和社会口碑不同，他们虽然同团旅游，但行程内容、接待标准和价格、客人素质以及客人的期望值都存在或大或小的差异，这使得散客旅游团队内部问题复杂，比普通旅游团队呈现出更多的矛盾与冲突。为此，导游人员在提供服务时应以团队文化建设为先导，坚持服务主导、服务多样性原则，要善于预见矛盾，将矛盾化解在萌芽状态。同时掌握一些散客旅游团队服务技巧。

【任务目标】

1. 了解团队旅游的定义及类型。
2. 理解团队旅游与散客旅游的区别。
3. 掌握团队旅游的特点、服务原则及技巧。

【任务导入】

团队旅游是以旅行社为主体的集体旅游方式,其与散客旅游在旅游方式、人数、服务内容、付费方式及价格等方面都有着明显的区别。虽然散客旅游近几年获得了很大发展,但是由于老弱旅游者、初次出游者以及语言障碍等诸多因素的存在,团队旅游虽不可能消失,但其规模可能会缩小,团队模式也将有所改变。在团队旅游与散客旅游的并行发展中,前者会不断结合散客特点,向后者经营方式的方向作出相应调整,产生介于团队或散客旅游之间的中间形式,以适应市场的需要。团队旅游有什么特点?服务技巧有哪些?

【相关知识】

一、团队旅游的定义与类型

(一)团队旅游的定义

团队旅游是指通过旅行社或旅游服务中介机构,采取支付综合包价或部分包价的方式,有组织地按照预定行程计划进行旅游消费活动的游客群体。

(二)团队旅游的类型

团队旅游的类型按照不同划分标准有多种分类。例如,从人数上划分,团队旅游可以分为大型团队、中型团队和小型团队;从接待标准划分,可以分为豪华团、标准团和经济团;从涉外程度划分,可以分为外宾团、内宾团和华人侨胞团;从出游目的划分,可以分为专业考察团、购物团、纯玩团、寻访古迹团、探险团、蜜月团、寻根团等;从团员年龄结构、身份等角度划分,可以分为老年团、教师团、学生团、政府团、宗教团等。当然,同一个旅游团队可能兼具几种特色,如在邮轮上接待旅游团,旅游团队可能就具有大型、接待标准豪华、团员为外宾、老年人居多等多重特点,加大了接待服务的难度。

二、团队旅游与散客旅游的区别

(一)旅游方式

团队旅游的食、住、行、游、购、娱一般都是由旅行社或旅游服务中介机构提前安排。而散客旅游则不同,其外出旅游的计划和旅游行程都是由自己来安排。当然,不排除他们与旅行社产生各种各样的联系。

（二）人数多少

旅游团队一般由 10 人以上的旅游者组成。而散客旅游以人数少为特点，一般为一个人或几个人组成，可以是单个的旅游者，也可以是一个家庭，还可以是几个好友组成。

（三）服务内容

团队旅游是有组织地按预定的行程、计划进行旅游。而散客旅游的随意性很强，变化多，服务项目不固定，而且自由度大。

（四）付款方式和价格

团队旅游是通过旅行社或旅游服务中介机构，采取支付综合包价的形式，即全部或部分旅游服务费用由旅游者在出游前一次性支付。而散客旅游的付款方式大多是零星现付，即购买什么、购买多少按零售价格当场现付。

由于团队旅游的人数多、购买量大，在价格上有一定的优惠。而散客旅游则是零星购买，相对而言数量较少，所以散客旅游的服务项目价格比团队旅游的服务项目价格就相对贵一些。另外，每个服务项目散客都按零售价格支付，而团队旅游在某些服务项目（如机票、住房）上可以享受折扣或优惠，因而，团队旅游的价格相对较为便宜。

三、散客旅游团队

（一）散客旅游团队的定义

全部由散客组成的团队称为散客旅游团队。他们往往是外地旅行社发过来的零星客人和本地门市接收的零散客人，有时还有其他旅行社转团的客人。

散客旅游团队成员复杂，接待标准不一，服务内容庞杂，而且没有领队、全陪陪同，地陪一身兼有领队、全陪的职责，肩上的担子十分重。

【案例分析】

某旅行社导游小王接待了一个由安徽、上海、北京等地旅行社零星组织的散客旅游团。其中有 13 位客人来自上海的 3 家旅行社，5 位客人来自安徽的 2 家旅行社，2 位客人来自北京某旅行社。团队主要游览九寨沟、黄龙两处景区。但从第一天早晨出发起，团队矛盾就十分尖锐。

首先是北京客人抱怨不停，因为上车晚，他们的座位被安排在车厢后部，一路颠簸难忍，而他们的接待标准却是团队中最高的豪华等级等；途中用餐时，北京客人餐标高，导游安排他们单独用餐，上海和安徽客人都是标准等，18人安排了2桌。但上海客人纷纷挤在一桌，留下安徽5人享用一桌，结果出现了上海人不够吃、安徽人吃不了的怪现象；住宿时必须有一位上海人与安徽人住一间客房，但上海人宁可要了间三人房，也不愿与不认识的安徽人住；游览时，上海、北京、安徽客人分别行动，导游很难整队。而且一旦安徽人迟到，上海人就吵个不停，而上海人迟到，安徽人也不服气地发牢骚；客人之间还因为争抢前排座位发生抓扯，让小王十分头疼。

更重要的是，由于各地旅行社与客人签订的合同有所不同，如北京客人行程中包括了都江堰水利工程，安徽客人的费用中包含了烤羊晚会。结果安排北京客人游览都江堰水利工程时，上海、安徽客人无事可做，又不愿自费游览，苦苦等候了3个小时，见了导游就叫苦不迭；而当小王安排安徽客人的烤羊晚会时，北京、上海人都表示不愿参加，小王无奈只好为客人退费（正常情况下一次烤羊晚会至少得有10人参加才保本），导致安徽客人大骂导游违背合同，吵着要投诉。小王一路都在处理矛盾，一路都被客人埋怨，感觉烦死了。

分析： 由以上案例可见，散客旅游团队成分复杂，矛盾很多，对接团导游能力要求很高，导游所承受的责难和压力也很大。因此，做好散客团队导游工作是对导游人员业务能力的严峻考验。由于网络技术的发展，伴随网上预订和网上成团模式广泛推广，散客旅游团队已成为不少省市重要的客源。如何提高散客旅游团队接待能力和服务水平，是旅行社及导游人员经常面临的业务难题。

（二）散客旅游团队的特点

散客旅游团队是通过旅行社组织并实行费用全包价的团体旅游者。它与完全自主、不与旅行社发生任何业务联系的"自主旅游者"和大部分行程自主、只委托旅行社提供个别零星服务的"自助旅游者"有本质的差别。

散客由全国各地旅行社招徕，有些是由本地不同旅行社组织的零散客人拼凑而成，一般在离旅游地较近的大中型城市成团，旅游结束后也在这些城市散团（或送团）。由于各家旅行社的客源结构、收费标准、行程安排和社会口碑不同，旅游者虽然同团旅游，但行程内容、接待标准和价格、客人素质以及期望值都存在着或大或小的差异，这使散客旅游团队内部的问题很复杂，比普通旅游团队呈现出更多甚至更尖锐的矛盾或冲突。

1. 服务承诺的差异。

散客团队在成团前，各家旅行社已做过前期宣传，在日程安排、旅游项目、旅游线路、接待等级方面已向客人做出承诺，而各家旅行社的承诺可能不尽相同，这给导游人员带好团队增加了很多障碍。

2. 参团价格的差异。

由于各地区间收入水平差异、不同旅行社品牌差异、客人购买时间早晚差异等，造成旅游者参团价格高低不同的现象。当不同参团价格的旅游者享受的却是同样的服务，或同样的价格享受的却是不同档次的服务，就难免会引起团队内部的骚动。问题的源头虽然在组团社，但旅游者的矛头最终将指向带团的导游人员。

【导游经验】

导游如何应对游客团费差异

导游要注意，原则上，一个旅游团队内同一标准等级（如同为豪华等、标准等、经济等）的客人，其缴纳的团费价格差异以不超过15%为宜。如果超过这个数字且客人也提出了异议，导游应建议接待旅行社与组团旅行社协商，退还客人多余的部分；另外，同一个旅游团队内高等级的客人享受的却是低等级的服务内容（如组团社按豪华等收费，但合同规定的游览内容和接待标准竟跟本团队其他标准等的客人相同），尽管未违反合同，但显失公允，导游也应建议组团社给予客人一定的补偿，以平息客人的不满。

3. 成员地位的差异。

散客旅游团队的团员来自社会各阶层，个人兴趣爱好和生活习惯不同，工作性质和社会地位迥异，男女老幼参差不齐，往往一车客人中很难找到两个以上持同一种看法的人。有可能一位西装革履的大老板旁边坐着的是几位刚"城市化"不久的农民工，一对新婚蜜月中的情侣背后竟是一路上都在搔臭脚丫的打工仔。团队内部矛盾重重，导游工作的困难可想而知。

4. 客人期望值的差异。

期望值的差异会影响旅游者对旅游服务的要求度，决定旅游者的满意度。不同的期望值往往造成旅游者要求的多样化和满意度的差异化，让导游人员无所适从。一般而言，散客旅游团队旅游者的期望值受下述因素影响。

（1）对组团社的认同度。旅行社声誉越好，旅游者的期望值越高。如上海客人找的是上海最知名的旅行社参团，而山东旅游者来自当地一家小旅行社，上海旅游者的期望值可能就比山东旅游者高得多。

（2）旅游者对参团费用的承受力。一般而言，旅游者会将参团费用与自己的收入以及与以往到其他地方旅游的费用对比，如果开支较高，那他对旅程寄予的期望就更大。由于散客团队的旅游者来自不同社会阶层，收入差距较大，因此势必导致旅游者的期望值存在巨大差异；再加上散客团队的复杂性和低效率，不尽如人意之处比比皆是。散客团队的满意度往往较低，容易形成高期望值与低满意度的矛盾。

【导游经验】

散客旅游团队接待难度大

我们不难想象,当导游手持散客旅游团队名单,发现其中一部分是豪华等、一部分是标A等、一部分是标B等,还有个别人不需要旅行社订餐,或者中途需要安排少数几人游览某些景点,而其他客人只能在车上静候时,心里一定叫苦不迭!尤其当旅游车从早晨7点开始沿着城市大街小巷将客人一个一个集中起来,到正式向景区出发时已是上午10点,车上又会是什么样的情景呢?第一个上车的客人肯定在抱怨他宝贵的时间被浪费了3小时,而最后一个上车的客人可能对坐到最后一排位置感到不满,因为他付的是豪华等的费用。车内七嘴八舌,每个人都会对导游提出自己的要求和建议,导游真是百口难辩。如果说接团难,那么接待散客旅游团队更难,要让散客旅游团队满意就更是难上加难了。

(三)散客旅游团队服务的原则

面对纷繁复杂、矛盾重重的散客旅游团队,导游应坚持如下接待原则。

1. 精心安排,将矛盾化解于萌芽状态的原则。

散客旅游团队的导游人员应具有较强的工作责任心和细致的工作作风,善于预见各种矛盾出现的可能性,尽可能将矛盾化解于萌芽状态。

例如,在团队出发前,导游人员应熟知接送点,并预先编排座次,座次的优劣根据费用多少确定;在迎接旅游者的时候,除了考虑节约成本外,还应尽可能缩短迎接时间,如可以用2~3台微型车接送,或通知旅游者到统一地点集合,由旅行社支付出租车费用等;对团队中身份、职业、地位差异太大的成员,可以安排在不同区域;对于团费明显过高、有可能出现旅游纠纷的个别旅游者,可事先与旅行社联系,争取给旅游者补偿或退还部分多余费用,当行程中旅游者提出异议或情绪明显不满时,可以此化解矛盾。

2. 服务主导的原则。

对于客人的质疑和不满,导游人员应该给予合理的解释和疏导,但不要过于纠缠。应在人数清点完毕之后尽快进入讲解状态,以服务为主导,转移旅游者的注意力,以精彩的讲解淡化矛盾。

对于旅游者的问题,可在旅游中利用餐间或晚间自由活动时间逐个交谈,耐心细致地说明自己的实际困难,争取其理解,或者请示旅行社对利益明显受损的旅游者给予一定的补偿。时间是矛盾的消解器,旅游者诸多不快都会因时间的流逝而淡化。导游人员只要尊重旅游者、热情服务,尽量不激化矛盾、不出现新问题,大多数矛盾都可以逐步化解。

3. 服务多样性的原则。

散客旅游团队的导游人员面对的是不同消费层次的同一个群体，他们的游览、住宿、用餐时分时合，导游人员一定要注意工作的有序性，对各种消费档次的旅游者心中有数、合理安排，最好能提供书面说明，让其对导游工作放心。

可以说，散客团队导游人员与普通团队导游人员最大的区别，是散客导游人员除严格执行标准程序之外，还要做较多的细节性安排，要求有序、心细、周到、恰如其分，尤其要有承受各种抱怨的心理准备和化解各种矛盾的技巧，避免产生重大旅游投诉。

4. 以建设团队文化为先导的原则。

散客旅游团队的旅游者互不相识，容易形成旅游者之间、旅游者与导游人员之间的隔膜。尽快消除相互的陌生感，建立起和谐轻松的团队气氛，是带好散客团队的关键所在。

一般情况下，旅游团队在遭遇到偶然的变故时，可能会同舟共济，很快凝聚成紧密的团体，但这些变故总不一定是好事。最好的方法是导游人员在途中有意组织一些活跃气氛的活动，如请旅游者介绍自己，讲述各自家乡的趣事、方言，探讨大家都感兴趣的热点话题（导游也可在旅游者讲述过程中提出一个个有趣的问题）。导游还可将旅游者分组，按组猜谜、做小游戏，胜者给予奖励，输者表演节目，借以消除相互之间的陌生感，改善团队生冷气氛。只有当大家尽快熟识起来，团队意识和团队气氛浓郁起来，团队成员之间才能互相关心，导游带团也会更加轻松。

（四）散客旅游团队服务技巧

散客旅游团队是没有领队和全陪，只有地陪全程陪同服务的团队。由于其团员的复杂性和来源地区的广泛性，服务正反两方面的影响都远比常规团队大。做好散客团队导游服务工作，必须注意掌握下列方法和技巧。

1. 语言的规范化。由于旅游者来自五湖四海，为了使各地旅游者均能得到满意的服务，导游人员应坚持在团队中使用标准普通话，并提倡旅游者用普通话进行交流。

2. 服务的标准化和个性化。即首先必须做到规范化服务，同时针对不同地区旅游者的特点，提供适当的个性化服务。如在用餐方面，南甜北咸，东酸西辣，北方人还喜欢添加一碟酱菜或泡菜，导游人员在安排用餐时就要注意各地旅游者不同的口味，尽可能让每一位成员都能吃饱吃好。

3. 加强团队自律，严格要求旅游者在车内不吸烟、不乱丢废弃物，就餐和游览不迟到等。导游人员应首先做到，使团队中树立起良好的风气。

4. 要想方设法让旅游者游好、游足，确保合同中规定的旅游项目都一个不落地完成；确因不可抗拒的因素必须取消或改变个别项目时，导游人员一定要向客人说明原因，并提出旅游者能够接受的补偿方案（更换其他项目或退还相关费用），以取得其谅解。

5. 增加自费项目必须有特色、价格有优势，办理自费项目时最好在旅游者中选一位代表一同办理。

6. 出现任何自身不能解决的问题必须马上与旅行社取得联系，费用方面的问题不许擅自做主。

总之，散客旅游团队是包价旅游团队中最难接待的团队之一，容易出现矛盾多、问题多、意见多、事故多和满意者少的"四多一少"现象，对导游人员的业务水平提出了更高的要求。导游人员应熟知散客旅游团队特点，掌握散客旅游团队服务原则，灵活运用散客旅游团队服务技巧，调动团队意识，化解矛盾，创造和谐，最终提高旅游团队的满意度。

知识链接

什么是散客拼团

散客拼团指散客报名后，再由旅行社组织选择相同目标的其他游客，统一安排旅游住房、用餐、旅游车、门票、导游服务等，组成一个较大的旅行团队进行旅游。

散客拼团分为两种：第一种是出发前拼团，也就是通过游客所选择的出发地旅行社来拼团，不过必须有很多游客去往同一个目的地才能有这样的条件，而且也只有一些大型旅行社在拥有众多客源时才可能办到。第二种是游客自己前往目的地，到达当地的车站或机场后由当地的旅行社接站，从而把来自四面八方的游客拼成一个团。这种散客拼团的形式也比较多。

散客拼团的特点表现为：

1. 可以随时拼团，天天出团。游客可以随时计算自己的时间来完成旅行。

2. 价格经济实惠、大众化，即使一个人也可享受团队价格的优惠。参加散客拼团旅游的人多，旅游气氛很浓，价格不贵，经济实惠，一般的旅游爱好者都可以接受。

3. 散客拼团的旅游者来自全国各地、各行各业，每人的品位、需求有所不同，在旅游中大家应该遵循少数服从多数的原则，这样可以培养大家的团队精神，还可以结交来自五湖四海的新朋友，因此散客拼团产品得到了许多散客旅游者的欢迎。

散客拼团不足之处表现为：

1. 团队一般行程安排比较紧，游览景点、吃饭等基本上都有时间限制。

2. 一天内看的景点比较多，跑的地方也很多，所以一天下来会比较累。

3. 自由和自主性受到很大的限制，个人不想看的地方必须跟着团队一起看，喜欢的地方也不得不和大部队一起离开，所以往往不够尽兴。

4.进购物店也是团队旅游必需的一个项目。虽然不要求消费,但还是有相当一部分人不喜欢进店,他们宁愿多看个景点或原地休息一会儿。

【任务实施】

实训项目:散客旅游团队接待。

实训内容:1.以小组为单位进行实训。
　　　　　　2.编排旅游小品,模拟散客旅游团队接待服务情景,要求散客旅游团队中应出现至少两个接待问题,由导游人员负责处理解决。
　　　　　　3.通过实训,谈谈你对散客旅游的认识。

实训考核:以小组间互评为主、教师点评为辅。

【考证专栏】

一、考点归纳

1.散客旅游的定义。
2.散客旅游的特点。
3.散客导游服务的特点。
4.散客旅游与团队旅游的区别。
5.团队旅游的类型。

二、同步练习

1.单项委托服务是指旅行社为散客提供的各种按单项计价的可供选择的服务,主要包括(　　)。

A.抵离接送;行李提取、保管和托运

B.代办出入境、过境临时居住和旅游签证

C.代订饭店、代租汽车

D.提供导游服务

E.代订、代购、代确认交通票据

2.散客导游服务的特点主要有(　　)。

A.服务项目少　　B.服务周期短　　C.服务相对复杂

D.游客自由度高　E.游客行动统一

3.按照接待标准划分,旅游团队的类型可以分为(　　)。

A.豪华团　　　　B.商务考察团　　C.学生团

D.标准团　　　　E.经济团

4. 按照出游目的划分,团队旅游的类型可以分为( )。
A. 外宾团 B. 商务考察团 C. 探险团
D. 蜜月团 E. 寻根团

5. 散客旅游的特点包括( )。
A. 规模小 B. 批次多 C. 要求多
D. 变化大 E. 预订期短

参考答案:1.ABCDE 2.ABCD 3.ADE 4.BCDE 5.ABCDE

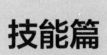

技能篇

项目四
导游带团技能

【项目分析】

带团技能是导游人员的主要技能,贯穿于导游服务的整个过程,直接影响导游服务的效果。导游人员的带团技能是指导游人员根据旅游团队的整体需求和不同旅游者的个别需求,运用专业知识的协调、沟通、应变、控制等技术来提高旅游者旅游质量的综合能力。本项目主要介绍导游人员与旅游者交往的技能、导游人员的协作技能、特殊旅游团队的接待服务技能以及导游人员带团常用技巧。

【学习目标】

※ 知识目标
1. 掌握导游人员与旅游者交往的技能。
2. 掌握导游人员的协作技能。
3. 掌握特殊旅游团队的接待服务技能。
4. 掌握导游人员带团常用技巧。
※ 能力目标
1. 能够树立导游人员良好职业形象。
2. 能够熟练运用与旅游者交往的技能。
3. 能够熟练运用协作技能。
4. 能够做好特殊旅游团队的接待服务。

任务一 导游与旅游者交往的技能

【任务介绍】

在整个旅游活动过程中,导游人员与旅游者在一起的时间最长、接触机会最多。对于导游人员来说,最大的责任就是为旅游者提供细致、周到、全方位的服务。为此,导游人员要探索导游服务的规律,分析旅游者的心理,掌握与旅游者交往的技能，让旅游者在旅游过程中获得更多的愉悦感受。导游与旅游者交往的技能是导游人员与旅游者建立友情关系的重要途径，是完成带团任务的有效保证。

【任务目标】

1. 了解导游人员带团模式。
2. 掌握树立导游良好形象的方法。
3. 熟练掌握导游人员心理服务技能。

【任务导入】

导游人员在带团过程中会遇到各种性格类型的旅游者，也会遭遇旅游者情绪不好、游兴不高等情况。要想顺利地完成带团工作，导游人员必须积极主动与旅游者进行沟通，调整游览状态。这就需要导游人员在日常工作中不断培养与旅游者进行交往的技能。

【相关知识】

一、导游人员带团模式

导游人员带团模式是指导游人员在带领旅游团队开展旅游活动过程中所表现出来的一种行为特征。应该强调的是，不同的导游人员具有不同的带团模式和带团风格；同一个导游人员面对不同的团队和不同的场所，带团模式和风格也应不断地变化，以适应旅游者的需要和工作的开展。

日常工作中，有的导游人员以活泼热情而受旅游者欢迎，有的以严谨细心而博得旅游者赞赏，有的以任劳任怨而获旅游者支持。一般受旅游计划和旅游者需要两方面的影响，导游人员带团模式可大体分为自我中心型和旅游者中心型两种。

（一）自我中心型

自我中心型带团模式的导游人员带团的主要目的是完成旅游活动的既定计划。在这种模式下，导游人员的所有工作都以旅行社与旅游者预定的旅游计划为核心，尽量不作调整，对有可能影响或破坏计划实施的因素予以坚决排除。他们往往很少答应计划外的要求，除非万不得已。虽然此种做法可能让部分旅游者感到旅游的愿望没有全部满足，但由于导游人员注重计划内的服务质量和水平，往往超出旅游者对服务质量的预期，使旅游者的情绪和注意力被高度调动起来，从而冲淡了不悦之感，并且大大降低了意外事故发生的可能性。

（二）旅游者中心型

旅游者中心型带团模式的导游人员带团的主要目的是尽量满足旅游者的需要。在这种模式下，导游人员的工作重点是旅游者而非旅游计划，他们非常关心旅游者的感受，尽一切可能满足旅游者各方面的旅游愿望。他们往往根据旅游者的特点灵活调整自己的导游服务，注重与旅游者的情感交流，使旅游者体会到导游人员的关怀，从而获得精神层面的旅游满足。但这种模式容易使旅游者滋生松懈和依赖心理，他们往往会提出许多难度过大的要求，从而导致旅游意外事故的产生。

自我中心型和旅游者中心型并不是对立的，自我中心型带团模式并不排斥对旅游者的关怀；旅游者中心型带团模式也要求恪守一定的原则。导游人员可根据自己的个性特点和能力水平，融合以上两种带团模式，针对不同的团队进行不同的导游服务。

> **知识链接**

导游带团的不同风格

1. 服务型导游人员。

这类导游人员熟练地运用专门知识和技能为游客组织、安排旅游和游览事项，尤其擅长代表旅行社协调与相关旅游企业的关系，以真诚热情的态度对待游客，善于处理旅游过程中出现的问题，在游客面前树起了旅游目的地唯一熟识的、真诚的、可信赖的形象。

为游客服务是导游人员最基本、最重要的宗旨。因而在导游人员中，服务型带团风格占了一半，即便是其他风格特征明显的导游人员，只要是一名真正出色的导游人员，也一定兼有"服务型"特征。

2. 轻松型导游人员。

这类导游人员大多比较年轻，性格活泼、开朗，有的能歌善舞，善于模仿，长于幽默，有的怀一技之长、一门绝招。车上是他们发挥特长的最佳场所，他们往往比较"讨巧"，能赢得游客频频笑声和掌声。

3. 文化型导游人员。

善于讲解，喜欢分析、比较、归纳，喜欢爱听介绍、爱提问题的游客，是文化型导游的特征。文化型导游人员能察言观色并较多地顾及游客习惯与爱好，把握游客所在国（省市）和本国（省市）间由于社会历史差异和民族文化心理造成的距离，并善于在讲解中缩小距离。他们掌握许多知识并懂得表达，但在顾及游客方面较为欠缺，懂得"深入"而不善于"浅出"的导游人员可能是书生气十足的学者，但不一定是优秀的导游人员。

4. 综合型导游人员。

综合型导游人员综合具备以上各类型导游人员的特点。

二、树立良好的导游形象

树立良好形象是指导游人员要在旅游者心目中确立可信赖、可以帮助他们和有能力带领他们安全、顺利地在旅游目的地进行旅游活动的形象。导游人员在旅游者心目中树立良好的导游形象，主要靠自己的主观努力和实际行动。

（一）重视第一印象

第一印象常常容易构成人们的心理定式，不知不觉成为判断一个人的主观依据。在带团实践中，如何塑造良好的第一印象是每个导游人员不能忽视的问题。导游人员的第一次亮相应该突出自己的自信和风度，因此仪容、仪态与使用的语言是主要的因素。

仪容是指导游人员的容貌、着装、服饰及表现出的神态。导游人员的衣着要整洁、得体，化妆和发型要适合个人的身体特征和身份，衣着打扮不能太光艳，以免夺取旅游者的风采，引起他人的不快；不要因自己的衣着影响工作，要尽量避免让人用"太"字来评价自己的服饰打扮。如果导游人员太注重修饰自己，旅游者可能会想："光顾修饰自己的人怎么会想着别人、照顾别人？"但导游人员若衣冠不整，旅游者又可能会想："连自己都照料不好的人又怎能照顾好别人？"

风度在第一次亮相中起着十分重要的作用。一个精神饱满、乐观自信、端庄诚恳、风度潇洒的导游人员，必定会给第一次见面的旅游者留下深刻的印象。

仪态表现在导游人员的动作、姿态与风度诸方面。导游人员待人要自然大方，办事要果断利索，站、坐、行有规矩，与人相处直率而不鲁莽，活泼而不轻佻，自尊而不狂傲，工作紧张而不失措，服务热情而不巴结，礼让三分但不低三下四，友善而非亲密，礼貌而非卑躬，助人而非索取，重点关照而非谄媚拍马，这样的导游人员比较容易获得旅游者的信任。

语言即导游人员的谈吐及讲话时的声调和音色。初次见到旅游者时，导游人员应谈吐高雅脱俗、优美动听、幽默风趣、快慢相宜、亲切自然，这样容易获得旅游者的好感。

（二）维护良好的形象

良好的第一印象只是体现在导游人员接团这一环节，而维护形象则贯穿在导游服务的全过程之中，因此，维护形象比树立形象往往更艰巨、更重要。有些导游人员只注意接团时的形象，而忽视在服务工作中保持和维护良好的形象，与旅游者接触的时间稍长一些就放松了对自己的要求，譬如不修边幅、说话不注意、承诺不兑现、经常迟到等，于是在旅游者中的威信逐渐降低，工作自然不好开展。导游人员必须明白良好的第一印象不能"一劳永逸"，需要在以后的服务工作中注意维护和保持，因为形象塑造是一个长期的、动态的过程，贯穿于导游服务的全过程之中。导游人员在旅游者面前要始终表现出豁达自信、坦诚乐观、沉着果断、办事利落、知识渊博、技能娴熟等特质，用让其满意的行为来加深、巩固良好的形象。

（三）留下美好的最终印象

心理学中有一种近因效应，是指在人际知觉中，最后给人留下的印象往往有强烈的影响。美国一些旅游专家有这样的共识：旅游业最关心的是其最终的产品——旅游者的美好回忆。导游人员留给旅游者的最终印象是非常重要的，若导游人员留给旅游者的最终印象不好，就可能导致前功尽弃的不良后果。一个游程下来，尽管导游人员已感到很疲惫，但外表上依然要保持精神饱满而且热情不减，这一点常令旅游者对整个游程抱肯定和欣赏的态度。同时导游人员要针对旅游者此时开始想家的心理特点，提供周到的服务，不厌其烦地帮助他们，如选购商品、捆扎行李等。致欢送词时，要对服务中的不尽如人意之处诚恳道歉，广泛征求意见和改进建议，代表旅行社祝他们一路平安，真诚地请他们代为问候亲人。导游人员此时以诚相待是博取旅游者好感的最佳策略。在仪表方面要与迎客时一样着正装，送别时要行注目礼或挥手示意，一定要等飞机起飞、火车启动、轮船驶离后方可离开。美好的最终印象能使旅游者对即将离开的旅游目的地和导游人员产生较强烈的恋恋不舍的心情，从而激起再游的动机。旅游者回到家乡后，通过现身说法还可起到良好的宣传作用。

三、导游人员的心理服务技能

心理服务亦称情绪化服务，是导游人员为调节旅游者在旅游过程中的心理状态所提供的服务。导游服务的对象是旅游者，带好旅游团的关键是带好旅游者，而带好他们的关键是向他们提供包括心理服务在内的、周到细致的全方位优质服务，真正使他们高兴而来、满意而归。

旅游团不同于散客，散客的自由度大，旅游团中的旅游者则受团体的限制，其个别要求难以在旅游合同中反映出来。当旅游者到达旅游目的地后，个人的想法和要求会在心里产生，继而在情绪上、行动上有所反映。此外，在旅游过程中也可能遇到一些问题，这些问题有的来自接待服务某个环节的欠缺，有的来自旅游团中旅游者间的关系，有的出自旅游者本人或其家庭，但碍于团体关系不便表示出来而形成心理障碍。这些情况要求导游人员除了要提供旅游合同中规定的旅游者有权享受的服务之外，还有必要向旅游者提供心理服务。

（一）把握心理服务的要领

1. 尊重旅游者。

尊重人是人际关系中的一项基本准则。不管旅游者来自境外还是来自境内，是来自东方国家还是来自西方国家，也不管其肤色、宗教、信仰、消费水平如何，他们都是客人，导游人员都应一视同仁地尊重他们。

尊重旅游者就是要尊重旅游者的人格和愿望。旅游者对于能否在旅游目的地受到尊重非常敏感。他们希望在同旅游目的地的人们的交往中，人格得到尊重，意见和建议得到尊重；希望在精神上能得到在本国、本地区所得不到的满足；希望要求得到重视，生活得到关心和帮助。旅游者希望得到尊重是正常的、合理的，也是起码的要求。导游人员必须明白，只有当旅游者生活在热情友好的气氛中，自我尊重的需求得到满足时，为他们提供的各种服务才有可能发挥作用。

"扬他人之长，隐其之短"是尊重人的一种重要做法。在旅游活动中，导游人员要妥善安排，让旅游者进行参与性活动，使其获得自我成就感，增强自豪感，从而在心理上获得最大的满足。

2. 微笑服务。

微笑是自信的象征，是友谊的表示，是和睦相处、合作愉快的反映；微笑还是一种无声的语言，有强化有声语言、沟通情感的功能，有助于增强交际效果。

导游人员若想向旅游者提供成功的心理服务，就得学会提供微笑服务，要笑口常开，"笑迎天下客"。只有养成逢人就亲切微笑的好习惯，才会广结良缘，事事顺利、成功。

知识链接

微笑的魅力

据有关媒体报道，在法国巴黎许多地方都可见贴着一首提倡微笑的小诗，这首诗将微笑的魅力诠释得十分充分："微微一笑并不费力／但她带来的好运却无法计算／得到一个笑脸会觉得是个福气／给予一个笑脸也不会损失分厘／微微一笑虽然只需几秒／它留下的记忆却不会轻易逝去／没有谁富有得连笑脸也拒绝看到／也没有谁会贫穷得连笑脸也担当不起／微笑为您的家庭带来和顺美满／微笑支持您在工作中百事如意／微笑还能帮助传递友谊／对于疲劳者它犹如休息／对于失意者它仿佛鼓励／对于伤心者它恰似安慰／'解语之花''忘忧之草'的美名／它当之无愧／它买不来，借不到，偷也偷不去／因为它只能在给人后才变得珍贵。"

3. 使用柔性语言。

"一句话能把人说笑，也能把人说跳。"导游人员有时一句话说好了，会使旅游者感到高兴；有时一不当心，甚至是无意中的一句话，就有可能伤害旅游者的自尊心。因此，导游人员在与旅游者交往时必须注意自己的语言表达方式，与旅游者说话要语气亲切、语调柔和、措辞委婉、说理自然，常用商讨的口吻与旅游者说话。这样的"柔性语言"既使人愉悦，又有较强的说服力，往往能达到以柔克刚的效果。

【案例分析】

一名导游员在带团过程中很积极、主动，游客对他的感情也很好。一天深夜，有位游客却在电话中和他争吵起来。原来，这位游客夜间外出访友，因多年未见加上贪杯，所以到了深更半夜回来后才打电话告诉导游员，说是报个平安。谁知导游员因等候多时不敢入睡，听到游客打来电话心中火起，劈头就责问："怎么搞的？怎么这么晚才回宾馆？人家等你到现在还没有睡觉，你好意思吗？"导游员的话使游客心里不高兴，于是发生了争吵。如果导游员换一种方法，说："哟，你回来我就放心了，洗个澡赶紧睡吧，明天还有许多景点要玩呢。"游客听了这番话，心理肯定充满感激。

4. 与旅游者建立伙伴关系。

旅游活动中，旅游者不仅是导游人员的服务对象，也是合作伙伴，只有旅游者通力合作，旅游活动才能顺利进行，导游服务才能取得良好的效果。要想获得旅游者的合作，导游人员应设法与旅游者建立"伙伴关系"。一方面，导游人员可通过诚恳的态度、热情周到的服务、谦虚谨慎的作风、让旅游者获得自我成就感等方式，与旅游者建立合乎道德的、正常理性的情感关系。当然，这种情感关系应是面对每一位旅游者的，绝不能厚此薄彼；另一方面，导游人员在与旅游者交往时还应把握正确的心理状态，尊重旅游者，与旅游者保持平行性交往，力戒交锋性交往。

5. 提供个性化服务。

个性化服务是导游人员在做好规范化服务的同时，针对旅游者个别要求而提供的服务。导游人员应该明白，每位旅游者既希望导游人员一视同仁、公平相待，又希望能给予自己一些特别的关照。因此导游人员既要通过规范化服务去满足旅游者的一般要求，又要根据每位旅游者的具体情况提供个性化服务，满足旅游者的特殊要求。这样旅游者会感觉到"导游员心中有我"，从而拉近了其与导游人员之间的感情距离，因而产生满足感。个性化服务虽然不是全团的共同要求，而只是个别需求，有时甚至只是旅游过程中的一些琐碎小事，但是，做好这类小事往往会起到事半功倍的效果，尤其是对注意细节的西方旅游者而言，可使他们感受到导游人员求真务实的作风和为旅游者分忧解难的精神，从而产生对导游人员的信任。"细微之处见真情"，讲的就是这个道理。

提供个性化服务做起来并不容易，关键在于导游人员要时刻将旅游者"放在心中"，眼中"有活儿"，把握时机主动服务。个性化服务要求导游人员要了解旅游者，用热情主动的服务尽力满足其合理要求。此外，个性化服务只有与规范化服务完美地结合才是优质的导游服务。

（二）了解旅游者的心理

导游人员要有效地向旅游者提供心理服务，必须了解旅游者的心理与变化。

1. 从国籍、年龄、性别和所属阶层等方面了解旅游者。

每个国家、每个民族都有自己的传统文化和民风习俗，人们的性格和思维方式亦不相同，即使是同一个国家，不同地区、不同民族的人在性格和思维方式上也有很大差异；与此同时，旅游者所属的社会阶层、年龄和性别的不同，对其心理特征和生活情趣也会产生较为明显的影响。导游人员应从这些方面去了解旅游者，并有针对性地向他们提供心理服务。

（1）区域和国籍。首先，从区域的角度看，东方人和西方人在性格和思维上有较明显的差异。西方人较开放、感情外露，喜欢直截了当地表明意愿，其思维方式一般由小到大、由近及远、由具体到抽象；东方人较含蓄、内向，往往委婉地表达意愿，其思维方式一般从抽象到具体、从大到小、从远到近。了解了这些差异，导游人员在接待西方旅游者时就应特别注重细节。譬如西方旅游者认为，只有各种具体的细节做得好，由各种细节组成的整体才会好，他们把导游人员提供的具体服务抽象为导游人员的工作能力与整体素质。其次，从国籍的角度看，同是西方人，在思维方式上也存在着一些差别。如英国人矜持、讲究绅士风度；美国人开放、随意、重实利；法国人浪漫、爱享受生活；德国人踏实、勤奋、守纪律；意大利人热情、热爱生活等。

（2）所属社会阶层。来自上层社会的旅游者大多严谨持重，发表意见时往往经过深思熟虑，他们期待听到高品位的导游讲解，以获得高雅的精神享受；一般旅游者则喜欢不拘形式的交谈，话题广泛，比较关心带有普遍性的社会问题及当前的热门话题，在参观游览时期待听到故事性的导游讲解，希望轻轻松松地旅游度假。

（3）年龄和性别。年老的旅游者好思古怀旧，对游览名胜古迹、会见亲朋老友有较大的兴趣，他们希望得到尊重，希望导游人员多与他们交谈；年轻的旅游者好逐新猎奇，喜欢多动多看，对热门社会问题有浓厚的兴趣；女性旅游者则喜欢谈论商品及购物，喜欢听带故事情节的导游讲解。

2. 从分析旅游者所处的地理环境来了解旅游者。

旅游者由于所处的地理环境不同，对于同一类旅游产品会有不同的需要与偏好，他们对那些与自己所处地理环境迥然不同的旅游目的地往往情有独钟。譬如，我国北方的旅游者喜爱南国风情，南方的旅游者偏好北国风光；内陆地区的旅游者喜欢去青岛、三亚等海滨城市，沿海地区的旅游者向往九寨沟、西双版纳独特的风貌；旅游者们在盛夏时节去大连、哈尔滨等北方名城，隆冬季节奔赴海南岛和东南亚，这种反向、反季节出游已成为一种普遍的现象。导游人员可通过分析地理环境来了解旅游者的这些心理活动。

3. 从旅游者的出游动机来了解旅游者。

人们旅游行为的形成有其客观条件和主观条件。客观条件主要指人们有足够的可自由支配收入和闲暇时间；主观条件指人们必须具备旅游的动机。一般说来，人们参加旅游团的心理动机是：省心，不用做决定；节省时间和金钱；有伴侣、有团友；有安全感；能正确了解所看到的景物。导游人员通过周到、细致的服务和精彩、生动的讲解能满足旅游者的这些心理需求。

从旅游目的角度看，旅游者的旅游动机一般包括：观赏风景名胜、探求文化差异、寻求文化交融的文化动机；考察国情民风、体验异域生活、探亲访友寻根的社会动机；考察投资环境、进行商务洽谈、购买旅游商品的经济动机；休闲度假、康体健身、消遣娱乐的身心动机。导游人员了解和把握旅游者的旅游动机，能更恰当地安排旅游活动和提供导游服务。

4. 从旅游者不同的个性特征了解旅游者。

旅游者的个性各不相同，导游人员通过旅游者的言行举止可以判断其个性，从而达到了解旅游者并适时提供心理服务的目的。

（1）活泼型旅游者：爱交际，喜讲话，好出点子，乐于助人，喜欢多变的游览项目。对这类旅游者，导游人员要扬长避短，既要乐于与他们交朋友，又要避免与他们过多交往，以免引起其他团员的不满；要多征求他们的意见和建议，但注意不让其左右旅游活动，打乱正常的活动日程；可适当地请他们帮助活跃气氛，协助照顾年老体弱者等。活泼型旅游者往往能影响旅游团的其他人，导游人员应与之搞好关系，在适当的场合表扬他们的工作并表示感谢。

（2）急躁型旅游者：性急，好动，争强好胜，易冲动，好遗忘，情绪不稳定，比较喜欢离群活动。对这类比较难对付的旅游者，导游人员要避其锋芒，不与他们争论，不激怒他们，在他们冲动时不要与之计较，待他们冷静后再与其好好商量，往往能取得良好的效果；对他们要多微笑，服务要热情周到，而且要多关心他们，随时注意他们的安全。

（3）稳重型旅游者：稳重，不轻易发表见解，一旦发表就希望得到他人的尊重。这类旅游者容易交往，但他们不主动与人交往，不愿麻烦他人；游览时他们喜欢细细欣赏，购物时爱挑选比较。导游人员要尊重这类旅游者，不要怠慢，更不能故意冷淡他们；要主动多接近他们，尽量满足他们的合理而可能的要求；与他们交谈要客气、诚恳，速度要慢，声调要低；讨论问题时要平心静气，认真对待他们的意见和建议。

（4）忧郁型旅游者：身体弱，易失眠，忧郁孤独，少言语但重感情。面对这类旅游者，导游人员要格外小心，别多问，尊重他们的隐私；要多亲近他们、多关心体贴他们，但不能过分表示亲热；多主动与他们交谈些愉快的话题，但不要与之高声说笑，更不要与他们开玩笑。

这4种个性的旅游者中以活泼型和稳重型居多，急躁型和忧郁型只是少数。不过，典型个性只能反映在少数旅游者身上，多数旅游者往往兼有其他类型个性的特征。而且，在特定的环境中人的个性往往会发生变化。因此导游人员在向旅游者提供服务时要因人而异，要随时观察旅游者的情绪变化，及时调整，力争使导游服务更具针对性，以获得令旅游者满意的效果。

5. 通过分析旅游活动各阶段旅游者的心理变化了解旅游者。

旅游者来到异地旅游，摆脱了在家乡紧张的生活、烦琐的事务，希望自由自在地享受愉快的旅游生活。由于生活环境和生活节奏的变化，在旅游的不同阶段，旅游者的心理活动也会随之发生变化。

（1）旅游初期：求安全心理、求新心理。

旅游者刚到旅游地，兴奋激动，但人生地疏、语言不通、环境不同，往往容易产生孤独感、茫然感和不安全感，唯恐发生不测，有损自尊心，危及财产甚至生命。也就是说，在旅游初期，旅游者求安全的心态表现得非常突出，因此，消除旅游者的不安全感成为导游人员的首要任务。人们来到异国他乡旅游，其注意力和兴趣从日常生活转移到旅游目的地，全新的环境、奇异的景物、独特的民俗风情，使旅游者逐新猎奇的求新心理空前高涨，这在入境初期表现得尤为突出，往往与不安全感并存。所以在消除旅游者不安全心理的同时，导游人员要合理安排活动，满足他们的求新心理。

（2）旅游中期：懒散心态、求全心理、群体心理。

随着时间的推移、旅游活动的开展以及相互接触的增多，旅游团成员间、旅游者与导游人员之间越来越熟悉，旅游者开始感到轻松愉快，会产生一种平缓、轻松的心态。但是，正是由于这种心态的左右，旅游者往往忘却了控制自己，思辨能力也不知不觉地减退，常常自行其是，甚至出现一些反常言行以及放肆、傲慢、无理的行为。一方面，旅游者的个性充分暴露，开始出现懒散心态，如时间观念较差，群体观念更弱，游览活动中自由散漫，到处丢三落四，旅游团内部的矛盾逐渐显现，等等；另一方面，旅游者把旅游活动理想化，希望在异国他乡能享受到在家中不可能得到的服务，希望旅游活动的一切都是美好的、理想的，从而产生生活上、心理上的过高要求，对旅游服务横加挑剔、求全责备，求全心理非常明显。再者，由于旅游者的思考力和判断力减弱，这时如果团内出现思辨能力较强而又大胆直言的"领袖人物"时，其他旅游者便会不假思索地附和他，唯其马首是瞻，不知不觉地陷入一种人云亦云、随波逐流的群体心理状态。

导游人员在旅游中期阶段的工作最为艰巨，也最容易出差错。因此，导游人员的精力必须高度集中，对任何事都不得掉以轻心。这个阶段也是对导游人员组织能力和独立处理问题能力的实战检验，是对其导游技能和心理素质的全面检阅，所以每个导游人员都应十分重视这个阶段的工作。

（3）旅游后期：忙于个人事务。

旅游活动后期，即将返程时，旅游者的心理波动较大，开始忙乱起来，譬如，与家庭及亲友联系突然增多，想购买称心如意的纪念品但又怕行李超重等。总之，他们希望有更多的时间处理个人事务。在这一阶段，导游人员应给旅游者留出充分的时间处理自己的事情，对他们的各种疑虑要尽可能耐心地解答，必要时做一些弥补和补救工作，使前一段时间未得到满足的个别要求得到满足。

【导游经验】

导游要有社交与沟通能力

一要记住姓名。美国心理专家卡耐基在他的《人性的弱点》中谈到，每个人都希望被重视与关注，若能记住对方的姓名，对方就会对你有特殊的好感，因为证明你重视与关注对方。

二要称呼得当。美国著名的外交家马歇尔称赞周恩来总理为"天才的外交家"，为什么呢？因为周总理在社交与外交中称呼非常得当。称呼是社交与沟通的第一句话，起先声夺人的效果，若得当则是良好的开端，反之则引起客人的反感。有职务者称其职名，如王局长、李老师、刘总，其他称先生、阁下、女士、小姐（来自沿海地区的女士则不可称小姐）。比自己辈分与年龄小的可称"小"字加姓，如小王。

三要热情主动。作为导游，不能等着客人向你打招呼，而应主动热情地抢先与游客打招呼。

四要有聊天技巧。在导游工作中，虽然讲解占用的时间最多，但用于聊天交谈的时间通常也不少。为了更好地搞好工作，导游人员不仅自己要经常参与游客的聊天，更多的时候还要善于利用聊天的机会了解游客的想法、要求和感受，寻找话题来活跃气氛。这样可以拉近相互间的心理距离。

五要抓住旅游者的兴趣与爱好，以此为切入点，详细了解旅游者的情况，从籍贯、职业、业余爱好、性别上分析。《孙子兵法》云："知己知彼，百战不殆。"

（三）调节旅游者的情绪

旅游者在旅游过程中，会随着自己的需要是否得到满足而产生不同的情感体验。如果他们的需要得到满足，就会产生愉快、满意、欢喜等肯定的、积极的情感；反之则会产生烦恼、不满、懊恼甚至愤怒等否定的、消极的情感。导游人员要善于从旅游者的言行举止和表情变化去了解他们的情绪，在发现旅游者出现消极或否定情绪后，应及时找出原因并采取相应措施来消除或进行调节。

1. 补偿法。

补偿法是指导游人员从物质或精神上给旅游者以补偿，从而消除或弱化旅游者不满情绪的一种方法。

（1）物质补偿法。在住房、餐饮、游览项目等方面，若有不符合旅游合同规定的情况，应对旅游者予以补偿，如加菜、加酒等，而且替代物一般应强于原先的内容。

（2）精神补偿法。由于某种原因无法满足旅游者的合理要求而导致旅游者不满时，导游人员应实事求是地说明困难，诚恳地道歉，以求得旅游者的谅解；也可先让旅游者将不满情绪发泄出来，待气消后，导游人员再设法向旅游者解释。如旅游者丢失物品，神情沮丧，闷闷不乐，导游人员如能迅速与各有关方面取得联系，及时找回，便能使旅游者转忧为喜。

2. 转移注意法。

转移注意法是指通过新的刺激把旅游者的注意力从一个对象转移到另一个对象。当旅游团内出现消极现象时，导游人员应设法用新的、有趣的活动，或用幽默、风趣的语言或有趣的故事吸引旅游者，从而转移旅游者的注意力，使其忘掉或暂时忘掉不愉快的事情，恢复愉快的心情。

例如，有的旅游者因对参观内容有不同意见而不快，有的旅游者因个别要求得不到满足而懊恼，有的旅游者因看到不愉快的现象产生联想而伤感等。导游人员除了说服或安慰旅游者以外，还可通过组织文娱活动、做游戏等来活跃气氛，如讲笑话、唱山歌、学说本地话或讲故事，使旅游者的注意力向有趣的、积极的事物转移。

3. 分析法。

由于某种不可改变的原因导致旅游者产生消极情绪而又无法补偿时，导游人员应将事情的原委讲清楚，一分为二地分析事物的两面性及其与旅游者的得失关系，缓和旅游者的否定情绪，争取得到他们的理解与合作。多数情况下，导游人员应该采用积极式的安慰，以"塞翁失马法""展望美景法"等方式树立旅游者对未来行程的信心。

【导游经验】

某个旅游团在哈尔滨结束了冰雪之行，抵达机场准备乘飞机返回北京时，被告知飞机由于天气原因要延误，等了3个小时又被告知航班被取消。这时候，游客十分气愤，有人发牢骚，有人骂街，有人冲着导游人员大喊大叫，有人与民航工作人员争闹起来。这时候，导游人员尽量克制自己的情绪，首先热情地给大家要来茶水，然后耐心地劝解游客："大家的心情我完全理解，我也与你们一样着急。但今天是因为下雪飞机才停飞的，我想大家谁也不愿意拿自己的生命开玩笑吧。今天晚上，我们先回市区品尝我们本来没有时间品尝的飞龙宴，然后，可以去夜游索菲亚大教堂，相信松花江边五彩冰灯的夜景会再次给我们带来惊喜的。"

4. 暗示法。

心理暗示在导游过程中是一种控制或影响旅游者心理的有效手段。导游人员在带团过程中可以充分运用暗示的方法，通过自己的言语、表情、手势、行为，影响和改变旅游者的心理活动。

【导游经验】

某个夜晚，嘉峪关全城停电，因天黑找不到预订好的宾馆，徐朝雨和40人的团在街头兜了半小时圈子。好不容易把大家安顿下来，孰料一位白天因身份证明问题未能参观酒泉卫星发射基地的游客大发雷霆，情绪激动地煽动大家，说是导游和司机串通好故意在"整"大家。面对无端的指责，徐朝雨只好连连道歉。次日早晨，这位先生迟迟不肯前来吃早餐，徐朝雨只好亲自将早餐送到房间。在发车前，徐朝雨再次当众就停电耽误休息表示道歉，并说自己晚上只睡了3个小时，为了不误行程，自己和司机每人都定了手机闹铃，还反复叮咛宾馆服务员按时打电话喊他们起床，如果还不行就直接来敲门。"没想到，我的一番实话让游客们都感动了，当我提出如果对我不满意，我可以在10分钟内给他们再换一位导游时，客人们不约而同地说'不用了，就你了'。"徐朝雨事后如此说。

导游人员在运用上述方法调节旅游者情绪时，应根据实际情况灵活地选用一种或多种方法，以求取得较好的效果。

（四）激发旅游者的游兴

导游服务要取得良好的效果，需要导游人员在游览过程中激发旅游者的游兴，使旅游者自始至终沉浸在兴奋、愉悦的氛围之中。兴趣是人们力求认识某种事物或某种活动的倾向，这种倾向一经产生，就会出现积极主动、专注投入、聚精会神等心理状态，形成良好的游览心境。导游人员可从以下几方面去激发旅游者的游兴。

1. 通过直观形象激发旅游者的游兴。

导游人员可通过突出游览对象本身的直观形象来激发旅游者的游兴。

【导游经验】

湖北通山九宫山喷雪崖，崖顶之云中湖水喷薄而出，直落涧底峡谷，深达70余米。因谷口逼风，跌落之水化成缕缕雾霭，绕崖旋转，色白如雪，如同冰雪世界，蔚为壮观。导游人员只有引导游客从最佳的角度观赏，才能突出喷雪崖的直观形象，使游客产生叹为观止的美感，激起游客强烈的兴趣。

2. 运用语言艺术激发旅游者的游兴。

导游人员运用语言艺术可以调动旅游者的情绪，激发旅游者的游兴。

【导游经验】

通过讲解历史故事可激发游客对名胜古迹和民间艺术的探索；通过朗诵名诗佳句可激起游客漫游名山大川的豪情；通过提出生动有趣的问题可引起游客的思考和探讨。这样营造出的融洽、愉快的氛围可使游客的游兴更加浓烈。

3. 通过组织文娱活动激发旅游者的游兴。

一次成功的旅游活动仅有导游讲解是远远不够的，导游人员还应抓住时机，组织丰富多彩的文娱活动，动员全团旅游者共同营造愉快氛围。

4. 使用声像导游手段激发旅游者的游兴。

声像导游是导游服务重要的辅助手段，每天去景点游览之前，导游人员如能先为旅游者放映一些内容相关的幻灯片、录像或光盘，往往能收到事半功倍的效果。有时有些景点因受客观条件限制或因旅游者体力不支，旅游者难以看到景点的全貌，留下不少的缺憾，通过声像导游可以弥补这一缺憾，给旅游者留下完整的、美好的印象。如果是在旅游车上进行导游讲解，导游人员还可利用车上的音响设备配上适当的音乐，或在讲解间歇时播放一些有着浓郁地方特色的歌曲、乐曲、戏曲等，使车厢内的气氛轻松愉快，让旅游者始终保持游兴和兴奋、愉悦的心情。

（五）引导旅游者观景赏美

旅游活动是一项寻觅美、欣赏美、享受美的综合性审美活动，它不仅能满足人们爱美、求美之需求，而且还能起到净化情感、陶冶情操、增长知识的作用。因此，导游人员在带团旅游时，应重视旅游的美育作用，正确引导旅游者观景赏美。

1. 传递正确的审美信息。

导游人员的作用之一，就是要把旅游目的地的自然美、艺术美传递给旅游者。因此，导游人员要对祖国、家乡的文物古迹、社会风情有深刻的认识，要帮助外国旅游者了解中国人的审美观和中国各类景物的审美标准，用生动形象的语言介绍中国的风景名胜和名胜古迹，正确地引导外国旅游者从不同角度欣赏中国的自然风光美和人文景观

名人名言

俄国教育家乌申斯基说："……美丽的城郭，馥郁的山谷，凹凸起伏的原野，蔷薇色的春天和金黄色的秋天，难道不是我们的老师吗……我深信，美丽的风景对青年气质发展具有的教育作用，是老师都很难与之竞争的。"

美。如果导游人员不仅懂得中国人的审美观和对景物的审美标准，而且了解旅游者所在国（地区）的审美观和审美标准，能在导游讲解中指出各自的特点和相互间的差异，导游讲解的层次就会大大提高，必定会获得旅游者的欢迎。旅游者来到旅游目的地，如果对旅游景观特别是人文景观的社会、艺术背景不了解，审美

情趣会受到很大的影响，往往不知其美在何处，从何着手欣赏。作为旅游者观景赏美的向导，导游人员首先应把正确的审美信息传递给旅游者，帮助其在观赏旅游景观时，感觉、理解、领悟其中的奥妙和内在的美。

【导游经验】

欣赏武汉市黄鹤楼西门牌楼背面匾额"江山入画"时，既要向游客介绍苏东坡"江山如画，一时多少豪杰"的名句，又要着重点出将"如"改"入"，一字之改所带来的新意和独具匠心的审美情趣；再如游览武汉市古琴台，导游人员除了要向游客讲解"俞伯牙摔琴谢知音"的传说故事外，还应引导游客欣赏古琴台这座规模不大但布局精巧的园林特色，介绍古琴台依山就势、巧用借景手法，把龟山、月湖巧妙地借过来，构成一个广阔深远的艺术境界。

2. 分析旅游者的审美感受。

旅游者在欣赏不同的景观时会获得不同的审美感受，但有时旅游者在面对同一审美对象时，其审美感受也不尽相同，甚至表现出不同的美感层次。我国著名美学家李泽厚就将审美感受分为"悦耳悦目""悦心悦意""悦志悦神"3个层次。

（1）悦耳悦目，是指审美主体以耳、目为主的全部审美感官所体验的愉快感受，这种美感通常以直觉为特征，仿佛主体在与审美对象的直接交融中，不加任何思索便可于瞬间感受到审美对象的美，同时唤起感官的满足和愉悦。

【导游经验】

譬如，当游客漫步于内蒙古莫尔道嘎森林公园之中，看到以绿色为主的自然色调、呼吸到富含负氧离子的清新空气、嗅到沁人心脾的花香，听到林间百鸟鸣唱时，就会不自觉地陶醉其中，从而进入"悦耳悦目"的审美境界。

（2）悦心悦意，是指审美主体通过眼前或耳边具有审美价值的感性形象，在无目的中直观地领悟到审美对象某些较为深刻的意蕴，获得审美享受和情感升华，这种美感是一种意会，有时很难用语言充分而准确地表述。

【导游经验】

譬如，观赏齐白石的画，游客感到的不只是草木鱼虾，而是一种悠然自得、鲜活洒脱的情思意趣；泛舟神农溪，聆听土家族姑娘优美动人的歌声，游客感到的不只是音响、节奏与旋律的形式美，而是一种饱含着甜蜜和深情的爱情信息流或充满青春美的心声。这些较高层次的审美感受能使游客的情感升华到一种欢快愉悦的状态，进入较高的艺术境界。

（3）悦志悦神，是指审美主体在观赏审美对象时，经由感知、想象、情感、理解等心理功能交互作用，从而唤起的那种精神意志上的亢奋和伦理道德上的超越感。它是审美感受的最高层次，体现了审美主体大彻大悟、从小我进入大我的超越感，体现了审美主体和审美对象的高度和谐统一。

【导游经验】

譬如，乘船游览长江会唤起游客的思旧怀古之情，令其产生深沉崇高的历史责任感；登上坛子岭俯视繁忙的三峡工程建设工地，会激起游客的壮志豪情，令其产生强烈的民族自豪感。

导游人员应根据旅游者的个性特征，分析他们的审美感受，有针对性地进行导游讲解，使具有不同美感层次的旅游者都能获得审美愉悦和精神享受。

3. 激发旅游者的想象思维。

观景赏美是客观风光环境与主观情感结合的过程。人们在观景赏美时离不开丰富而自由的想象，人的审美活动是通过以审美对象为依据，经过积极的思维活动，调动已有的知识和经验，进行美的再创造的过程。一些旅游景观尤其是人文景观的导游讲解，需要导游人员制造意境，进行美的再创造，才能激起旅游者的游兴。

【导游经验】

譬如，游览西安半坡遗址，导游人员面对着那些打磨的石器、造型粗糙的陶器，只是向游客平平淡淡地介绍这是什么、那是什么，游客就会感到枯燥乏味。如果导游人员在讲解中制造出一种意境，为游客勾画出一幅半坡先民们集体劳动、共同生活的场景："在6 000年前的黄河流域，就在我们脚下的这片土地上，妇女们在田野上从事农业生产，男人们在丛林中狩猎、在河流中捕鱼，老人和孩子们在采集野果。太阳落山了，村民们聚集在熊熊燃烧的篝火旁童叟无欺、公平合理地分配着辛勤劳动的成果，欢声笑语此起彼伏……半坡先民们就是这样依靠集体的力量向大自然索取衣食，用辛勤艰苦的劳动创造了光辉灿烂的新石器文化。"游客们就会产生浓厚的兴趣，时而屏息细听，时而凝神遐想，这时导游人员再进一步发挥："如果没有这6 000年前的陶甑，或许至今世界上还没有蒸汽机；如果没有半坡先民原始的数字计算，也不可能出现今天的电子计算机。"游客的想象思维被充分激发起来，导游境界也得到了升华。

4. 灵活掌握观景赏美的方法。

（1）动态观赏和静态观赏。无论是山水风光还是古建园林，任何风景都不是单一的、孤立的、不变的画面形象，而是活泼的、生动的、多变的、连续的整体。旅游者漫步于景物之中，步移景异，从而获得空间进程的流动美。

在某一特定空间，观赏者停留片刻，作选择性的风景观赏，通过联想、感觉来欣赏美、体验美感，这就是静态观赏。这种观赏形式时间较长、感受较深，人们可获得特殊的美的享受。

【导游经验】

例如，在浙江海宁县①盐官镇观看钱塘江涨潮时，在泰山山顶观赏云海玉带、黄河金带、旭日东升和晚霞夕照时，让人遐想，令人陶醉。

（2）观赏的距离和角度。距离和角度是两个不可或缺的观景赏美因素。自然美景千姿百态，变幻无穷，对一些奇峰巧石，只有从一定的距离和特定的角度去看，才能领略其风姿。

【导游经验】

例如，从长江游轮上观赏三峡胜景神女峰时，远远望去，朦胧中看到的是一尊丰姿秀逸、亭亭玉立的中国美女雕像。然而若借助望远镜观赏神女峰则会令人失望，因为看到的只是一堆石头而已。又如，在黄山半山寺望见天都峰山腰上有堆石头状似公鸡，它头朝天门，振翅欲啼，人称"金鸡叫天门"。但到了龙蟠坡观看同一堆石头，看到的则似五位老翁在携杖登险峰，构成了"五老上天都"的美景。

这就是由于观赏角度不同造就的不同景观。导游人员带团游览时要适时地指导旅游者从最佳距离、最佳角度，并以最佳方法去观赏风景，使其获得美感。

（3）观赏时机。观赏美景要掌握好时机，即掌握好季节、时间和气象的变化。清明踏青、重阳登高、春看兰花、秋赏红叶、冬观蜡梅等都是自然万物的时令变化规律造成的观景赏美活动。

【导游经验】

例如，在泰山之巅看晨曦中的旭日东升、黄昏时的晚霞夕照，美不胜收；在蓬莱有时还能观赏到海市蜃楼，在峨眉山顶有时能看到佛光。这些都是因时间的流逝、光照的转换造成的美景。

变幻莫测的气候景观是欣赏自然美景的一个重要内容。云雾缭绕中的黄山美景令人回味无穷；庐山之美就在缥缈含蓄的云雾之中；游漓江，晴天的奇峰侧影、阴天的云雾缭绕、雨天的漓江烟雨，景景都令人流连忘返。

（4）观赏节奏。如果游览活动安排得太紧、观赏速度太快，不仅使旅游者筋疲力尽达不到观赏目的，还会损害他们的身心健康，甚至会影响旅游活动的顺利进行，因此导游人员要注意调控观赏节奏。

第一，有张有弛，劳逸结合。导游人员要根据旅游团成员的实际情况安排有弹性的活动日程，努力使旅游审美活动既丰富多彩又松紧相宜。

第二，快慢相宜。在具体的审美活动中，导游人员要视具体情况把握好游览速度和导游讲解的结构，哪儿该快、哪儿该慢、哪儿多讲、哪儿少讲甚至不讲，

---

① 海宁县：今为海宁市。

必须做到心中有数；对老年人要讲得慢一点、走得慢一点、活动少一点。如果旅游团成员体质差异大、年龄悬殊，观赏节奏的把握原则是：既让年轻人的充沛精力有发挥的余地，又不使体弱者疲于奔命。总之，观赏节奏要因人、因时、因地随时调整。

第三，导、游结合。导游人员应处理好与景物之间的时空关系和主次关系。有时，导游人员要有绝对的权力，以达到帮助旅游者更好地看景或起到画龙点睛的作用。但有时则要让景观占主导地位，导游人员居次要地位，即有时在特定的地点、时间，让旅游者自己去感悟景观之美，会收到更好的效果。导游人员应力争使观赏节奏适合旅游者的身体状况、心理动态和审美情趣，安排好旅游活动行程、组织好旅游审美活动，让旅游者感到顺乎自然、轻松自如。只有这样，旅游者才能获得旅游的乐趣和美的享受，这才是成功的导游活动。

【任务实施】

实训项目：与游客交往的技能。
实训内容：1. 以小组为单位进行情景剧表演。
2. 小组内有人员分工，一名同学饰演导游人员，其余同学为旅游者。
3. 表演内容要求展示导游人员通过一定的手段与方法来激发旅游者的游兴。表演可以在教室进行也可以在校园内进行。

实训考核：以同学间互评为主、教师点评为辅。

任务二 导游人员的协作技能

【任务介绍】

导游工作是联系各项旅游服务的纽带和桥梁。导游人员在执行旅游接待计划时，务必要与全陪、地陪、领队、司机以及旅游接待单位之间搞好关系，保证顺利完成接待任务。导游工作与其他旅游服务工作的相辅相成关系决定了导游人员必须掌握一定的协作技能。

【任务目标】

1. 掌握导游人员与领队间的协作技能。
2. 掌握地陪与全陪间的协作技能。
3. 掌握导游人员与司机间的协作技能。
4. 掌握导游人员与相关旅游接待单位之间的协作技能。

【任务导入】

一个旅游团队往往会出现地陪、全陪、境外旅游领队 3 名导游人员共同为旅游者提供导游服务的情况，他们彼此之间应该如何共事，如何相处？除了导游人员，为旅游团提供服务的还有旅游车司机以及旅游接待单位，导游人员又该如何与他们相处呢？

【相关知识】

一、导游人员与领队的协作

领队是受海外旅行社委派，全权代表该旅行社带领旅游团从事旅游活动的人员。在旅游团中，领队既是海外旅行社的代表，又是旅游者的代言人，还是导游服务集体中的一员，在海外社、组团社、接待社以及旅游者导游人员之间起着桥梁作用。导游人员能否圆满完成任务，在很大程度上要靠领队的合作和支持，因此，搞好与领队的关系就成为导游人员不能忽视的重要内容。

（一）尊重领队，遇事与领队多磋商

带团到中国来旅游的海外领队多数是职业领队，在海外旅行社任职多年并受过专业训练，对我国的情况尤其是我国旅游业的业内情况相当熟悉。他们服务周到细致，十分注意维护组团社的信誉和旅游者的权益，深受旅游者的信赖。此类领队是中方旅行社长期合作的海外客户代表，也是旅游团中的"重点客人"，对他们一定要尊重，遇事要与他们多磋商。旅游团抵达后，地陪要尽快与领队商定日程，如无原则问题应尽量考虑采纳领队的建议和要求。在遇到问题、处理矛盾时，全陪、地陪更要与领队磋商，争取领队的理解和支持。

（二）关心领队，支持领队的工作

职业领队常年在异国他乡履行自己的使命，进行着重复性的工作，十分辛苦。由于他的"特殊的身份"，旅游者一般只要求他如何关心自己而很少去主动关心领队。因此，导游人员如果在生活上对领队表示关心、在工作上给予领队支持，他会很感动。当领队的工作不顺利或旅游者不理解时，导游人员应主动助其一臂之力，能办到的事情尽量给予帮助，办不到的多向旅游者作解释，为领队解围，如说明原因不在领队而是本方条件所限或是不可抗拒的原因造成的等。但要注意，支持领队的工作并不是取代领队，导游人员应把握好尺度。此外，领队作为旅游团中的"重点人物"，导游人员要适当给其以照顾或提供方便，但应掌握分寸，不要引起旅游者的误会和心理上的不平衡。

（三）多给领队荣誉，调动领队的积极性

要想搞好与领队的关系，导游人员还要随时注意给领队面子，遇到一些显示权威的场合，应多让领队尤其是职业领队出头露面，使其博得旅游者的好评，如游览日程商定后，应请领队向全团旅游者宣布。只要导游人员真诚地对待领队、多给领队荣誉，领队一般也会领悟到导游人员的良苦用心，从而采取合作的态度。

（四）灵活应变，掌握工作主动权

由于旅游团成员对领队工作的评价会直接影响到领队的得失进退，所以有的领队为讨好旅游者而对导游工作指手画脚，当着全团旅游者的面"抢话筒"，一再提"新主意"，给导游人员出难题，使导游的工作比较被动。遇到类似情况导游人应采取措施变被动为主动，对于"抢话筒"的领队，既不能马上反"抢话筒"，也不能听之任之，而应灵活应变，选择适当的时机给予纠正。这样，导游人员既表明了自己的态度又不失风范，工作上也更为主动了。

（五）争取旅游者支持，避免与领队正面冲突

在导游服务中，接待方导游人员与领队在某些问题上有分歧是正常现象。一旦出现此类情况，接待方导游人员要主动与领队沟通，力求及早消除误解，避免分歧扩大。一般情况下，接待方导游人员要尽量避免与领队发生正面冲突。在入境旅游团中也不乏工作不熟练、个性突出且难于合作的领队。对此，导游人员要沉着冷静，坚持原则，分清是非，对违反合同内容、不合理的要求不能迁就；对于某些带侮辱性的或"过火"的言辞不能置之不理，要根据有理、有利、有节的原则讲清道理，使其主动道歉，但要注意避免与领队发生正面冲突。

有时领队提出的做法行不通，导游人员无论怎样解释说明，领队仍固执地坚持己见。这时导游人员就要向全体团员讲明情况，争取大多数旅游者的理解和支持。但要注意，即使领队的意见被证明不对，也不能把领队"逼到绝路"，要设法给领队台阶下，以维护领队的自尊和威信，争取他以后的合作。

二、全陪与地陪的协作

全陪和地陪有着共同的利益，即发展旅游目的地旅游业的共同目标，有统一的政策、法规和协议作为处理问题的准绳，为他们之间的合作共事创造了前提。无论是做全陪还是地陪，都有一个与另一个地陪或全陪配合的问题。协作成功的关键便是各自应把握好自身的角色或位置，要有准确的个人定位。要认识到虽受不同的旅行社委派，但他们都是旅游服务的提供者，都在执行同一个协议。全陪与地陪的关系是平等的关系。

正确的做法应该是：首先要尊重全陪或地陪，努力与合作者建立良好的人际关系；其次，要善于向全陪或地陪学习，有事多请教；此外，要坚持原则，平等协商。如果全陪或地陪"打个人小算盘"，提出改变活动日程、减少参观游览时间、增加购物等不正确的做法，导游人员应向其讲清道理，尽量说服并按计划执行，如对方仍坚持己见、一意孤行，应采取必要的措施并及时向接待社反映。

【案例分析】

导游员小颜是个从事导游工作时间不长的小伙子，一次，旅游旺季的时候，他出任全陪带一个26人的旅游团去黄山。依照计划，该团在黄山住××饭店，客房由黄山地方接待社代订。下了车，进了饭店，小颜把游客安顿在大厅，就随地陪、领队来到总台拿客房。地陪刚报完团号，总台小姐就不好意思地跟地陪、小颜及领队说："对不起，今晚饭店客房非常紧张，原订13间客房只能给11间客房，有4个游客要睡加床，但明天就可以给13间客房。"山上饭店少，附近没有其他饭店，而此时天色已晚，若下山找饭店，因索道已停开，也无可能。小颜是个急性子，这种情况又是第一次碰到，当确知饭店已不可能提供客房后，他转过身来对着站在自己后边的地陪脱口说道："你们社怎么搞的，拿客房能力那么差！"地陪也不是个好捏的软柿子，听了这话，起先还一愣，但马上针尖对麦芒地回了一句："有本事，你们社可以自己订吗？何必委托我们订房呢？"说完，就离开了总台，赌气地在大厅沙发上坐了下来。

领队看到小颜、地陪闹意见，也没多说什么，拿了11间客房的钥匙，把游客召集到一起，把情况和大家摊了牌，然后态度诚恳地说："各位，情况就是这样，希望大家能相互体谅，也能帮我的忙。有愿睡加床的客人请举手。"说完，领队自己先举起了手，跟着好几位游客都举起了手。就这样，领队轻而易举地解决了一个让小颜恼火、为难，又让地陪赌气的问题。

分析： 导游工作集体三成员间的关系告诉我们：全陪、地陪、领队只有协作共事，才能摆脱困难，才能完成共同的任务。本案例中，因为组团社委托地方接待社订房，但结果饭店少给了两间客房，责任似乎在于地方接待社。但是，地方接待社作为组团社的合作伙伴恰恰是经过组团社认可的，地方接待社方面出了问题，难道作为"资格审定者"的组团社没有责任吗？小颜作为组团社派出的全陪难道仅仅是责怪和埋怨吗？正确的做法是：小颜应该和地陪、领队紧密配合，商量出问题的解决方法。应该说，领队的做法是给小颜和地陪上了一课。埋怨、赌气不但无济于事，反而会加剧双方的矛盾，这种做法是绝对不可取的。

三、导游人员与司机的协作

旅游车司机在旅游活动中扮演着非常重要的角色，司机一般熟悉旅游线路和路况，经验丰富。导游人员与司机配合的好坏，是导游服务工作能否顺利进行的重要因素之一。

（一）及时通报信息

1. 旅游线路有变化时，导游人员应提前告诉司机。
2. 如果接待的是外国游客，在旅游车到达景点时，导游人员用外语向游客宣布集合时间、地点后，要用中文告诉司机。

（二）协助司机做好安全行车工作

大部分旅游车的司机具有丰富的驾驶经验，可以胜任旅游团的安全驾驶任务。但有些时候，导游人员适当给予协助能够减轻司机的工作压力，便于工作的更好开展。导游人员可经常为司机做一些小事。

1. 帮助司机更换轮胎，安装或卸下防滑链，或帮助司机进行小修理。
2. 保持旅游车挡风玻璃、后视镜和车窗的清洁。
3. 不要与司机在行车途中闲聊，以免影响驾驶安全。
4. 遇到险情，由司机保护车辆和旅游者，导游人员去求援。
5. 不要过多干涉司机的驾驶工作，尤其不应对其指手画脚，以免司机感到被轻视。

（三）与司机研究日程安排，征求司机对日程的意见

导游人员应注意倾听司机的意见，从而使司机产生团队观和被信任感，积极参与导游服务工作，帮助导游人员顺利完成带团的工作任务。

四、导游人员与旅游接待单位的协作

旅游产品是一种组合性的整体产品，不仅包括沿线的旅游景点，还包括沿线提供的交通、食宿、购物、娱乐等各种旅游设施和服务，需要旅行社、饭店、景点和交通、购物、娱乐部门等旅游接待单位的高度协作。作为旅行社的代表，导游人员应搞好与旅游接待单位的协作。

（一）及时协调，衔接好各环节的工作

导游人员在服务过程中，要与饭店、车队、机场（车站、码头）、景点、商店等许多部门和单位打交道，其中任何一个接待单位或服务工作中的某一环节出现失误和差错，都可能导致"一招不慎，满盘皆输"的不良后果。导游人员在服务工作中要善于发现或预见各项旅游服务中可能出现的差错和失误，通过各种手段及时予以协调，使各个接待单位的供给正常有序。譬如，旅游团活动日程变更涉及用餐、用房、用车时，地陪要及时通知相关的旅游接待单位并进行协调，以

保证旅游团的食、住、行能有序地衔接。

（二）主动配合，争取协作单位的帮助

导游服务工作的特点之一是独立性强，导游人员一人在外独立带团常常会有意外、紧急情况发生，仅靠导游人员一己之力问题往往难以解决，因此导游人员要善于利用与各地旅游接待单位的协作关系，主动与协作单位有关人员配合，争取得到他们的帮助。譬如，在游览过程中发现旅游者走失，经寻找仍然找不到走失者，导游人员应向景点管理部门求助，用广播的方式帮助寻找，请管理部门的工作人员在各进出口协助寻找等。又如，旅游团离站时，个别旅游者到达机场后发现自己的贵重物品遗落在饭店客房内，导游人员可请求饭店协助查找，找到后将物品立即送到机场。

（三）尊重相关旅游接待工作人员

所有旅游接待单位都是旅游服务体系中的重要环节，没有他们的支持与配合，导游服务工作就不可能尽善尽美。因此，导游人员要尊重其他接待单位工作人员的人格，对其付出的辛勤劳动要表示感谢。当他们为旅游者提供服务时，导游人员应起到辅助和补充的作用，配合该单位所提供的服务。

【任务实施】

实训项目：导游人员的协作技能。
实训内容：1. 以小组为单位，进行实训。
2. 通过网络、图书等途径搜集有关导游协作技能的案例，并进行分析总结。
3. 通过案例分析及所学知识，总结提高导游人员协作技能的方法与经验。
4. 上交小组成果。
实训考核：小组间进行成果分享，教师进行点评、打分。

任务三 特殊旅游团队接待服务技能

【任务介绍】

在旅游团队中，有许多特殊团体的旅游者，不同类型的旅游团队都有其固有的特点以及对应的导游服务技能，掌握这些接待服务技能，有利于导游人员在带团过程中提供更有针对性的服务。做好不同类型的特殊团队接待服务，是一名优

秀的导游人员必须具备的基本能力。

【任务目标】

1. 熟悉各类特殊旅游团队的特征。
2. 掌握各类特殊旅游团队的接待服务技能。

【任务导入】

导游人员经常会遇到一些特殊类型的旅游团队,例如"夕阳红"团、学生团、政务考察团等,对于这些特殊团队,导游人员在提供服务时应注意哪些问题,需要掌握哪些服务技能呢?

【相关知识】

特殊团队是指旅游团队的组成人数、人员构成、年龄结构、旅游目的等方面具有非一般性特征的群体。其提出的接待要求也和一般旅游团队不同,导游人员必须提供有针对性的服务。

一、大型旅游团队导游服务技能

(一) 大型旅游团队的特征

1. 人数多。随着交通的发展、旅游人数的增多,100人以上的团队越来越多了,在这些团队的接待中,需要提供3辆以上的车、3名以上的导游人员来进行服务。

2. 标准一致。随着我国旅游业的迅速发展,旅游标准化日渐成为规范行业行为、加强行业管理、提高经营服务水平的重要手段。大型团队虽然可能分为经济团、标准团、豪华团,但是各个团队内的标准是一致的。

3. 日程紧张。大型团队人数众多,在各个环节集合的时候就比较拖沓。比如,一个10人团,参观完景点后很容易就集合在一起,可以马上出发到下个景点;但是团队人数一多,肯定有些旅游者没听清集合时间,或在景点流连忘返,以至于耽误了集合的时间。这样,大型团队每个环节集合的时间就会比一般团队要多些。

4. 有从众心理。

如何应对游客的从众行为

"从众行为"是行为科学的名词,是指群体成员个人服从或遵循群体活动规则或行为标准。从众行为有自觉从众、不自觉从众和不从众之分。自觉从众行为是指表面从众、内心也从众，即个人与众人行为的真正一致。这是群体内聚力强、个性归属感和认同感极高的表现。不自觉从众行为是指表面从众内心不从众，即迫于群体压力下，人们自觉不自觉地以某种规则或多数人意见为准则，改变态度，使自己与大多数人习惯勉强一致的表现。这种行为虽然不理想，但可以保持群众行动，不至于影响旅游日程。不从众行为是指表面反对，内心也反对，属于破坏群体行动的行为，往往会影响旅游计划的进行。

对此，导游人员应认真对待，可采取以下方法：① 如个人的不从众行为使旅游计划无法进行，后果严重，导游人员应向个别旅游者说服不从众的后果，设法说服其改变原有的态度，服从群体活动。② 如个人的不从众行为不会影响群体活动，则作适当的安排后，应允许个人自由活动。③ 如个人确因不可克服的困难（如家中有急事或因病不能随团活动等），则应按特殊事件向旅行社汇报后，做出妥善处理。

（二）大型旅游团队导游服务的要点

1. 有序接待。

（1）化整为零，分而不散。如果团队住在不同的宾馆，那么可以分成若干个小团来完成旅游活动，甚至各小团的行程都可以不同。比如，两个团队第一天和第二天的行程可以对调，这样可以避免在一些比较小的景点游客堆积太多，从而影响旅游质量。如果把团队化整为零，就必须在团队到达前做好充分的准备，如把人数合理分割，并把各小团安排的导游人员和司机通知给组团社。

（2）统一指挥，分工合作。大型团队由于人多、车多、导游人员多，虽然有时候各个小团会各自为政，但是也有不少的时候需要统一行动，这就需要在各团间有一个作为主调度的导游人员，负责协调各团队之间行程进度，并负责协调其他相关部门，如饭店、餐馆等。

有人统一调度后，还需要各团队间的服务人员能分工合作。比如在景点参观的时候，由于人数众多，有时候导游人员不一定能让自己所带团队的成员都听清讲解，这时候可以采取分段讲解法，根据景点把导游人员分到几个固定点，各自在固定景点上反复讲解。或采取分批讲解法，根据总团队旅游者速度的快慢，把所有的旅游者分为快团、中团、慢团，进行分批讲解，最后统一集合，这样能让更多的旅游者听到讲解、更好地参观景点。

（3）准备充分，落实妥当。大型团队在预订房、餐、车的时候就要考虑到人数比较多的问题。有的宾馆不一定能住下团队所有的成员，有的餐馆也不一定能同时容纳所有的人员就餐，为了防止"撞车"事件，就需要提前分散预订。出团时，导游人员应做好相应的物质准备，必须持证上岗，携带计调单、导游旗、喇叭、意见反馈单等相关物品。除此之外，大型团队还应准备下列物品：旅游车编号、带有小团编号的导游旗、分发给游客的标志、用餐桌签等。

2. 严格控制。

（1）加强与领队、全陪的合作。地陪与全陪、领队是以遵守协议为前提进行合作共事的工作集体，他们的关系是合作伙伴关系。处理好这种关系是旅游团队旅行活动顺利进行的重要保证。大型团队很容易发生旅游者走失、丢失财物等意外情况，为了减少、杜绝此类情况的发生，就需要地陪与全陪、领队分清自己的责任，通力合作。一般说来，在团队行进过程中，地陪负责在前带领团队并讲解，全陪、领队负责查看旅游者动向，以防走失。在团队入住的时候，由全陪、领队分发房卡等。

（2）做好安全保障工作。在导游过程中，保障旅游者的人身和财产安全是导游服务的头等要事。特别是大型团队，人多、人员构成复杂，导游人员对此不能有任何麻痹思想，不能存有任何侥幸心理，一旦出现事故苗头和安全隐患，不能有任何怠慢。因为任何麻痹、侥幸与怠慢都有可能酿成大祸，尤其是对旅游者的人身安全，导游人员必须做到万无一失。

（3）使旅游团的活动始终处于控制状态。首先，要能分清自己所带团队的人员。在大型团队中很多旅游者彼此都是熟人，常常发生"串门"的现象，有的团队整个行程下来还弄不清楚总体的人数，因为在旅游过程中甲车的旅游者会跑到乙车，乙车的又会跑到丙车。其次，导游人员必须做出详细的计划，在做计划的时候还要能把旅游者可能拖延的时间考虑进去，尽量让旅游者能按既定计划完成行程。再次，各车导游人员要及时相互联系，协调行动。最后，最重要的就是要不停地提醒旅游者遵守活动时间，激发他们的团队精神，相互帮助，相互提醒，不要出现走失等情况。否则，导游人员联系再紧密，旅游者不配合也是枉然。

二、高龄旅游团队导游服务技能

高龄旅游团队是以老年人为主体、以休闲观光为主要目的的旅游团体。近年来，我国的老年人旅游有了很大的发展，在入境旅游的基础上，国内旅游市场的老年人旅游如"夕阳红""快乐老年游""重温激情燃烧的岁月，抗美援朝回顾游"等已经作为一种品牌出现，市场不断扩大。老年群体时间充裕，不少人经济条件好，对生活质量要求很高，老有所乐正成为众多"银发族"的追求。我们只有掌握高龄旅游团队的特征，才能有针对性地接待好旅游团。

（一）高龄旅游团队的特征

1. 行程舒缓。

这是高龄旅游团队的明显特征，是老年旅游者的生理条件所决定的。他们不可能像年轻人那样风风火火、富于冒险、追求刺激、接受急行军般的旅游方式。他们需要的是旅行中的舒适、游览中的从容，注重旅游质量，而不是盲目地追求数量。他们希望游览行程的安排在时间和空间上始终处于一种轻松的状态。

2. 希望得到尊重。

任何旅游者在旅游中都希望得到别人的尊重，而老年旅游者则更为突出。在生活中，他们需要导游人员的悉心照料；在游览中，他们希望听到高水平的讲解；在日常的交往中，他们希望不被对方忽视；在他们提出意见后，希望能得到对方的重视。在旅游中，他们希望威望的回归、自我价值的实现。高兴时，希望别人与其分享；不满时，希望别人听其发泄；成功时，希望得到掌声与赞扬；失误后，希望得到理解和安慰。

3. 对讲解要求较高。

老年旅游者普遍有着较高的文化素养及丰富的社会阅历，面对观赏对象有自己独特的理解。他们希望听到导游人员较高水平的讲解，以满足自己求知、求新、求异的需要。有些老年旅游者尤其喜欢听导游人员在历史、文学艺术、社会文化方面的深入讲解，因为他们能听懂高层次的讲解，水平自然也不会太低，这也是他们追求自我价值的一种体现。

4. 喜欢怀旧。

老年旅游者大多数会利用旅游的机会故地重游，而且一开口讲话通常就是"我们那时候……""当年……"，导游人员必须耐心加虚心，给老人以足够的回忆空间。同时，老年旅游者还特别喜欢向导游人员提问题，希望得到满意的回答。有些问题能体现出旅游者较高的文化水平，既有品位又有深度；但有时也会提出较为幼稚的问题，但他们的态度绝对是认真的，应予以尊重。

（二）高龄旅游团队导游服务的要点

1. 景点组合符合老年人的品位。

导游人员要根据老年旅游者的生理特点与欣赏习惯，对旅游团的游览行程进行科学合理的安排，使整个旅游过程真正成为一次既开心又轻松的经历。

2. 旅游交通方面体现宽松、舒适。

老年旅游者时间宽裕，经济上有预算，乘坐火车是其主要选择。导游人员要做好列车上的各项服务，把旅途变成一次舒适、愉快的经历。

3. 安全第一。

行程的安排要充分考虑安全因素，避免安排那些消耗体力、刺激、冒险的活动，以静态观赏为主、动态观赏为辅。

4. 提供耐心、细致的服务。

为老年旅游者服务，要处处体现出导游人员的关怀与尊重。老年旅游者因生活自我料理能力相对较低和求安全、求尊重心理的加强，相应地也提高了对导游人员服务水平的要求，并且往往由于导游人员工作中的疏忽或者是无意识的不当言谈，易使其产生不必要的误解。导游人员对老年旅游者的服务要表现出极大的耐心和热情，多做细致的工作，多提供个性化的服务。

（1）生活上关心。在安排住宿、饮食方面，要了解旅游者的特殊需要，必要时还要与饭店、餐馆联系，尽量予以满足。如住房不愿住高层，愿住离电梯较近的房间；吃饭忌讳吃高脂肪、高糖分的食物；喝水多，去厕所次数多。了解了这些特点，导游人员就应针对性地提供服务，安排活动。真正做到"老吾老以及人之老"。

（2）游览中留心。老年旅游者的腿脚不如年轻人利索，在游览中要多做提醒，多留心其动向。在登山、爬坡、上台阶时尤其要多注意，必要时导游人员要对个别旅游者给予搀扶帮助。每次到达景点下车前，在宣布集合时间和地点时要多说几遍，争取让大家都听清楚。在景点讲解中，语速要适当地慢一些、声音高一点，多讲一些文化含量高的内容。在离开景点时，注意清点人数，待人员全部到齐后再统一离开。

（3）服务上耐心。导游服务的耐心主要表现在以下几点：一是对老年旅游者的各种提问给予耐心的解答，尽管有些问题显得幼稚。二是对老年旅游者提出的各种要求要有耐心，合理而可能的要给予满足，确有困难不易办到的也要给予耐心解释说明情况。三是在向老年旅游者交代某些事情的时候要耐心，因为老年人的听力与反应能力都多少有些下降，导游人员有时候就需要不厌其烦地反复提醒、说明。能否为老年旅游者提供耐心而细致的服务，实际上也是衡量导游人员道德水平的标准。

5. 景点门票以灵活为主，不求统一。

各地对不同年龄段的老人有不同的优惠政策，对持有老年人优惠证的旅游者，要按照有关政策执行。对自费景点的参观不强求，使其量力而行。

三、家庭旅游团队导游服务技能

家庭旅游团队是以家庭为单位的特殊形式的旅游团，或是一个家庭独立出游，或是几个家庭搭伴成行的旅游方式，已经成为目前旅游活动中的重要组成形式，有着极大的发展潜力和广阔的市场空间。家庭旅游团队的接待服务除了与散客旅游团有许多相同之处以外，还有一些不同的地方。

（一）家庭旅游团队的特征

1. 成员关系紧密。

和一般的旅游团队不同，家庭旅游团队因为以家庭成员为组织形式，独有的亲情关系将他们维系得非常紧密。强烈的家庭观念使他们在维护自身利益时，思想极为统一,尤其是对外界的态度,常常表现出惊人的一致性。在游览中,成员不会因各自的兴趣不同而离开集体,在乘车时总是希望能坐在一起,在住宿时总是要求房间挨得近一些,集合时同时到达,即使迟到都可能是一起迟到。

2. 随意性较大。

家庭成员的密切关系使得他们始终相处在一起的机会比一般旅游者要多得多,因此,也使他们评价已完成的、规划即将到来的行程更为方便。成员中每一个人的意见都可以代表大家的意见,在游览内容上往往表现出较大的随意性,会经常要求导游人员调整、变更接待计划。

3. 对价格较敏感。

家庭旅游团队一般都是自己支付旅游费用,因此对价格较为敏感。许多地方能省则省,对包价之外的旅游费用支出的选择较为谨慎,对需要花销的项目一定要询问、了解得十分清楚后才做决定。住一般要加床,吃一般选择既实惠、便宜又有地方特色的饭菜,游只去知名度高的景点,行在价格高低和舒适程度的取舍上多倾向于前者。

4. 以消遣为主。

家庭旅游团队的旅游目的一般较为单纯,就是在轻松、愉快的过程中消遣。三口之家虽然也希望小孩能借此机会获取一些知识、开阔眼界,但这也不是主要目的。消遣对于这类旅游者来讲是第一位的,其他的收获只是附带的。他们喜欢环境幽雅的景点,喜欢导游人员风趣幽默的讲解,喜欢品尝当地的风味小吃,喜欢在体现当地特色、有纪念意义的地方拍照。

(二)家庭旅游团队导游服务的要点

1. 注意中心人物。

导游人员要通过认真的观察,"锁定"旅游团中的中心人物。这个人可能既不是决策者,也不是旅游费用的支付者,但他(她)在整个家庭的影响力却是不可忽视的。他(她)可能是家中的长辈,也可能是被宠惯的"小皇帝",也可能是感情、事业的失落者,也可能是不久于人世的病患者。大家对他(她)捧着、顺着、照顾着,只要他(她)高兴了,大家也就高兴了。导游人员特别要关照这个中心人物,整个服务只要他(她)认可了,其余的人自然也就满意了。

2. 保持宠辱不惊。

每个家庭的处事原则不同,表现出的对外界的态度也就不同。有的亲密无间、热情有加,有的保持距离、交往有度。这都是交往的方式,无可非议。导游人员面对旅游者不同的态度,要内心平和、善于理解。尤其是餐食自理的团队,有的家庭喜欢热闹,会邀请导游人员一起用餐;有的家庭用餐时不愿外人打扰,有可能会冷落导游人员。导游人员不要因为这些小事而影响情绪,要一如既往地为旅游者提供优质的服务。

3.谨慎推荐自费项目。

对家庭旅游团队推荐自费项目时要谨慎,要通过观察了解其需要,因势利导地推荐介绍自费项目,让其一旦选择后不会后悔,且感觉到导游人员是可以信赖的。这就要求满足三点:一是节目精彩,有吸引力,有较大游览观赏价值;二是路程不可太远,不存在更多的绕路问题;三是有安全保障,节省体力,老幼皆宜。

4.讲解要兼顾。

因为一个家庭里的成员年龄、文化水平、个人兴趣各不相同,所以导游讲解要照顾到每一位客人。对老人多讲些历史、文化的内容,对小孩多讲些知识性、趣味性的内容,做到既要传达信息,又要有所侧重。尽量选择大家都感兴趣、都能接受的话题作为讲解的内容,如当地的民俗风情、历史传说、趣闻轶事、风物特产等,可以收到较好的效果。

四、青少年儿童团队导游服务技能

1.每天的行程不宜过于紧密。过密的行程容易造成青少年走失,过度劳累还会使孩子身体不适。宜配备随团医生,并携带各种应急药物、驱蚊水等。

2.由于青年学生大都处于生长发育期,每日食量较大,导游人员应安排餐厅提供充足的饭菜,上菜速度也应比普通团队快,让团员尽量吃饱、吃好。

3.特别关注安全问题。导游人员要主动配合组织者做好安全防范工作,确实做到有组织、有纪律、听指挥;旅途中应尽量安排孩子在一些空旷的地方活动,以舒展筋骨;在山区、水域等危险区旅行,应禁止团员嬉笑打闹,不断提醒团员注意安全,且原则上不安排自由活动。同时也要告诫他们不要随意买小摊上的食品,不喝生水,注意个人卫生。

4.景点讲解要突出爱国主义教育,语言要生动形象,富有激情,语速要亲切、缓慢。导游人员讲解多使用提问式或启发式的手法,使小朋友对景物产生浓厚的兴趣,同时也要让他们了解一些相关的历史知识和文化内涵,适当地进行美学教育和社会实践。

5.游览重要景点应留足时间,让团员细细观赏、尽情提问,满足他们的求知欲和好奇心。

【案例分析】

一次失败的带团经历

成都某旅行社导游小李作为全陪,带领28人的中学生夏令营旅游团赴北京旅游。小李是第一次做全陪,而且是第一次带中学生团,虽然做了较多准备,但仍感压力很大。团队到达北京的当晚,就有一名学生睡梦中从上床滚下,摔破了下巴（地接社为降低成本，安排住大学生宿舍，睡上下床），送医院缝了3针；次日安排上午游览天坛，下午游故宫。但在天坛，有七八位学生与团队走失，致使整队时多花了近2个小时才把人找齐。团队到达故宫时已是下午3点，地陪要求一个半小时内游完故宫并在北门集合。学生只好一路小跑，这才基本准时到达集合地点；晚餐时，学生又累又饿，餐厅上菜节奏却很慢，往往一道菜上来立刻被抢光，然后众学生就敲着饭碗等菜，弄得餐厅里乌烟瘴气。

分析：本案例中的中学生夏令营是每年夏天最常见的特殊旅游团队，导游人员必须结合青少年的特点安排行程。案例中让学生住上下床，安排游程太紧，未采取有效的措施预防学生走失，未针对学生食量大、食速快的特点安排晚餐等，都反映出旅行社及其安排的导游人员对接待青少年团队经验不足，致使工作中失误频繁，严重地影响了旅游效果。

五、宗教型旅游团队导游服务技能

（一）宗教型旅游团队的特征

宗教旅游是一种以宗教朝觐为主要动机的旅游活动。自古以来，世界上三大宗教（佛教、基督教和伊斯兰教）的信徒都有朝圣传统。其中麦加是所有宗教旅游中规模最大、朝觐人数最多的一处圣地，每年都有许多信徒以旅游团队的形式前往进行宗教朝觐。宗教型旅游团队特点为：目的明确、时间严格、禁忌较多、待人宽容。

（二）宗教型旅游团队导游服务的要点

1. 注意掌握宗教政策。

导游人员平时应加强对宗教知识和我国宗教政策的学习，接待宗教旅游团时，既要注意把握政策界线，又要注意宗教旅游者的特点。例如，在向旅游者宣传我国的宗教政策时，不要向他们宣传"无神论"，尽量避免有关宗教问题的争论，更不要把宗教、政治、国家之间的问题混为一谈，随意评论。

2. 提前做好准备工作，认真落实有关活动日程。

导游人员在接到接待宗教团队的计划后，要认真分析接待计划，了解接待对象的宗教信仰及其职位，对接待对象的宗教教义、教规等情况要有所了解和准备，以免在接待中发生差错。如果该团在本地旅游期间包括星期日，要征求领队或旅游者的意见，是否需要安排进行宗教活动，如需要，要了解所去宗教场所的位置及开放时间。

3. 尊重旅游者的信仰习惯。

一忌称呼不当。对寺庙的僧人应尊称为"大师""法师"；对道士应尊称为"道长"；对住持僧应尊称为"长老""方丈""禅师"；对喇嘛庙中的僧人应尊称"喇嘛"，即"上师"之意。

二忌礼节失当。如与僧人见面的行礼方式为双手合十，微微低头，或单手竖掌于胸前，头略低。忌用握手、拥抱、摸僧人头部等不当之礼节。

三忌谈吐不当。与僧人、道人交谈，不应提及杀戮之辞、婚配之事，以及食用腥荤之言，以免引起僧人反感。

四忌行为举止失当。游览寺庙时不可大声喧哗、指点议论、妄加嘲讽或随便乱走，不可乱动寺庙之物，尤忌乱摸乱刻神像。如遇佛事活动，应静立默视或悄然离开。

4.满足旅游者的特殊要求。

宗教界人士在生活上一般都有一些特殊的要求和禁忌，导游人员应按照旅游协议书中的规定不折不扣地兑现，尽量予以满足。例如，对宗教旅游者在饮食方面的禁忌和特殊要求，导游人员一定要提前通知餐厅做好准备；又如，有些伊斯兰教人士用餐时，一定要去有穆斯林标志牌的餐厅用餐，导游人员要认真落实，以免引起误会。

六、政务型旅游团队导游服务技能

政务型旅游团队包括中外政府组织、政治团体组成的旅游观光、考察团队。政务型旅游团队的特点是团员社会身份地位较高，专业考察性质较强，往往有当地政府官员陪同在侧或宴请活动。

接待政务型旅游团队必须慎重，旅行社必须制定完整的接待预案，联系相关的对口部门出面接待，聘请一些专家辅助讲解或座谈等。作为政务型旅游团队的导游人员，还应该在如下方面多加留意。

（一）重视礼貌礼节，认可团员的社会身份

在称谓上始终使用尊称，如"各位领导""各位贵宾"；旅游线路和节奏应照顾旅游者的兴趣和身体状况，根据旅游者意愿，适时地加以改变；讲解的内容应以介绍景点背景资料为主，突出具体数据（注意数据准确）和本地特色，但不要妄自尊大；对旅游者感兴趣的内容可以多讲，其他少讲或不讲。

（二）注意自己的身份

如果团队有地方官员陪同，安排行程时多与他们商量，或请他们代为征求旅游者的意见；当地方领导与贵宾交谈时，导游人员可以暂时中断自己的讲解，以示尊敬；导游人员也不要在车上与驾驶员闲谈，而且不论领导再怎么欣赏你，也不可贸然与领导同桌吃饭或主动上前敬酒。

(三)突出团队的主要领导

导游服务要以主要领导为核心,要多听取其意见,适当地照顾其他团员;讲解也以主要领导为主,时刻伴随其左右并引领路线。当有记者摄影时,导游人员应主动后退半步,突出团队成员;在没有得到领导明确邀请的情况下,导游人员一般不参加团队合影;即使受到邀请,也应居末位或站到后排。

(四)注意购物问题

除非合同明确规定,导游人员不得安排政务型团队购物;旅游者主动要求购物时,导游人员可介绍商品特色,帮助其谈价,但是否购买应由旅游者自己拿主意。当发现商品质量不可靠或价格明显虚高时,应提醒其谨慎购买。

【任务实施】

实训项目:"夕阳红"团队接待服务技巧。
实训内容: 1. 以小组为单位,进行实训。
     2. 通过当地旅游网站搜集一条"夕阳红"旅游线路,针对该线路行程安排,提出在接待服务中的注意事项和服务技巧,形成文本资料。
     3. 上交小组成果。
实训考核:教师进行点评,打分。

任务四　导游人员带团的常用技巧

【任务介绍】

导游人员在带团过程中,制约旅游顺利进行的因素有许多,经常会出现一些个别旅游者甚至是旅游者中的"小团体",他们常常会提出苛刻要求,给导游工作带来一定的困难。针对带团过程中出现的类似问题,导游人员一定要有足够的心理准备,掌握导游人员带团的常用技巧,并积极采取合适、巧妙的导游技能妥善对付。

【任务目标】

1. 熟悉导游人员带团的常用技巧。
2. 掌握导游人员带团过程中对付扰乱的方法。
3. 掌握导游人员处理投诉的方法。

【任务导入】

导游带团过程中,经常会遇到团队中的一些"旅游批评家",对旅游活动安排品头论足;也会受制于团队中的"群头"和"小团体"的影响,甚至会遭遇投诉。面对此类问题,导游人员应该如何应对呢?

【相关知识】

一、以我为主,把握全局

所谓以我为主、把握全局,是指导游人员有计划、有步骤、妥善而又完整地把握旅游活动的全过程,充分发挥个人主观能动性,灵活有效地完成旅游接待任务的一种带团技巧。这种技巧要求导游人员注重导游服务质量,具备超出旅游者期望的服务能力。因此,它是导游人员最重要的工作方法之一,也是导游人员工作的灵魂和核心,更是导游人员必须具备的职业素质。

(一)充分认识旅游者在体质上存在的差异

对一个旅游团来说,旅游者体质上的差异是十分明显的,导游人员在参观游览时就要重视和注意这个问题。此刻导游人员应以我为核心,把旅游者紧紧团结在周围。导游人员一方面要满足一些旅游者求新、求美、求知的需求,另一方面又要照顾好年老体弱的旅游者。比如,导游人员带领旅游者去景点游玩、去饭店用餐等,应在行走速度上掌握节奏,一般体质好的旅游者大多数是跟在导游人员身后的,而那些体质较弱或年老体衰者总是落在队伍的最后面。例如,曾经有一名导游人员带一个去黄山的旅游团,那时上山的索道还没建好,一个团从山下爬到山顶,第一个到达者到最后一个上山者的前后时间竟相差了两个多小时,万一路途中有游客发生不测怎么办?面对这么长的队伍,导游人员照顾谁好呢?当然,这些情形只是极个别的。为此,导游人员在处理行走节奏上,应尽量使整个旅游团队始终保持在一定的距离范围内,这样的移动使得导游人员既能管住"面",又能抓住"点"。另外,导游人员要善于将较长距离的路程(包括爬山)有计划地分割成几段较短的路程,如果导游人员在此期间辅以风趣幽默的表演以及宣传鼓动工作,就能够比较妥善地解决旅游者在体质上的差异问题。

【导游经验】

南京中山陵从底下走到纪念堂前共有392级台阶(其中有8个平台)。有位导游在带领游客参观时,带一段路就停下来讲解孙中山先生伟大的一生,等到后面的游客到齐后,又归纳性地总结或介绍些孙中山先生的趣闻轶事,然后再带领旅游团队继续行走。过了一会儿,这位导游又停下来,讲解孙中山先生墨迹"天下为公"的历史背景和由来。之后，他还停下来讲解了纪念碑、两侧的桂花树……就这样，导游一会儿停一会儿讲，停停讲讲，讲讲停停，带着游客一直来到纪念堂门前，游客既不觉得累，又增长了不少知识，整个旅游团没有一个游客掉队和走失。

（二）正确处理多数旅游者与少数旅游者的利益关系

作为一名导游人员，总是希望旅游者在他的带领下"步调一致"，但往往事与愿违，这是因为一个旅游团中的人员各有所需。即使旅游者之间彼此认识甚至同属一个单位，但是他们之间毕竟存在经历、层次和修养等的不同。除去这些原因，旅游者普遍存在一种意识——认为自己是出钱旅游的，导游人员应该满足旅游者的需要。因此，在旅游过程中，时常会出现多数旅游者与少数旅游者发生利益冲突的情况。比如，一个旅游团队中，大部分旅游者想去某景点观光游览，一小部分旅游者认为该旅游项目没多大意义而想去购物。这时，导游人员就可将购物的旅游者安排在旅游景点附近的购物商场，并且确定全体集合时间，但是必须要指派领队或一名旅游者负责安全问题，然后带领另一部分旅游者去景点观光游览，再按照规定时间集合、上车，将全体旅游者集中起来进行下一个旅游项目。导游人员千万不要"临时抱佛脚"，用所谓"举手表决"方式，这样的结局也许不是多数与少数的问题，而是可能出现四分五裂以及意见不统一的尴尬局面，那时导游人员将完全处在被动的地位。至于旅游者提出的过分和不合理的要求，那就另当别论了。总之，导游人员应努力使自己在完成带团任务的前提下，尽量满足旅游者合理而又可能的要求，而不应该有意或无意地去伤害少数旅游者的自尊心。导游人员在对待旅游者的利益冲突时，最恰当的办法莫过于事先把工作做得尽善尽美。

（三）处理好与"群头"的关系

每个旅游团都会自然产生一个或几个"群头"。这些"群头"大都好胜心强、好表现自己。这些人在旅游团队中一般有威望、影响大，旅游团中的旅游者也都支持他们的所作所为。如果导游人员在某些问题上的意见和旅游者不一致，并且在众人面前指责他们时，那么，这些旅游者就会煽动"群头"向导游人员发动反击和进攻。另一部分旅游者明知"群头"做法不妥，但为了顾全"群头"的面子，也会纷纷加入进攻队伍。

要妥善处理好与"群头"的关系，办法有两个：一是利用"群头"的积极配合，组织好导游工作，充分发挥"群头"的"责任心"；二是导游人员主动找"群头"个别做工作，凡事与他商量，以满足"群头"的自尊心和荣誉感。导游人员与"群头"关系处理好了，即使在以后的旅游过程中出现一些遗憾和不足，由他们出面说几句话，遗憾和不足就会得到弥补，旅游者的不愉快情绪也会很快过去。

（四）灵活机动地搭配活动内容

1. 遵循游览活动中的一般规律。

导游界有句行话："有张有弛，先张后弛。"这句话说明了导游人员在带团过程中应该注意掌握游览活动的节奏。导游人员在带团过程中应首先遵循"旅速游缓"的原则，这完全符合旅游者的心理。旅游者往往一上车就急于想到达目的地，认为途中的时间是多余的。导游人员带团到达景区后，对景点的选择也同样采取"先一般后精彩、渐入佳境"的方法，高潮要放在最后。这好比观看电影一样，精彩的结果往往给人以满足、舒服的感觉。在游览景点时，导游人员应选择最佳路线行走，避免走重复路线和回头路线，角角落落不一定都要跑遍，当然有价值和非去不可的地方另当别论。总之，导游人员要看时间和需要等情况而定，不要一概而论。

另外，导游人员也要兼顾"先远后近"和"先高后低"的原则。所谓"先远后近"，是指在游览活动中先到离旅游者住宿点最远的一个景点游玩，然后逐渐地向旅游者住宿点靠近。这样做的目的是使旅游者有一个安全感，等到一天游览结束，旅游团也离住宿点近了。所谓"先高后低"，是指导游人员先可以安排登山项目，这是因为旅游者在游玩第一个景点时，其精神状态以及体力最为充沛。反之，一天游玩结束前再安排登山活动，也许相当一部分旅游者因体力关系只能望山却步了。

2. 注重内容搭配的艺术处理。

既然是"以我为主"，导游人员就是组织游览活动的核心人物，对旅游者计划外的要求一般要很少答应。但是，对于在计划内的活动内容，导游人员一定要做到合理搭配，并依据旅游者的情绪和心理活动灵活掌握活动节奏。导游人员把握好游览活动中的内容搭配，实质上是掌握导游工作的主动权。

按照现代旅游者心理的一般特征来看，他们共同的心理要求是探奇、求知和有美好的期望等。所以，导游人员在安排一天的游览内容时首先应尽量避免重复，如上午安排参观寺庙，下午就可安排游览园林或参观工厂；又如上午安排游览溶洞，下午最好安排游湖等。参观与游览兼顾是避免内容重复的好方法。

其次，游览要与购物、娱乐相结合。游览是游客的首要任务，但是从现代旅游活动的内容上讲，它包括食、住、行、游、购、娱6大环节。从某种意义上讲，导游人员水平高低就表现在这6个环节调节水平的高低上。如果旅游中的"游"是龙头，其余5个环节就是龙身龙尾，缺一不可。游览要与购物、娱乐等相结合才会协调，才会满足旅游者的最大需要。

另外，天气变化也是导游人员需要时常留意的。常言道："天有不测风云。"导游人员做好天气预报固然是重要的，但更要对天气做到心中有数，这样就可掌握主动权，随时调整旅游项目。就一般情况而言，晴天时以室外活动为主，而雨天则把旅游项目放在室内为宜。这样做既可使旅游者避免雨天无事可做的状况，还体现出导游人员对旅游者的爱护和关心。

（五）重视注意事项的交代

不少导游人员认为，交代注意事项只要选择一个机会总体讲一讲就可以了，何必要谈"重视"二字呢？其实，导游人员介绍注意事项的实质是交代安全问题，没有安全就没有旅游。因此，导游人员交代注意事项不是一下子就能完成的问题，而是体现在时时处处。从导游工作角度考虑，在景点逗留多长时间、怎样解决在异乡客地的诸多不便、如何尊重当地的民俗礼仪，旅游者对这些问题必须清楚理解并牢记，特别是对国内旅游团，导游人员一定要告诉旅游者在购买土特产品时应妥善处理与当地商家的关系等。导游人员轻视或忽略注意事项的交代工作所造成的后果在导游界是有目共睹的，应该引起广大导游人员足够的重视。另外，导游人员在带团过程中对于哪些已经交代过、哪些还没交代过，思路必须清楚，但方法可灵活机动地运用。

（六）灵活掌握，排除干扰

导游人员在景点或旅游车内向旅游者讲解时，经常会有一些旅游者不愿听，有的还聊天、开玩笑甚至做其他事情。这些干扰因素既妨碍了其他旅游者听讲，也使导游人员内心很不愉快。但是，此时导游人员必须控制自己的情绪，并且迅速查找产生干扰的原因，及时调整讲解内容、方式以及讲解时间，努力引起旅游者的听讲兴趣。当然，旅游者如果真正是累了，大家都在车厢内休息，此时导游人员最好不要去打扰他们。

【导游经验】

旅游者不愿意听导游人员讲解的主要原因

1. 导游人员所讲的内容缺乏针对性，过高或过低地估计旅游者的层次。
2. 导游人员讲得太多、太啰唆，旅游者感到厌倦。
3. 导游人员讲解水平一般，既无新意，又无特色，而且语音、语调、语气没有变化。
4. 导游人员翻译的词汇不确切，旅游者听不懂。
5. 导游人员对游览项目安排过于紧张，没有给旅游者交流的时间。
6. 旅游者过于疲劳，没有精神听导游人员讲解等。

二、以客为主，灵活控制

以客为主，灵活控制，要求导游服务要因人制宜、因时制宜、因地制宜。导游人员在带团过程中要关心旅游者的感受，要善于根据旅游者的特点调整自己的导游服务，注重与旅游者的情感交流，使旅游者感到导游人员对自己的真切关怀，从而提高满意度。

【案例分析】

一个炎热的夏天，小王在上海带领着一群兴致勃勃的游客参观游览龙华古寺。在宝塔下他滔滔不绝地讲解着。开始时，游客们津津有味地听着，10分钟后，游客走掉三分之一，15分钟后，游客又走掉一半，当他讲解20分钟后，身旁的游客寥寥无几。这时，有几位游客在一旁的遮阳处大声叫喊起来："导游，差不多了，有人要中暑了。"

分析：显而易见，这位导游的目的是希望通过自己丰富而又全面的讲解让游客获得更多的知识，但由于不顾天气炎热，让游客在太阳底下直晒，再加上滔滔不绝地讲个没完，结果事与愿违。这个案例提醒我们，游客不仅需要规范的操作服务，而且需要细心的关怀服务。因此，如何在导游的过程中正确使用最佳的控制技巧，是值得每个导游员研究的大课题。

（一）讲解时间的控制

导游人员的讲解内容一般以短小精悍为宜，时间过长和内容干瘪的介绍只会让旅游者产生疲劳和厌倦情绪，导游人员辛勤的劳动就会在旅游者的这种情绪中付诸东流。实践经验告诉我们，旅游者的注意力往往集中在事情的开头，而不是末尾。导游人员对某一景点的讲解最佳时间宜控制在15分钟之内，如果天气异常冷热，那么讲解时间还要缩短。

当然，导游人员的讲解要短小精悍，并不是要导游人员删除必要的内容，而要在精练讲解上下功夫，切忌平淡而乏味、平铺直叙，缺少真情实感。

当然，也不是要求所有讲解或介绍都必须控制在15分钟以内。最佳控制法要突出一个"佳"字，使讲解内容和旅游者兴趣有机地结合起来，创造出一种和谐与轻松愉快的气氛，使旅游活动能顺利健康地发展下去。

经验丰富和老资格的导游人员常有这种体会，即讲解时间控制适度，讲解内容短小精悍、风趣幽默，旅游者的兴趣就会很大。反之，旅游者就会产生厌倦和疲劳感。如果讲解内容压缩不了，那讲解中间定要穿插一些生动活泼的提问和对答，其目的是转移旅游者的厌倦情绪和疲劳感。

（二）讲解内容的控制

导游人员的带团过程均需按组团旅行社制订的计划进行，但各项活动的长短要由导游人员控制。在旅游过程中，导游人员时常会碰到旅游景点游人非常拥挤的局面。在这种情况下，导游人员的过多讲解不但会使自己很累，也会使旅游者产生焦虑情绪和注意力涣散，个别旅游者还可能走散。此时，导游人员应在尽可能短的时间内把内容介绍完,以避免出现以上情况。

【案例分析】

小李是刚踏上导游工作岗位的旅游专业毕业生,原本准备了一套非常美妙动听的导游词,打算在上海豫园门口露一手,谁知带团到了豫园门口一看,真是人山人海,热闹非凡。于是他放开嗓门讲了几句话:"刚才我介绍上海的豫园是如何的美,可有人还存有着怀疑,现在的场面,豫园的美我就不提啦。"在场的游客听他这么一说,再亲身体验豫园的景观,都说小李虽没有漂亮、好听的导游词,可这是他们听到的最动人、最精彩的导游词。

(三)讲解局面的控制

当导游人员正按照自己的思路津津有味、滔滔不绝地讲解,而旅游者对别的事情的兴趣大大超过听讲解时,导游人员就应随机应变,改变原有的思路,把话题转到旅游者所感兴趣的问题上来。

【案例分析】

有一名导游正在豫园九曲桥旁向游客介绍湖心亭的建筑特点和中国民间风俗,忽然,一边传来了悠扬动听的唢呐声,只见6位穿着民族服装的抬轿人随着唢呐声翩翩起舞,轿内的游客乐得笑个不停。这位导游深知游客的兴趣已转移到花轿上了,自己的讲解时间越长效果就越差,倒不如顺水推舟。想到这儿,导游干脆领着游客来到花轿旁说:"各位来宾,这就是中国古代的'的士',世界上第一辆汽车诞生时远远不如它这么漂亮。"说完,他走到花轿旁,学着那抬轿夫的姿势边跳舞边吆喝着,游客拍着手哈哈大笑起来。事后游客都拍着导游的肩膀说:"了不起,短短一席话使我们了解了中国民间风俗的一个侧面。"导游的这番介绍只有几十个字,用了不到10秒钟,却给游客留下了深刻的印象,取得了较好的效果。

三、机智老练,对付扰乱

导游服务是一项高智商的工作,导游人员除了需要丰富的专业知识和技能外,更需要在处理与旅游者关系时做到机智老练甚至"圆滑"。每一个旅游团中或多或少都会出现些"难对付"的旅游者或者是一些旅游者"小团体"。这些旅游者往往扰乱旅游正常秩序,常常

 名人名言

加拿大旅游专家帕特里克·克伦在他的《导游的成功秘诀》一书中对导游人员的素质做了精辟的概括:导游人员应是"集专业技能和知识、机智、老练圆滑于一身"的人。

搞得导游人员头昏脑涨，严重影响带团质量。为了带好旅游团，导游人员应做到既不受扰乱因素影响，又要用智慧去对待这些扰乱行为。

（一）对待"旅游批评家"要用心

在每一个旅游团队中都会出现一个或几个以"旅游专家"自居的旅游者，他们中间有些人做人精明、办事老练，时常用自己的处世哲学去衡量导游人员的所作所为，在旅游过程中也常常有意在团队中传播不可靠的消息，表现出与导游人员对着干的姿态，俨然是个"旅游批评家"，专门从事评头论足的"专业工作"。这些人往往会给导游人员的工作带来非常大的困扰。

比如导游人员要安排游览行程，他们却要打乱导游人员的安排，并且发表自己另搞一套的高论。又比如在旅游餐厅用餐时，尽管膳食质量无可挑剔，但也少不了这些人的评判等。这些人的种种表现自然地会引起其他一些旅游者的注意，因而使不少旅游者人云亦云。

首先，导游人员应该扬长避短，将主动权掌握在自己手中，用智慧去对待这些旅游者。对于这些旅游者的扰乱，导游人员为人处事都要小心谨慎，事先要有一个明确和周密的安排和计划，不要让这些人"抓辫子"和"钻空子"。

其次，导游人员切忌用语言和行动去迎合这些人，对于那些奇谈怪论和歪点子要及时给予制止。与此同时，也可及时赞赏这些人所提的合理化建议，但必须有节制，不必大加赞扬。此举是为了让这些人懂得：如果是真正想把事情办好，自然会得到绝大多数旅游者的拥护；如果是扰乱，那只会受到反对和谴责。

最后，导游人员应做到以理服人。关于游览行程的安排问题，导游人员既可充分肯定旅行社安排的科学性、紧凑性和合理性，或拿出旅行社所规定的行程安排表，以示遵照旅游者与旅行社所签合同执行，亦可采用因人、因时、因地的旅游原则作解释。这些人有可能多次来过此地，但是对新变化的情况肯定没有导游人员清楚。

（二）对待"有些旅游者"必须认真

在旅游团中或许有极少数心术不正、品行不端、时时处处想占便宜之人。这些人在观光游览中总是在寻找各种机会和借口，一旦出现服务缺陷马上就会跳出来扩大事态，并且提出过分的要求和赔偿目标，不达目的誓不罢休。这不仅影响正常的旅游秩序，也会引起全团不稳定情绪，最严重的是把全团搞得乱七八糟，游程也被迫终止。

首先，一名成熟的导游人员必须以敏锐的眼光观察周围的一切（当然这种表情必须深藏在内心，而不是流露在表面），同时要使出浑身的本领牢牢掌握和控制整个旅游团的情绪，确实做到眼观六路、耳听八方。当服务缺陷苗头一出现，就必须以十倍的努力、百倍的热情全力以赴地把隐患消除在萌芽状态。

其次，导游人员要多花时间和精力去关心和了解旅游者的意见，特别是对那些意见的传播者，以便做出正确的判断。同时导游人员也不能盲目轻信旅游者和旅游接待部门的意见，因为这两者都会站在自己的利益角度发表有利于自己的意见。导游人员必须站在公正的立场上做出公平的评判。

（三）对待"小团体"要巧妙

旅游团是个大团体，而旅游团又是由好几个小团体组成的，其组成的对象有家庭成员、亲戚朋友、单位同事等；还有一种小团体，成员原先互不认识，后来经常在一起接触彼此间有了感情，于是无形中也成了小团体。旅游团队中的小团体是客观存在的，谁都无法将之打散。旅游团队中的小团体之间发生些矛盾或产生敌对情绪的事是经常发生的，它会影响整个团队的情绪，但总体上问题还不算严重。但如果那些小团体把矛盾指向导游人员，那么就可能导致致命的打击，造成整个旅游计划不能实现。因此导游人员必须巧妙对待"小团体"，控制住旅游团的整个局面。

首先，导游人员应该对各类小团体保持中立的态度。除需要特殊照顾的老弱病残者之外，对待每位旅游者以及小团体既有同等的亲近，又有一定友好的距离，不然会使旅游者产生误解和怀疑。

其次，导游人员也可想方设法使得某些小团体重新组合。比如，有些小团体很会玩，他们一到晚上就会去寻找或打听接待计划中没有的精彩节目；又比如，有些小团体的旅游者很会买价廉物美的便宜货等。导游人员要善于总结好的方面，并且组织好各种"题外活动"，使得小团体的有利经验变为整个团队的共同财富。该方法的好处在于既使旅游者享有更多的交际机会，也能分化瓦解不利于旅游进程的因素。如导游人员有目的地向旅游者介绍某某先生是何种职业、某某女士和小姐又有何种特长等，这样既可满足被介绍人的荣誉感，同时也使个别旅游者的好奇心以及兴趣得到刺激。

最后，充分发挥小团体中核心人物的作用。核心人物是小团体的灵魂和代表人物，能在小团体中起到带动作用。导游人员如果能够取得核心人物的支持，势必会在带团过程中事半功倍。

四、有理有节，处理投诉

旅游者投诉是难免的，投诉涉及面较广，情况也较为复杂，原因也是多方面的。比如，有些旅游接待部门的"软硬件"不符合服务标准；旅游者由于情绪不佳，个别人抱有不切实际的期望；导游人员的安排存在缺陷和失误；各种不可抗拒的因素制约旅游顺利进行等。

认真地对待前来投诉的旅游者，诚恳而又耐心地听取他们的诉说，是导游人员处理旅游者投诉的基本做法，具体要注意以下几点。

（一）尽量采用个别接触的方式

一旦旅游者向导游人员提出投诉，其复杂的心情和不满的态度是可以想象的。问题在于这种不满情绪可能引起其他旅游者的注意和同感。因此，把旅游者的不满情绪降低到最小限度和范围是导游人员必须重视的问题。此时导游人员要采取积极认真的态度，最好把投诉的旅游者请到远离旅游团队的地方，比如，在导游人员单独住的房间里或把旅游者请到另一边等，切忌在旅游者中间议论交谈，也不要在乱哄哄的环境中交谈。即便是集体投诉，也希望旅游者能选派少数代表前来进行谈判，要知道旅游者人数越多越谈不好，达不成解决问题的协议；同时，要防止事态进一步扩散和造成不良后果。

（二）头脑冷静，认真倾听

一般地说，前来投诉的旅游者，不管他们遇到什么样的具体问题，一般都认为自己受到了不公正的对待，因此在诉说的过程中往往情绪较为激动、声调较高，而且往往夸大事实，其中也难免带有一些侮辱性的语言，甚至把自己的猜疑也说成是千真万确的事实。导游人员若不能理解投诉者的心情，只强调投诉者的诉说言辞不当、与事实不符，这不仅不能解决已经出现的问题，还会引发与投诉者新的冲突。因此，在投诉者平静下来之前，一定要坚持少说多听。此刻，导游人员要保持冷静的头脑，认真倾听和理解其投诉的内容和实质，必要时做一些记录，使旅游者觉得导游人员在认真听他的陈述，态度是端正的。其次，导游人员要善于引导旅游者把投诉内容讲得尽量详细和具体些，以便导游人员把情况掌握得更全面、更准确些。另外，所谓的头脑冷静是指导游人员既要耐心，又要不带任何偏见。不管旅游者的投诉正确与否，导游人员都要持认真的态度，那种无所谓以及与旅游者争吵的态度都是不对的。

（三）透彻分析，审慎处理

本着审慎的原则，导游人员一定要搞清楚旅游者投诉的性质，如投诉是否合理、核心问题的严重程度，从而迅速地找出解决投诉的初步方案。值得注意的是：导游人员千万不要轻易许诺、评价或答复，应给自己留出调查研究的余地。即使是旅行社的责任，也需向旅行社汇报，得到旅行社同意后，方可宣布。作为投诉的旅游者，从内心讲，他们希望尽快解决问题，这自然和导游人员暂不表态的做法产生矛盾，为了使这种矛盾降到最低限度，答应给旅游者答复的时间要有一个期限，一时还解决不了问题也要及时通知旅游者。

如果投诉涉及导游人员本人，端正态度是极其重要的，应主动争取旅游者的谅解，重树威信；即使旅游者的投诉是片面的、有出入的或者不正确的，导游人员也应保持良好的心态，树立宽容、豁达的职业形象。

总之，导游人员要注意方式方法，确实做到有理、有节、有步骤地处理投诉问题。

（四）妥善解决，巧妙答复

"实事求是，妥善解决"是导游人员的基本工作态度。导游人员要切实维护旅游者的合法权益，处理好旅游者、旅行社和各旅游接待部门三者之间的关系，选择最佳的解决办法，确保旅游顺利进行。旅游者的投诉结果往往有以下3种。

1. 旅游者的要求是合理的，经过导游人员的协调很容易得到解决。导游人员应亲自向旅游者转达处理答复。

2. 旅游者期望值过高，与相关部门的答复相去甚远，这就需要导游人员来协调和缩小这种差距。导游人员事先要做一些解释工作，争取旅游者的理解与支持；或请被投诉单位出面协调解决，导游人员参加双方协商交谈会，此时双方才是主角，导游人员应该持中间立场，规劝双方都做出合理的让步，促使谈判成功。

3. 旅游者的要求是不合理的，相关单位不予赔偿，导游人员应做好相关政策和行业规则的解释工作。

（五）细心留证，做好善后

1. 导游人员事后要做好落实和检查工作，一旦双方达成协议，旅游者的要求即可落实。提醒双方办好必要的手续是导游人员应尽的义务，必要时也可把手续复印一份作为业务资料保存。同时，导游人员也可检查一下自己的工作，成功在哪里，失败在哪里，这对总结提高大有益处。

2. 做好留证工作。在法律意识和自我保护意识进一步提高的今天，导游人员在处理投诉的过程中特别要做好保留证据的工作。往往有这种情况，有个别旅游者在当时同意接受答复单位的赔款数目，但事过之后又觉得自己吃了亏，于是重新向导游人员和旅行社等进行投诉。导游人员如果当时忽视和疏漏了留证工作，当问题再次提出时，除原先处理投诉所花的心血付诸东流以外，还会带来更大的麻烦，这是因为旅游者此时是有备而来，弄不好还会上诉法庭。

另外，如果当时有些投诉得不到及时解决，导游人员也可将这些证据和原始记录材料转交旅行社，以便为进一步协商解决问题提供必要的依据。

> **知识链接**
>
> 旅游投诉是一种国际惯例，当旅游企业提供的旅游产品不符合规定的时候，旅游者就有权进行投诉。中国国家旅游局已经于2010年1月4日审议通过《旅游投诉处理办法》，自2010年7月1日起施行。其中，明确规定投诉人可以就下列事项向旅游投诉处理机构投诉：① 认为旅游经营者违反合同约定的；② 因旅游

经营者的责任致使投诉人人身、财产受到损害的；③ 因不可抗力、意外事故致使旅游合同不能履行或者不能完全履行，投诉人与被投诉人发生争议的；④ 其他损害旅游者合法权益的。

《旅游投诉处理办法》

【任务实施】

实训项目： 处理旅游投诉。
实训内容： 1. 以小组为单位进行情景剧表演。
     2. 小组内进行人员分工，一名同学饰演导游人员，其余同学为旅游者。
     3. 表演内容要求展示导游人员处理旅游者投诉的技能。
实训考核： 以同学间互评为主、教师点评为辅。

【考证专栏】

一、考点归纳

1. 导游人员带团模式。
2. 导游如何树立良好的第一印象。
3. 导游人员如何把握心理服务要领。
4. 导游如何与领队协作。
5. 全陪与地陪如何协作。
6. 导游与司机如何协作。
7. "夕阳红"老年团队导游服务技巧。
8. 青少年儿童团队导游服务技巧。
9. 家庭旅游团队导游服务技巧。
10. 导游带团常用技巧。

二、同步练习

1. 以下关于导游人员对普通团队中儿童的接待做法中不正确的是（ ）。
A. 重视儿童的安全问题

B. 不宜给孩子买食物、玩具

C. 儿童生病了，可以根据自己的经验给予家长用药的建议

D. 给予儿童特别的关心

2. 面对宗教人士的接待，导游人员要做好充分的准备工作，其中不包括（　　）。

A. 认真分析接待计划，了解接待对象的宗教信仰和职位

B. 了解我国的宗教政策，掌握有关基本情况

C. 把自己变成对方信仰宗教知识的专家

D. 了解教堂位置和开放时间

3. 导游人员与全陪或地陪协作成功的关键是（　　）。

A. 各自把握好自身的角色和位置，要有准确的个人定位

B. 互相尊重和支持

C. 各尽其责，互不干涉

D. 平等协商

4. 旅游中期阶段，游客的心理特征主要表现为（　　）。

A. 探新求奇　　　　　　　　B. 求安全的心理

C. 懒散心理和求全心理　　　D. 心理波动较大

5. 导游人员从物质或精神上给游客以补偿，从而消除或弱化游客不满情绪的一种方法（　　）。

A. 分析法　　　B. 转移注意力法　　　C. 补偿法　　　D. 暗示法

6. 外国旅游者可以在我国开放的宗教景区自由从事的宗教活动是（　　）。

A. 朝拜　　　　　　　　B. 散发宗教宣传品

C. 讲经布道　　　　　　D. 主持重大宗教仪式

7. 对于青少年团队的行程安排，应特别注意（　　）。

A. 行程安排符合团队特点，多安排适合这个年龄的项目

B. 重要景点留足时间，让其细细观赏

C. 每日行程不宜太紧张

D. 可以选择性地游览景点最精彩部分，不必面面俱到

E. 可以多安排体力消耗大，冒险刺激的活动

8. 导游人员要与全陪或地陪建立良好的协作关系，以下正确的做法是（　　）。

A. 尊重全陪或地陪，努力与对方建立良好的人际关系

B. 善于向对方学习，有事多请教

C. 各尽其责，对于具体事务互不干涉

D. 坚持平等原则，遇事平等协商

E. 尽量迁就对方，事事回避谦让

9. 面对活泼型游客，导游人员有针对性的做法是（　　）。
A. 避其锋芒，避免与其争论　　　　　B. 扬长避短，与他们交朋友
C. 多征求意见和建议　　　　　　　　D. 邀请他们活跃旅途气氛
E. 不要与之说笑

10. 导游人员要在游客心目中树立威信，需要从（　　）方面着手。
A. 提供个性化服务　　B. 提升凝聚力　　C. 提高影响力
D. 树立良好形象　　　E. 增强调控力

参考答案：1.C　2.C　3.A　4.C　5.C　6.A　7.ABC　8.ABD　9.BCD　10.BCE

项目五
导游语言技能

【项目分析】

语言是传递信息的一种符号，是人类沟通信息、交流思想感情、促进相互了解的重要手段，是人们进行交际活动的重要工具。导游是一种社会职业，与其他社会职业一样，在长期的导游实践中，逐渐形成了具有职业特点的语言——导游语言。它是导游人员与旅游者交流思想感情、指导游览、进行讲解、传播文化的工具。导游人员掌握语言知识越丰富、驾驭语言的能力越强，信息传递的障碍就越小，旅游者就越容易领悟。所以，导游人员如果想取得良好的导游效果，就必须了解导游语言的基本要求，学习在导游工作中如何正确运用导游口头语言、态势语言及交际语言。

【学习目标】

※ 知识目标
1. 理解导游语言的概念。
2. 明确导游语言的基本要求。
3. 掌握导游人员口头语言和态势语言的表达技巧。
4. 掌握导游交际语言的表达要领。
※ 能力目标
能够运用导游语言技能进行导游服务。

任务一　导游语言的概念与基本要求

【任务介绍】

语言是人类沟通信息、交流思想感情、促进相互了解的重要手段，是人们进行交际活动的重要工具。对导游人员而言，语言是必不可少的基本功，导游服务效果的好坏在很大程度上取决于导游人员掌握和运用语言的能力。通过导游语言的表达,可以使祖国的大好河山更加生动形象,使祖国各地的民俗风情更加绚丽多姿,使沉睡了千百年的文物古迹死而复活,使令人费解的自然奇观有了科学答案,使造型奇巧的传统工艺品栩栩如生,使风味独特的名点佳肴内涵丰富,从而使旅游者感到旅游生活妙趣横生,留下经久难忘的深刻印象。所以,导游人员应该掌握好导游语言这一基本功,并使其语言水平不断提高。

【任务目标】

1. 了解导游语言的概念。
2. 掌握导游语言的基本要求。

【任务导入】

导游语言是导游人员进行交流、讲解的重要工具,它与其他类型的职业语言有什么区别吗?应该如何正确使用导游语言呢?

【相关知识】

一、导游语言的概念

导游语言是一种行业语言,即在长期的导游实践中逐渐形成的具有职业特点的语言。对于导游语言而言,可以从广义和狭义两个角度来理解。

从狭义的角度说,导游语言是导游人员与旅游者交流思想感情、指导游览、进行讲解、传播文化时使用的一种具有丰富表达力、生动形象的口头语言。

从广义的角度说,导游语言是导游人员在导游服务过程中必须熟练掌握和运用的,所有含有一定意义并能引起互动的一种符号。所谓"所有",是指导游语言不仅包括口头语言,还包括态势语言、书面语言和副语言。其中副语言是一种有声而无固定语义的语言,如重音、笑声、叹息、掌声等。所谓"含有一定意义",是指能传递某种信息或表达某种思想感情,如介绍旅游景观如何美、美在何处等。所谓"引起互动",是指旅游者通过感受导游语言行为所产生的反应,譬如,导游人员微笑着搀扶老年旅游者上车,其态势语言(微笑语和动作语)就会引起旅游者的互动,老年旅游者说声"谢谢",周围旅游者投来"赞许的目光"。所谓"一种符号",是指导游过程中的一种有意义的媒介物。

二、导游语言的基本要求

语言是以语音为物质外壳,以词汇为建筑材料,以语法为结构规律而构成的体系。导游人员无论是进行导游讲解还是回答旅游者的问题,或是同旅游者交谈,在发音之前都要对所讲、所谈的内容进行组织，即将有关词汇按照语法规律组合成具有一定语义的句子，然后用语言表示出来，同时语言在运用中又存在着方法和技巧。对于导游人员来说，由于服务的对象是不同的旅游者，他们的性格、兴趣和爱好各异，导游人员的语言除了要符合语言规范之外，还要满足以下基本要求。

（一）正确性

导游语言的正确性是指导游人员的语言必须以客观实际为依据，切忌空洞无物或言过其实。导游人员的语言要做到正确性，必须做到以下几个方面。

1.内容正确。

内容正确是指导游讲解的内容具有客观性、准确性和健康性。

（1）客观性。导游人员的讲解一定要符合客观实际，在客观现实的基础上进行意境的再创造。知识和信息来源一定要可靠，具有权威性和可信度。即使是神话传说、民间故事也应当有所本源，不能信口雌黄，胡编乱造。无论是说古还是论今，还是议人、叙事，或是讲故事说笑话都要做到以实论虚、入情入理。

（2）准确性。对于国家的方针政策，不能随意解释；景观中涉及的数据和史实必须准确无误。不能张冠李戴，更不能用大概、可能之类的词语来蒙混过关；对自然和人文景观的价值与来源更不能随意评判。

（3）健康性。导游语言应当语气文雅，合乎礼仪，表现导游人员应有的气质和修养。健康性还表现为导游人员讲解的内容必须是健康的、向上的、无害的，不可是庸俗下流或消极颓废的。

2.语言正确。

（1）要做到语言规范，用词贴切。语言要符合语法和日常习惯用法；遣词造句要正确，词语组合、搭配恰当；注意词义的褒贬同具体的场合、情景相吻合。

（2）恰当使用敬语、谦语和态势语，注意旅游者所在国的风俗习惯和语言习惯，注意不同国家、不同民族、不同文化背景下对同一态势语言的不同理解。在导游服务中，导游人员要特别注意不能用手指指点旅游者，这在西方国家是很不礼貌的动作。

【导游经验】

例如，导游人员在清点人数时用食指来点数，就会引起游客的反感。竖起大拇指，在世界上许多国家包括中国都表示"好"，用来称赞对方高明、了不起、干得好。但在有些国家还有另外的意思，如在韩国表示首领、部长、队长或自己的父亲；在日本表示最高、男人或"您的父亲"；在美国、墨西哥、澳大利亚等国则表示祈祷幸运；在希腊表示叫对方滚开；在法国、英国、新西兰等国人们做此手势是请求搭车。

（二）清楚性

1. 发音正确、吐字清晰。

导游人员在进行景点讲解、情况说明或回答旅游者问询的时候，一定要口齿清晰、吐字标准、发音正确、简洁明了。中文导游人员一定要加强普通话训练，外语导游人员也要加强学习，说一口地道的外语。

2. 通俗易懂、简洁明了。

导游语言一定要通俗易懂，忌用歧义语和生僻词汇，避免啰唆冗长；使用中国专用的政治词汇时，要作适当的解释；使用俚语要谨慎，一定要了解其正确意义及使用场合；不要乱用高级形容词。词语方面，应该大量使用浅显易懂的基本词汇、常用词汇、口语词汇，以及一些为人们所喜闻乐见的成语、惯用语、歇后语、谚语、格言警句，而要杜绝使用生冷艰涩的词语。大众化词语既便于导游人员上口讲解，也便于旅游者理解接受。因为一般情况下旅游者接受导游词主要是靠听觉，大多数情况下没有文字材料可以参考，口语化的词语有助于旅游者对导游词的接受与理解，使导游交际变得轻松怡人。

3. 层层递进、逻辑性强。

（1）导游人员的思维要符合逻辑规律，要保持导游语言前后的连贯性，即上一句和下一句之间、上一段和下一段之间一定要密切联系，使旅游者清楚问题的来龙去脉。

（2）语言表达要有层次感。导游讲解一定要层次分明，要事先确定讲解的先后次序，即先讲什么、后讲什么，使之层层递进，条理清晰，脉络分明。

【导游经验】

各位游客，我们的游船现在所在的位置就是长江与汉江交汇之处，浑黄的长江水与碧绿的汉江水汇成大大的"人"字，把武汉分为汉口、汉阳、武昌三镇。这两条江交接的地方像不像鱼的嘴巴？我们武汉人亲切地把它叫作"南岸嘴"。南岸嘴与被称为"德国角"的莫塞河与莱茵河交汇处极其相似，但规模更大、气势更恢宏。为了开发建设好这个中国内陆城市唯一的江河半岛，武昌市委、市政府委托清华大学邀请了7名世界级的设计大师专门对此进行了研讨，同时设计招标工作也已全面展开，希望通过全球范围的竞争为南岸嘴找到最好的景区建设方案。

现在我们看到的是位于汉水北岸的龙王庙码头，它全长有1 080米，始建于清乾隆年间，也就是1739年，此前筑有龙王庙。由于龙王庙地段河面非常狭窄，水急浪高，素以险要著称。故有人修筑龙王庙祈求龙王爷保佑平安。这里曾多次发生不同类型的险情，是武汉三镇防洪的心腹之患。1931年，大水涨到26.94米时，汉口就发生过溃堤被淹的情况。1949年后，党和政府高度重视堤防安全，对龙王庙险段尤为关注。每当汛期来临时，这里就成了各级领导和群众关注的焦点。1998年，武汉遭到了百年罕见的特大洪水，水位达到29.43米。江泽民总书记到龙王庙险段指挥抗洪，面对汹涌的洪水向全世界人民宣告：伟大的中华民族是不可战胜的，武汉军民和全国人民一道，齐心协力共同奋战，取得了抗洪斗争的伟大胜利。就在武汉军民战胜"98特大洪水"之后，中央领导指示要抓紧整治龙王庙险段，从而拉开了龙王庙险段整治工程的序幕。1998年11月20日，该工程开工了，总投资2.34亿元，主体工程于1999年6月8日完工，并于当年汛期经受住了武汉有关水文记录第三高水位的严峻考验，真正使险点变成了景点。

请各位顺着我手指的方向看，在码头的防水墙上嵌有纪念"98抗洪"大型花岗石浮雕，共有8个，依次为洪水压境、军民抗洪、严防死守、顽强拼搏、团结奋战、科技神力、力挽狂澜、欢呼胜利。这组浮雕高3.45米，总长度为102米，一幅一个故事，再现"98抗洪"精神。这里还有一幅汉白玉的浮雕"双龙戏珠"：两条巨龙腾空而起，威风凛凛，象征着长江和汉水在龙王庙交结之意。

分析： 这一大段导游词的语言表达层次非常清晰。首先介绍了"南岸嘴"的情况，再介绍龙王庙的历史，然后引导到抗洪救灾，最后到抗洪精神。由此可见，这位导游人员对此景点介绍的成功与其具有的严密的逻辑思维密不可分。

4. 分清主次、突出重点。

任何景区和景点都包含若干景观，由于时间等客观原因，导游在带领旅游者游览的过程中不可能面面俱到。导游人员必须把握分寸，有主有次，重点讲解景区中最具有代表性的景点和景物，非主要景观景点一带而过，使旅游者感到重点突出、脉络清晰、对所见景物留下较为深刻的印象。

在景区重点景观和景物的取舍中，一方面要遵循常规的重点，另一方面必须考虑旅游者的需要，不能仅凭导游人员的主观意志。导游人员的重点讲解内容应与旅游者的兴趣需要相一致，必须充分考虑旅游者的旅游动机和文化层次。

（三）生动性

1. 语言生动形象。

生动形象是导游语言艺术性的具体体现。要求导游人员在讲述故事、描绘情境、叙述事实、呈现景物时，声情并茂，引人入胜，使人如闻其声、如见其人、如观其状，以此引发旅游者的共鸣。因此，导游人员除了要把握好语音、语调之外，还要善于运用比喻、比拟、夸张、映衬等修辞手法。语言鲜明生动，不仅要考虑讲话的内容，也要考虑表达方式，力求与神态表情、手势动作和谐一致。看景不如听景，栩栩如生的语言能够创造美的情趣，起到画龙点睛、情景交融的作用，从而提升导游讲解的品质。

2. 语言诙谐幽默。

幽默风趣是导游语言艺术性的重要体现，既可以融洽感情，活跃气氛，提高旅游者的游兴，又可以巧妙地化解尴尬，消除人际关系中的障碍。

幽默既是一种技巧，又是一种艺术，更是一种智慧。幽默基于知识、阅历和性格之上，是一个人聪明才智的标志。幽默的语言往往在轻松中蕴涵深沉、耐人寻味。当然，在幽默的运用中要注意分寸。首先，幽默不宜多用，更不易滥用，否则会冲淡讲解的主要内容，给人油腔滑调之感。其次，幽默要把握分寸。如果幽默的话说得不好，很容易变成"友谊的致命伤"。切勿伤害在场的任何人：不得针对一个人的身体缺陷，也不得针对他国的内政和宗教。最后，运用幽默语言时，应注意幽默的格调与品位，杜绝黄色幽默和低级趣味的玩笑。

知识链接

幽默导游语言的艺术技巧

1. 语义交叉。

语义交叉就是用巧妙的比喻、比拟等手法，使表面意义和其所暗示的带有一定双关性的内在意义构成交叉，使人在领悟真正含义后发出会心的微笑。

例如，"……明天你们就要回家了，在离别之前，我将带各位去上海外滩去拍个纪念照，和上海亲吻一下，不知各位意下如何？"

使用"亲吻"一词将上海人格化了，把这种人与人之间的亲密行为用在这里，也就有了几分幽默。

2. 移花接木。

移花接木，就是把某种场合中显得十分自然的词语移至另一种迥然不同的场合中，使之与新环境构成超过人正常设想和合理预想的种种矛盾，从而产生幽默效果。

例如，一位导游人员在带游客参观四川丰都"鬼城"时解说道："亡魂进入鬼国幽都必须持有'护照'，国籍、身份不明的亡魂是不准入境的。不过，这'护照'是阳间的叫法，在阴间则叫'路引'，以保证在黄泉路上畅通无阻！"

这位导游员将"护照""入境"这些现代名词移植进来，从而增添了讲解的幽默情趣。

3. 正题歪解。

正题歪解，就是以一种轻松、调侃的态度，对一个问题故意进行主观臆断或歪曲的解释。

例如，一批游客在游览云南香格里拉碧塔海时，见到沿途参天大树的树枝上挂有许多绿色的植物，就问那是什么，导游员幽默地说："树老了，那些是树的胡须。"过一会儿才说："那些是寄生植物——山上特有的草，也是制云南白药的原料之一。"

4. 一语双关。

一语双关,就是利用词语的谐音和多义性条件,有意使话语构成双重意义,使字面含义和实际含义产生不协调。双关又分谐音双关和语义双关。谐音双关是利用词语的同音或近音条件构成双重意义,使字面意义和实际意义产生不协调。语义双关是利用词语的多义性(本义和转义),使语句所表达的内容出现两种不同的解释,彼此之间产生双关。

例如,一位导游在陪同一批台湾客人去工艺品商店购物途中,风趣地对客人们说:"那里有许多古代美人的画。如果哪位先生看中了'西施''杨贵妃'或'林黛玉',就大胆地说,不要不好意思,她们都会毫不犹豫地'嫁'给你。不过,已经有夫人的可要谨慎一点呀!"

此例中,"嫁"是语义双关。表面语义是"嫁",其实质意义是"卖"。导游员故意将双重意义混为一谈,使人忍俊不禁。

5. 借题发挥。

借题发挥,就是指为了活跃气氛、增加情趣,故意借题发挥把正经话说成俏皮话。

例如,一位导游人员在提醒即将离境的日本游客勿忘物品时说:"请大家不要忘记所携带的行李物品,如果忘了话,我得拎着送到日本去,不需感谢,只向你报销交通费就行了。交通费是够贵啊!"客人大笑之余,格外注意。

6. 自我解嘲。

自我解嘲,是指在遇到无可奈何的情况时,以乐观的态度进行自我解嘲,使人获得精神上的满足。

例如,旅行车在一段坑坑洼洼的道路上行驶,游客中有人抱怨。这时,导游员说:"请大家稍微放松一下,我们的汽车正在给大家做身体按摩运动,按摩时间大约为10分钟,不另收费。"引得游客哄堂大笑起来。

这位导游员以苦中求乐的口吻把一件本来不轻松愉快的事说得痛快淋漓,造成了一种抱怨情绪遽然化解的效果。

7. 仿拟套用。

仿拟套用,是指将现成的词语改动个别词或字,制造一种新的词语,以造成不协调的矛盾。

例如,一位导游员在接待一批港澳游客时说:"前几天,我接待了一批日本客人,他们说我是'民间外交家',今天,我接待的你们都是中国人,看来我又成了'民间内交家'了。"这位导游员仿"民间外交家"造出"民间内交家",使正、反词互相映衬,给人们新鲜、风趣之感。

8. 颠倒语句。

颠倒语句,是针对游客熟悉的某句格言、口号、定理或概念,用词序颠倒的反常手法,创造出耐人寻味的幽默意味。

例如，一个旅行团要去参观长城，但因大雪封山，公路不通，为了使游客们如愿以偿地游览长城，导游员决定乘火车到八达岭，征得游客同意后，他说："有句名言说，'不到长城非好汉，'好汉非得到长城。今天，我一定要让大家当'好汉'。"话语不仅幽默风趣，而且还透着诚心为游客服务的热情。

9. 故意夸饰。

故意夸饰，是指以事实为基础，为了畅发情意，故意言过其实，使人得到鲜明的印象，而又感到真切。

例如，在一个旅行团即将结束在青岛的旅游时，导游员说："你们即将离开青岛，青岛留给你们一样难忘的东西，它不在你的拎包里和口袋中，而在你们身上。请想一想，它是什么？"导游员停顿了一下，接着说："它就是你们被青岛的阳光晒黑了的皮肤，你们留下了友情，而把青岛的夏天带走了！"他的话赢得了热烈的笑声和掌声。照理说，"夏天"是不可能被带走的，但夏天的阳光把游客的皮肤晒黑了，所以这位导游员故意强调事物的特征，夸张地说游客"把夏天带走了"，在富有诗意的想象中赢得了幽默感。

（四）临场性

导游语言最集中发挥的场合便是景点的实讲阶段，因此，临场性便成为导游语言的一个突出特点。而这一特点是依靠一系列表达手段来实现的。归纳起来，主要有表现临场性的词汇、临场导引语、临场操作提示语、设问等。

1. 表现临场性的词汇。

表现临场性的词汇主要是指导游词中的临场时间名词、时间副词和指示代词等。

时间名词要有：现在、今天、刚才、此时此刻等。

时间副词主要有：刚、刚刚、正在、立刻、马上、将要等。

指示代词主要使用近指代词，如这里、此处、这会儿、这么、这样等。

2. 临场导引语。

临场导引语主要是指对旅游者的引导或提示旅游者的一些用语。

例如，"请大家往上看""请大家顺着我手指的方向看""现在大家看到的是……""现在我们所处的位置是……""我们面前的……""映入我们眼帘的是……""车行左前方是……"等。此外，还有引导旅游者参与的导引语，如"请大家试着……""现在请大家猜一猜……""哪位朋友愿意（做）……"等。

这些导引语的使用使此情此景、此时此刻、此地此人的临场特征更加突出，既对旅游者的引导与提醒作用，又使导游词呈现出十分鲜明的临场性。

3. 临场操作提示语。

临场操作提示语就是附着在导游词中的具有指示作用或指导导游人员临场操作作用的说明用语。

例如,"我想你们一定看过《红楼梦》吧,那你们可知道片首的那个神石吗?对,那块神石就是黄山的这块飞来石。那么接下来就让我们去一睹它的风采吧。大家跟紧我,各位游客,现在我们经过的是百步云梯,至于它有没有百步呢,就由游客们走过时注意数一下了。"

再如,"在我讲解的过程中,为了更好地保护这份珍贵的遗产,也为了保证您的游园安全,请您配合:第一,请勿吸烟;第二,请勿攀爬山石;第三,保管好自己的财物;第四,爱护环境卫生,不要在园内乱丢垃圾。"

4. 设问。

设问是指根据旅游者思路设计一些问题。主要表达方式是:"来到(讲到)这里,大家可能会问……""……大家一定会产生这样的疑问……""刚才有位朋友问……"等。

例如,"到此各位不禁要问:这么多的文物,是如何保存下来的呢?屋子里面的人又跑到哪里去了呢?答案却是一场大火。据考古专家考证,是一场大火毁灭了他们的家,房屋倒塌,森林毁灭,所有的人都逃了出去。于是便将这些物品埋葬了7 200多年。1973年6月,在大规模的挖掘中,这些文物才得以重见天日。"

这种问题的要点并不是在问,而在于集中旅游者的注意力,收拢旅游者的思路,使导游讲解有效进行。

【任务实施】

实训项目一:导游语言分析。
实训内容: 1. 以小组为单位,进行项目实训。
     2. 收集一处旅游景点的实地导游讲解词,可以通过网络进行收集,也可以到旅游景点实地进行录音。
     3. 播放导游讲解词内容,小组讨论并指出其讲解中导游语言使用的优劣之处。
实训考核:以同学间互评为主、教师点评为辅。

任务二　导游口头语言的表达技能

【任务介绍】

在导游服务中,口头语言是使用频率最高的一种语言形式,是导游人员做好导游服务工作最重要的手段和工具。美学家朱光潜告诉我们:"话说得好就会如实地达意,使听者感到舒服,发生美感。这样的说话就成了艺术。"由此可见,导游人员要提高自己的口头语言表达技巧,必须在"达意"和"舒服"上下功夫。

【任务目标】

1. 了解口头语言的基本形式。
2. 掌握导游口头语言的表达技能。

【任务导入】

人们常说:"祖国山河美不美,全靠导游一张嘴。"此说法也许有些言过其实,但却实实在在地体现了口头语言对于一名导游人员的重要性。通过恰当的口头语言与旅游者进行沟通,运用得体的口头语言进行讲解,这些都是导游人员必须掌握的口头语言表达技巧。

【相关知识】

一、口头语言的基本形式

(一)独白式

独白式口头语言是导游人员讲、旅游者倾听的语言传递方式。如导游人员致欢迎词、欢送词或进行独白式的导游讲解等。在导游讲解过程中,独白式使用最为普遍。例如:

湖北省晴川阁又名晴川楼,始建于明嘉靖年间,取唐代诗人崔颢《黄鹤楼》诗"晴川历历汉阳树"之意而得名。其楼阁背山面江,气势恢宏,有"楚天晴川第一楼"之称。历史上晴川阁屡建屡毁,现存建筑是以清末晴川阁为蓝本于1983年重修而成,共占地386平方米,高17.5米,楼正面匾额"晴川阁"三字出自赵朴初手笔……

例如:

来自新加坡的游客朋友们,大家好!欢迎你们来到美丽的江城武汉观光游览,我叫李明,是武汉春秋旅行社的导游,这位是司机王师傅,他有丰富的驾驶经验,大家坐他的车尽可放心。衷心地希望在旅游过程中大家能和我共同配合,顺利完成在武汉的行程,如果我的服务有不尽如人意的地方,也请大家批评指正。最后,祝大家在武汉旅游期间能度过一段难忘的时光。

从上面两个例子可以看出独白式口头语言的特点:

第一,目的性强。如上述一例介绍晴川阁的概况,一例欢迎旅游者、表达意愿。

第二,对象明确。如上面两例始终面对旅游团的全体旅游者说话,因而能够产生良好的语言效果。

第三,表述充分。如上述一例首先介绍了晴川阁名称的由来,接着讲述晴川阁的历史和现状，使旅游者对晴川阁有了比较完整的印象。另一例话语不多，但充分表明了自己的身份和热情的服务态度。

（二）对话式

对话式是导游人员与一个或一个以上旅游者之间所进行的交谈。如问答、商讨等。在散客导游中，导游人员常采用这种形式进行讲解。

导游人员："你们知道武汉最有名的风味小吃是什么吗？"

游客："好像是热干面吧。"

导游人员："那你们知道哪里的热干面最好吃呢？"

游客："听说是汉口蔡林记的热干面最鲜美可口。"

导游人员："那你们知道热干面的来历吗？"

游客："不太清楚，你能给我们讲讲吗？"

导游人员："说起热干面，这里还有个有趣的故事呢。20世纪30年代初期，汉口长堤街有一个名叫李包的人，在关帝庙一带卖凉粉和汤面。一个夏天的晚上，李包还剩下许多面没卖完……"

由上例可看出对话式口头语言的特点：

第一，依赖性强，即对语言环境有较强的依赖性。对话双方共处同一语境，有些话不展开来说，只言片语也能表达一个完整的或双方都能理解的意思。

第二，反馈及时。对话式属于双向语言传递形式，信息反馈既及时又明确。

二、导游口头语言表达技能

"一年拳，两年腿，十年才练一张嘴。"导游人员应该练好导游语言这一基本功，使其语言水平不断提高。

（一）音量大小适度

音量是指一个人讲话时声音的强弱程度。导游人员在进行导游讲解时，要注意控制自己的音量。在游览过程中，音量大小往往受到旅游人数、讲解内容和所处环境的影响，导游人员应根据具体情况，适当地进行调节。

1. 要根据旅游人数及旅游地点、场合来调节音量。

当旅游人数较多时，导游人员应适当调高音量，反之则应把音量调低一点；在室外嘈杂的环境中讲解，导游人员的音量应适当放大，而在室内宁静的环境中则应适当放小一些。

2. 要根据讲解内容调节音量。

首先，对于导游讲解中的一些重要内容、关键性词语或需要特别强调的信息，导游人员要加大音量，以提醒旅游者注意，以加深其印象。例如：

各位游客,我们将于8点30分在酒店大堂集合出发。

这里主要强调的是集合时间和集合地点,以提醒旅游者注意。

其次,故意压低嗓门,先抑后扬,造成一种紧张气氛,以增强感染力。例如:

(轻声)这天晚上,天黑得伸手不见五指,庙里静得出奇,(提高音量)突然,一阵电闪雷鸣划破夜空……

可见,音量大小调节得当,能增强语言的表达效果。

(二)语调升降有序

语调是指一个人讲话的腔调,即讲话时语音的高低起伏和升降变化。语调一般分为升调、降调和直调3种,高低不同的语调往往伴随着人们不同的感情状态。

1. 升调。多用于表示兴奋、激动、惊叹、疑问等感情状态。例如:

大家快看,前面就是格根塔拉草原了!(表示兴奋、激动)

您曾经在格根塔拉草原生活过?(表示惊叹、疑问)

看,这就是海市蜃楼,多神奇呀!(表示兴奋、惊叹、激动)

2. 降调。多用于表示肯定、赞许、期待、同情等感情状态。例如:

我们明天早晨七点半准时出发。(表示肯定)

希望大家有机会再来草原做客。(表示期待)

这位游客答对了。(表示肯定)

我的讲解到此结束,谢谢大家!(表示尊重)

3. 直调。多用于表示庄严、稳重、平静、冷漠等感情状态。例如:

首先,我们来看,这就是大昭寺的四大天王殿,里面供奉着东方持国天王、南方增长天王、西方广目天王和北方多闻天王。(表示陈述)

各位团友,大昭寺的讲解就到此结束了,剩下的时间大家可以自由参观游览。(表示平静状态)

蒙古族长调艺术是属于中国的,同时也是属于世界的。(表示庄严、稳重)

(三)语速快慢相宜

语速是指一个人讲话速度的快慢程度。如果语速过快,会使旅游者感到听起来很吃力,甚至跟不上导游人员的节奏,对讲解内容印象不深甚至遗忘;如果语速过慢,会使旅游者感到厌烦,注意力容易分散,导游讲解亦不流畅。在导游讲解中,较为理想的语速应控制在每分钟200字左右。当然,导游人员如果一直用同一种语速往下讲,像背书一样,不仅会缺乏感情色彩,而且使人乏味,令人昏昏欲睡。美国著名演说家费登和汤姆森在所著的《讲演的艺术经验》一书中说:"讲演速度所应遵循的原则,就是随时注意变化。"要善于根据讲解的内容、旅游者的理解能力及反应等来控制讲解语言速度。例如,对中青年旅游者,导游讲解的速度可稍快些，而对老年旅游者则要适当放慢；对讲解中涉及的重要或需要特别强调的内容，语速可适当放慢一些，以加深旅游者的印象；而对那些不太重要的或众所周知的事情，则要适当地加快讲解速度，以免浪费时间，令旅游者不快。

导游人员在导游讲解或同旅游者谈话时，要力求做到徐疾有致、快慢相宜，要善于根据讲解内容控制语速，以增强导游语言的艺术性。例如：

光绪的凄苦，只有他的贴身太监王商能领会，一天晚上，王商趁慈禧熟睡之机，买通了看守珍妃的宫女，偷偷地将珍妃带到了玉澜堂同光绪见面。相见之下，两人有诉不尽的衷情、说不完的心里话，真是难舍难分。月过中天了，珍妃还不忍离去，真是相见时难别亦难啊。

讲这段话时，语速应沉重迟缓一些，但当讲至后边一段时，就要注意加快语速，以渲染紧张气氛：

就在这时，殿外传来小太监的咳嗽声，王商一听，不好！慈禧太后来了，怎么办？珍妃此时再走已来不及了……

（四）停顿长短合理

停顿是一个人讲话时语音的间歇或语流的暂时中断。这里所说的停顿不是讲话时的自然换气，而是语句之间、层次之间、段落之间的有意间歇。其目的是集中旅游者的注意力，增强导游语言的节奏感。导游讲解停顿的类型很多，常用的有以下4种。

1.语义停顿，是指导游人员根据语句的含义所作的停顿。一般来说，一句话说完要有较短的停顿，一个意思说完则要有较长的停顿。例如：

武当山是我国著名的道教圣地，/是首批国家级重点风景名胜区和世界文化遗产。//武当山绵亘八百里，/奇峰高耸，险崖陡立，/谷涧纵横，云雾缭绕。//武当山共有七十二峰，/主峰天柱峰海拔高达1 612米，/犹如擎天巨柱屹立于群峰之巅。//发源于武当山的武当拳是中国两大拳术流派之一，/素有"北宗少林，南尊武当"之称。//

有了这些长短不一的停顿，导游人员就能把武当山的特点娓娓道来，旅游者听起来也比较自然。

2.暗示省略停顿，是指导游人员不直接表示肯定或否定，而是用停顿来暗示，让旅游者自己去判断。例如：

请看，江对面的那座山像不像一只巨龟？//黄鹤楼所在的这座山像不像一条长蛇？//这就是"龟蛇锁大江"的自然奇观。//

这里通过停顿让旅游者去思考、判断，从而留下深刻的印象。

3.等待反应停顿，是指导游人员先说出令人感兴趣的话，然后故意停顿下来，以激起旅游者的反应。例如：

（承德避暑山庄阅射门前）说起这两个铜狮，还有一段动人的传说呢！相传，在中国抗日战争时期，日本侵略军侵占了承德并大肆抢劫。有一天，一群日本兵发现这两个铜狮子很漂亮，是无价之宝，就想抢走。可是铜狮子太重，他们搬不动，于是就分头去找工具。等日本兵找到工具回来后发现狮子的眼睛红红的，哭出了血。（停顿下来，等待游客的反应。一些游客的脸上出现了惊疑的神色。）原来，这一切都是护院的老人干的。他想，铜狮子是国家的财宝，绝不能让日本兵抢走。于是灵机一动，立即从村里找来猪血，涂在狮子的眼睛上。果然，日本兵个个被吓得目瞪口呆，害怕搬动狮子会给他们带来厄运，便慌里慌张地逃走了，这对国宝才得以保留至今。

4. 强调语气停顿，是指导游人员讲解时，每讲到重要的内容，为了加深旅游者内心的印象所作的停顿。例如：

敦煌千古事，苦乐谁心知？王圆箓到底是应该受到尊重还是唾弃呢？

导游人员讲到这里可故意把问题打住，以吸引旅游者的注意力，加强其对问题的印象。

再如：

那么藏经洞是//什么时候、//为什么被密封的呢？//一说是11世纪西夏侵入敦煌时，为了使经典不被西夏人破坏而藏；//一说是不用但又不能丢弃的经典集中存放；//再一说是为了防止他人破坏而藏。后来收藏这些经典的僧侣//逃的逃了，//死的死了，//还俗的还俗了。直至//20世纪初发现这个洞穴为止，人们才知道这件事。

【任务实施】

实训项目：口头语言表达技能。

实训内容：1. 以小组为单位，进行实训。

2. 班级内举办一场小型口语表达比赛，各小组派代表参赛。
3. 参赛内容可以是讲述一个小故事、说一段相声或评书、绕口令、口技表演等。

实训考核：以同学间互评为主、教师点评为辅。

任务三　导游态势语言表达技能

【任务介绍】

态势语言也称为体态语言、人体语言或动作语言，它是通过人的表情、动作、姿态等来表达语义和传递信息的一种无声语言。同口头语言一样，它也是导游服务中重要的语言艺术形式之一，常常在导游讲解时对口头语言起着辅助作用，有时甚至还能起到口头语言难以企及的作用。态势语言种类很多，不同类型的态势语言具有不同的语义，其运用技巧也不尽相同。

【任务目标】

了解6大态势语言，并且能够准确熟练地运用态势语言表达技能。

【任务导入】

正如有人说的"微笑是世界上最美丽的语言"，态势语言往往具有口头语言所无法比拟的优势。对于导游人员来说，掌握好态势语言的表达技能，并将其运用到导游服务工作中，将会起到事半功倍的效果。

【相关知识】

一、首语

首语是通过人的头部活动来表达语义和传递信息的一种态势语言，它包括点头和摇头。一般说来，世界上大多数国家或地区都以点头表示肯定，以摇头表示否定。而实际上，首语有更多的具体含义，如点头可以表示肯定、同意、承认、认可、满意、理解、顺从、感谢、应允、赞同、致意等。另外，因民族习惯的差异，首语在有些国家或地区还有不同的含义，如印度、泰国等地的某些少数民族奉行的是"点头不算摇头算"的原则，即同意对方意见用摇头来表示，不同意则用点头表示。

二、表情语

表情语是指通过人的眉、眼、耳、鼻、口及面部肌肉运动来表达情感和传递信息的一种态势语言。导游人员的面部表情要给旅游者一种平滑、松弛、自然的感觉，要尽量使自己的目光显得自然、诚挚，额头平滑不起皱纹，面部两侧笑肌略有收缩，下唇方肌和口轮肌处于自然放松的状态，嘴唇微闭。这样，才能使旅游者产生亲切感。微笑是一种富有特殊魅力的面部表情，导游人员的微笑会给旅游者一种明朗、甜美的感觉。

《16个肢体语言解读法》

三、目光语

目光语是通过人与人之间的视线接触来传递信息的一种态势语言。艺术大师达·芬奇说："眼睛是心灵的窗户。"意思是透过人的眼睛，可以看到他的心理情感。导游讲解是导游人员与旅游者之间的一种面对面的交流。旅游者往往可以通过视觉交往，从导游人员的一个微笑、一种眼神、一个动作、一种手势中加强对讲解内容的认识和理解。导游在讲解时运用目光的方法很多，常用的主要有如下4种。

（一）目光的联结

导游人员在讲解时，应用热情而又诚挚的目光看着旅游者。正如德国导游专家哈拉尔德·巴特尔所说的："导游人员的目光应该是开诚布公的、对人表示关切的，是一种可以看出谅解和诚意的目光。"切忌目光呆滞或轻视、傲视或无视的传递。

（二）目光的移动

导游人员在讲解某一景物时，首先要用目光把旅游者的目光牵引过去，然后及时收回目光，并继续投向旅游者。这种方法可使旅游者集中注意力，并使讲解内容与具体景物和谐统一，给旅游者留下深刻的印象。

（三）目光的分配

导游人员在讲解时，应注意自己的目光统摄全部听讲解的旅游者，即可把视线落点放在最后边两端旅游者的头部，也可不时环顾周围的旅游者，但切忌只用目光注视面前的部分旅游者，使其他的旅游者感到自己被冷落，产生遗弃感。

（四）目光与讲解的统一

导游人员在讲解传说故事或轶闻趣事时，讲解内容中常常会出现甲、乙两人对话的场景，需要加以区别，因此导游人员应在说甲的话时把视线略微移向一方，在说乙的话时把视线略微移向另一方，这样可使旅游者产生一种逼真的临场感，犹如身临其境。

四、服饰语

服饰语是通过服装和饰品来传递信息的一种态势语言。一个人的服饰既是所在国家、地区和民族风俗与生活习惯的反映，也是个人气质、兴趣爱好、文化修养和精神面貌的外在表现。服饰语的构成要素很多，如颜色、款式、质地等，其中颜色是最重要的要素，不同的颜色给人的印象和感觉也不一样。深色给人深沉、庄重之感；浅色让人感觉清爽、舒展；蓝色使人感到恬静；白色让人感到纯洁。

导游人员的服饰要注意和谐得体。加拿大导游专家帕特里克·克伦认为，衣着装扮得体比浓妆艳抹更能表现一个人趣味的高雅和风度的含蓄。导游人员的衣着装饰要与自己的身材、气质、身份和职业相吻合，要与所在的社会文化环境相协调，这样才能给人以美感。譬如，着装不能过分华丽，饰物也不宜过多，以免给旅游者以炫耀、轻浮之感。在带团旅游时，男导游人员不应穿无领汗衫、短裤和赤脚穿凉鞋；女导游人员不宜戴耳环、手镯等。

知识链接

服饰TPO原则

服饰能反映一个国家或地区民族风俗和生活习惯，更能显示一个人的气质、爱好、文化修养和精神面貌。"衣服是文化的表征，衣服是思想的形象。"（郭沫若语）服饰比姿态表情传递的信息更加引人注目，所以俗话说："人要衣装，佛要金装。""三分长相，七分打扮。"

服饰有色彩、款式、质地3大要素。其中色彩是第一要素，因为色彩本身带有浓厚的感情成分，给人的感觉最为鲜明，人们对色彩也最为敏感。色彩既能表现一个人的爱好，也能反映一个人的气质，不同的色彩会给人以不同印象和感觉。比如，红色热情炽烈，黄色华贵温暖，白色洁净淳朴，蓝色清爽恬静，黑色深沉庄重，等等。

服饰有3个原则3个要求：3个原则是指目前国际上公认的"TPO"衣着原则。"T"（time）指时间，衣着要符合时代、季节，还要照顾诸如特殊的纪念日等日期；"P"（place）代表地方、场所、位置、职位，衣着要随场合的变更而改换；"O"（object）指目的、目标、对象，衣着要时刻不忘自己的身份，不要标新立异、奇装异服，也不要鲜艳夺目、花枝招展。3个要求：一是干净整洁，要常洗常换，衬衣的领口和袖口一定要保持干净，袜子不得有异味。二是符合规范，不可中西搭配，不可西式中穿；上衣、裤子、鞋子乃至袜子、帽子、围巾，在色彩、质地、样式、风格上要搭配协调，同时，服装必须与形体相称；女士穿裙子长短要适中（太长行动不便，太短显得轻佻）；穿着不可过分华丽，饰物也不宜过多，以免给人炫耀、轻浮之感；佩戴饰物与化妆要美观大方，雅而不俗，只可化淡妆，切忌浓妆艳抹；服饰不可求新、奇、艳、浓。三是体现风度，不同样式、线条和结构的服装组合起来会形成不同的风格，而风格跟人的气质有关，体现为一定的风度。

现代礼仪中，有职场着装6忌和佩戴首饰的4大原则。职场着装6忌是：一忌过分杂乱；二忌过分鲜艳；三忌过分暴露；四忌过分透视；五忌过分短小；六忌过分紧身。佩戴首饰的 4 大原则是数量原则、搭配原则、质地原则、随俗原则。

五、姿态语

（一）坐姿

导游人员的坐姿要给旅游者一种温文尔雅的感觉。其基本要领是：上体自然挺直，两腿自然弯曲，双脚平落地上，臀部坐在椅子中央。男导游人员一般可张开双腿，以显其自信、豁达；女导游人员一般两膝并拢，以显示其庄重、矜持。坐姿切忌前俯后仰、摇腿跷脚或跷起二郎腿。

（二）立姿

导游人员的立姿要给旅游者一种谦恭有礼的感觉。其基本要领是：头正目平，面带微笑，肩平挺胸，立腰收腹，两臂自然下垂，两膝并拢或分开与肩平。不要两手叉腰或把手插在裤兜里，更不要有怪异的动作，如抽肩、缩胸、乱摇头、擤鼻子、掐胡子、舔嘴唇、拧领带、不停地摆手等。

（三）走姿

导游人员的走姿要给旅游者一种轻盈稳健的感觉。其基本要领是：行走时，上身自然挺直，立腰收腹，肩部放松，两臂自然前后摆动，身体的重心随着步伐前移，脚步要从容轻快、干净利落，目光要平稳，可用眼睛的余光（必要时可转身扭头）观察旅游者是否跟上。行走时，不要把手插在裤袋里。

导游人员在讲解时多采用站立的姿态。若在旅游车内讲解，应注意面对旅游者，可适当倚靠司机身后的护栏杆，也可用一只手扶着椅背或护栏杆；若在景点站立讲解，应双脚稍微分开（两脚距离不超过肩宽），将身体重心放在双脚上，上身挺直，双臂自然下垂，双手相握置于身前以示"谦恭"，或双手置于身后以示"轻松"。

六、手势语

手势语是通过手的挥动及手指动作来传递信息的一种态势语言，它包括握手、招手、手指动作等。

（一）握手语

握手是交际双方互伸右手彼此相握以传递信息的手势语，它包含在初次见面时表示欢迎，告别时表示欢送，对成功者表示祝贺，对失败者表示理解，对信心不足者表示鼓励，对支持者表示感谢等多种语义。

导游人员在与旅游者初次见面时可以握手表示欢迎，但只握一下即可，不必用力。对年龄或身份较高的旅游者，应身体稍微前倾或向前跨出一小步，双手握住对方的手以示尊重和欢迎。在机场或车站与旅游者告别时，导游人员和旅游者之间已建立起较深厚的友谊，握手时可适当紧握对方的手，并微笑着说些祝愿的话。对于给予过导游人员大力支持和充分理解的旅游者可加大些握手力度，延长握手时间，或双手紧握并说些祝福感谢的话语，以表示相互之间的深厚情谊。

（二）手指语

手指语是一种较为复杂的伴随语言，是通过手指的各种动作来传递不同信息的手势语。由于文化传统和生活习俗的差异，在不同的国家、不同的民族中手指动作的语义也有较大区别，导游人员在接待工作中要根据旅游者所在国和民族的特点选用恰当的手指语，以免引起误会和尴尬。

知识链接

含义丰富的手指语

手指动作是一种含义比较复杂的伴随性语言，在双方理解的情况下，可以起到有效的信息传递和互相沟通的作用。但是，在不同的国家、不同的民族中，由于文化传统和生活习俗不同，同样的手指动作可能表示不同或相反的语义。

伸出食指往下弯曲：在中国表示数字"9"；在日本表示"偷窃"；在泰国、新加坡、马来西亚表示"死亡"；在墨西哥表示"钱"或询问价格、数量的多少。

用拇指与食指尖形成一个圆圈并手心向前：美国人表示"ok"；巴西人、阿拉伯人、希腊人表示"诅咒"；日本人表示"钱"。

伸出食指：在美国表示"让对方稍等"；在缅甸表示"请求""拜托"；在新加坡表示"最重要"；在澳大利亚表示"再来一杯啤酒"；在欧美国家则是很不礼貌的骂人动作。需要注意的是，清点人数时，不少人有用食指指点的习惯，这个习惯很不好。

伸出中指：在美国、新加坡等表示"被激怒和极度的不愉快"；在墨西哥表示"不满"；在澳大利亚、突尼斯表示"侮辱"；在法国则表示"下流的行为"。

伸出小指：在日本表示"女人""女孩子""恋人"；在韩国表示"妻子""女朋友"；在菲律宾表示"小个子"；在泰国、沙特阿拉伯表示"朋友"；在缅甸、印度表示"要去厕所"；在美国、尼日利亚等则表示"打赌"。

跷起大拇指：在中国表示"好"，用来称赞对方干得好、了不起、高明，这个意思在世界上许多国家都是相同的。但是,在有些国家还有别的意思,比如在日本,还表示"男人""您的父亲""最高";在韩国表示"首领""自己的父亲""部长""队长";在澳大利亚、墨西哥、荷兰等国表示"祈祷幸运";在美国、法国、印度等国,表示拦路搭车。

(三)讲解时的手势

在导游讲解中,手势不仅能强调或解释讲解的内容,而且能生动地表达口头语言所无法表达的内容,使导游讲解生动形象。导游讲解中的手势有以下3种。

1. 情意手势。

情意手势是用来表达导游讲解情感的一种手势。譬如,在讲到"我们湖北的社会主义现代化建设一定会取得成功"时,导游人员用握拳的手有力地挥动一下,既可渲染气氛,也有助于情感的表达。

2. 指示手势。

指示手势是用来指示具体对象的一种手势。譬如,导游人员讲到黄鹤楼一楼楹联"爽气西来,云雾扫开天地撼;大江东去,波涛洗尽古今愁"时,可用指示手势来一字一字地加以说明。

3. 象形手势。

象形手势是用来模拟物体或景物形状的一种手势。譬如,当讲到"有这么大的鱼"时,可用两手食指比一比;当讲到"五千克重的西瓜"时,可用手比成一个球的形状;当讲到"四川有座峨眉山,离天只有三尺三;湖北有座黄鹤楼,半截插在云里头"时,也可用手的模拟动作来形容。

【任务实施】

实训项目:态势语言技能训练。
实训内容:1. 以小组为单位,进行实训。
2. 小组成员自创剧本,进行哑剧表演。
3. 要求在表演中充分使用态势语言和肢体语言,力求表演到位,有感染性。每组表演时间3~5分钟。
实训考核:以小组互评为主、教师点评为辅。

任务四 导游交际语言运用技能

【任务介绍】

交际是人与人之间的往来接触。在导游服务中,导游人员主要是同旅游者和相关接待单位的有关人员进行接触。而在接触过程中，语言是最基本、最重要的工具，语言表达方式、方法和技巧对接触效果都会产生影响。因此，为了同旅游者及相关接待单位人员友好相处，导游人员应不断提高自己的导游交际语言技能。

【任务目标】

1. 掌握称谓的语言技巧。
2. 掌握交谈的语言技巧。
3. 能够灵活运用劝服、提醒、回绝和道歉的语言技巧。

【任务导入】

导游人员与旅游者交往的过程中会遇到许多语言交际问题，例如，如何称呼旅游者、如何与旅游者聊天、如何有效地劝服旅游者、如何礼貌地提醒旅游者、如何回绝旅游者、如何向旅游者表达歉意，等等。

【相关知识】

导游交际语言包含的内容很多，如见面时的语言、交谈时的语言、致词（欢迎词、欢送词），导游人员同旅游者交往中导游人员对其进行劝服、提醒、拒绝、道歉的语言等。

一、称谓的语言技巧

一般情况下，导游人员对旅游者的称谓可分为以下3种。

（一）交际关系型

交际关系型的称谓主要是强调导游人员与旅游者在导游交际中的角色关系。如"各位游客""诸位游客""各位团友""各位嘉宾"等，这类称谓角色定位准确，宾主关系明确，既公事公办又大方平和，特别是其中的"游客"称谓是导游语言中使用频率最高的一种。

（二）套用尊称型

套用尊称型的称谓在各种场合都比较适用，是对各个阶层、各种身份都比较适合的社交通称。如"女士们、先生们""各位女士、各位先生"等，这类称谓尊称意味浓厚，适用范围广泛，回旋余地较大。但一般对涉外团较好，对国内团有点太正规。

(三) 亲密关系型

亲密关系型称谓是多用于比较密切的人之间的称谓，如"各位朋友""朋友们"等。这类称谓热情友好、亲和力强，注重强化平等、亲密的人际关系，易于消除旅游者的陌生感，建议在和旅游者熟悉之后再用此称谓。当同个别人交谈或招呼时，可以以职务相称，如王教授、张医生；或以职业相称，以其职业加上性别相称，如司机先生、护士小姐；或以姓名相称，如李××小姐、张××先生等。

在旅游活动中，对旅游者的称谓总的原则应把握3点：一要得体；二要尊重；三要通用。

二、交谈的语言技巧

在导游交际过程中，虽然导游讲解占据主要地位，但往往还有大量的时间是属于同旅游者自由交谈的，这种情况下的交谈对导游人员与旅游者的沟通、对旅游者情况的了解非常关键，因此在与旅游者自由交谈时要注意讲究聊天的技巧。

聊天是交谈的主要形式。聊天是至少两人共同参与的双向或多向的交际活动，是人们交往中最基本、最常见的现象。导游交际中的聊天与一般社交场合的聊天一样，话题往往是随意的，而且可以不时转换，内容也是海阔天空、无所不可的。但不同的是，导游人员与旅游者的聊天意图是明确的，是以协调双方关系、拉近双方心理距离、建立良好的交际基础为基本目的的。因此，导游人员与旅游者聊天时主要是从对方感兴趣的或对方关心的话题切入。如对旅游目的地的提前了解，女性旅游者对时装、美容、小孩的关注，老年旅游者对身体健康、怀旧的兴趣等。

聊天是双方自觉自愿、平等交流、随和开放的行为，导游人员应注意创造聊天的条件，营造聊天的氛围，根据旅游者的心理特征、语言习惯、文化水平、脾气秉性等各种因素，随机应变地引导聊天的过程，使交谈气氛融洽、交流愉快，达到与旅游者互相理解、有效沟通的目的。

> **知识链接**
>
> ### 一样话两说，学会高超的交际语言技巧
>
> 在鲁迅先生的一篇文章中有如下一段话：
>
> 一家人家生了一个男孩，全家高兴透顶了。满月的时候，抱出来给人家看——大概自然是想得一点好兆头。

一个人说："这孩子将来要发财的。"于是他得到一番感谢。

一个人说："这孩子将来要做官的。"于是他得到几句恭维。

一个人说："这孩子将来是要死的。"他于是得到一顿大家合力的痛打。

说要死的必然，说富贵的说谎。但说谎的得好报，说必然的遭打……

鲁迅先生的这篇文章，意在说立论之难、说真话之难，也道出了说实话与说谎所带来的截然不同的结果。鲁迅赞同实话实说，但在与人交往中，一味实话实说却未必能有好结果。

南怀瑾先生曾经颇有感触地说："为人处世，要善于运用巧妙的曲线。只此一转，便万事大吉了！换言之，做人要讲艺术，便讲究曲线的美。"

他举例说，骂人当然坏事。例如说："你这个混蛋！"对方一定受不了，但你能一转而运用艺术，你我都同此一骂，改改口气说："不可以乱搞，做错了我们都变成豆腐渣的脑袋，都会被人骂成混蛋！"那么他虽然不高兴，但心里还是接受了你的警告。所以，善于言辞的人，讲话只要有此一转就圆满了，既可达到目的，又可彼此无事。若直来直往，有时是行不通的。不过曲线当中，当然也须具有直道而行的原则，老是转弯，便会滑倒而成为大滑头了。所以，我们固有的民俗文学中，便有"莫信直中，须防仁不仁"的格言。总之，曲直之间的"运用之妙，存乎一心"。

分析：爱美之心，人皆有之。就人们的普遍心理来说，不仅有爱吃美食、爱穿美服、爱恋美人的需要，而且有爱听美言的渴望。

在与人交往时，即使想表达的是同样的意思，也要注意使用不同的表达方式。要注意多说好话，少说直言，不出恶语。前人早已告诫过人们："良言一句三冬暖，恶语伤人六月寒。"可见，学会高超的交际语言技巧对人们多么重要！

三、劝服的语言技巧

在导游服务过程中，导游人员常常会面临各种问题，需要对旅游者进行劝服，如旅游活动日程被迫改变需要劝服、对旅游者的某些越轨行为需要进行劝说等。劝服要以事实为基础，即根据事实讲明道理，同时要讲究方式、方法，使旅游者易于接受。

（一）诱导式劝服

诱导式劝服即循循善诱，通过有意识、有步骤的引导，澄清事实，讲清利弊得失，使旅游者逐渐信服。

例如，某旅游团原计划自沈阳飞往上海，因未订到机票，只能改乘火车，旅游者对此意见很大。这时导游人员说："没有买上机票延误了大家的旅游行程，我很抱歉，也十分理解大家旅游的急迫心情。但如果乘飞机去上海还得等两天以后,那就得不偿失了。因为我们只有短短的一天时间可以留给可爱的上海了。如果改乘火车,除了可以观赏沿途的自然风光,还有两天的时间留给上海。"导游人员的这席话使游客激动的情绪开始平和了下来,相继表示认可。

对这类问题的劝服,导游人员要态度诚恳,使旅游者感到导游人员是站在自己的立场上帮助自己考虑问题;同时要善于引导,巧妙地使用语言分析其利弊得失,使旅游者感到上策不行取其次也是较好的选择。

(二)迂回式劝服

迂回式劝服是指不对旅游者进行正面、直接的说服,而采用间接的、旁敲侧击的方式进行劝说,即通常所说的"兜圈子"。这种劝服方式的好处是不伤害旅游者的自尊心,而又使旅游者较易接受。

例如,某旅游团有一位旅游者常常在游览中离团独自活动,出于安全考虑和旅游团活动的整体性,导游人员走过去对他说:"××先生,大家现在要停下来休息一会儿,很希望您过来给大家讲讲您在这个景点游览中的新发现,作为我导游讲解的补充。"这位旅游者听后会心地一笑,自动地走了过来。在这里,导游人员没有直接把该旅游者喊过来,因为那样多少带有命令的口气。而是采用间接的、含蓄的方式,用巧妙的语言使旅游者领悟到导游人员话中的含意,旅游者的自尊心也没有受到伤害。

(三)暗示式劝服

暗示式劝服是指导游人员不明确表示自己的意思,而采用含蓄的语言或示意的举动使人领悟的劝说。

例如,一位旅游者在旅游车内抽烟,使得车内空气混浊。导游人员不便当着其他旅游者的面劝说,怕伤了这位旅游者的自尊,在其面向导游人员又欲抽烟时,导游人员向他摇了摇头(或捂着鼻子轻轻咳嗽两声),暗示游客熄灭香烟。这里导游人员运用了副语言——摇头、捂鼻子咳嗽,暗示在车内"请勿吸烟",使旅游者产生了自觉的反应。

总之,劝服的方式要因人而异、因事而异,要根据旅游者的不同性格、不同心理或事情的性质和程度,分别采用不同的方法。

四、提醒的语言技巧

在导游服务中,导游人员经常会碰到少数旅游者由于个性或生活习惯的原因表现出群体意识较差或丢三落四的行为,如迟到、离团独自活动、走失、遗忘物品等。对这类旅游者,导游人员应从关心旅游者安全和遵守旅游团集体活动的角度出发给予特别关照,在语言上要适时地予以提醒。

（一）敬语式提醒

敬语式提醒是导游人员使用恭敬口吻的词语，对旅游者直接进行的提醒方式，如"请""对不起"等。导游人员在对旅游者的某些行为进行提醒时，应多使用敬语，这样会使旅游者易于接受，如"请大家安静一下""对不起，您又迟到了"。这样的提醒比"喂，你们安静一下""以后不能再迟到了"等命令式语言要好得多。

（二）协商式提醒

协商式提醒是导游人员以商量的口气间接地提醒旅游者的方式，以取得旅游者的认同。协商将导游人员与旅游者置于平等的位置上。导游人员主动同旅游者进行协商，是对旅游者尊重的表现。一般来说，在协商的情况下，旅游者是会主动配合的。

例如，某位旅游者常常迟到，导游人员和蔼地说："您看，大家已在车上等您一会儿了，以后是不是可以提前做好出发的准备。"又如，有的旅游者在游览中经常离团独自活动，导游人员很关切地询问："××先生，我不知道在游览中您对哪些方面比较感兴趣，您能否告诉我，好让我在以后的导游讲解中予以结合。"

（三）幽默式提醒

幽默式提醒是导游人员用风趣、可笑而意味深长的词语提醒旅游者的方式。导游人员运用幽默的语言进行提醒，既可使旅游者获得精神上的快感，又可使旅游者在欢愉的气氛中受到启示或警觉。

例如，导游人员在带领旅游团游览长城、提醒旅游者注意安全并按时返回时说："长城地势陡峭，大家注意防止摔倒。另外，也不要头也不回一股脑儿地往前走，一直走下去就是丝绸之路了，有人走了两年才走到！"又如，几位年轻旅游者在游览时，纷纷爬到一头石象的背上照相，导游人员见后连忙上前提醒他们："希望大家不要欺负这头忠厚老实的大象！"这比一脸严肃地说"你们这样做是损坏文物，是要被罚款的"效果好得多。

五、回绝的语言技巧

回绝即对别人的意见、要求予以拒绝。在导游服务中，导游人员常常会碰到旅游者提出的各种各样的问题和要求，除了一些通常的问题和一些合理的且经过努力可以办到的要求可予以解释或满足外，也有一些问题和要求是不合理的或不可能办到的，对这类问题或要求导游人员应予以回绝。但是，由于导游人员同旅游者之间主客关系的束缚，导游人员不便于直接回答"不"，这时导游人员必须运用回绝的语言技巧。

（一）柔和式回绝

柔和式回绝是导游人员采用温和的语言进行推托的回绝方式。采取这种方式回绝旅游者的要求，不会使其感到太失望，避免了导游人员与旅游者之间的对立状态。

例如，某领队向导游人员提出是否可把日程安排得紧一些，以便增加一两个旅游项目。导游人员明知道这是计划外的要求不可能予以满足，于是采取了委婉的拒绝方式，"您的意见很好，大家希望在有限的时间内多看看的心情我也理解，如果有时间能安排的话，我会尽力的。"这位导游人员没有明确回绝领队的要求，而是借助客观原因（时间），采用模糊的语言暗示了拒绝之意。又如，一位美国旅游者邀请某导游人员到其公司里去工作，这位导游人员回答说："谢谢您的一片好意，我还没有这种思想准备，也许我的根扎在中国的土地上太深了，一时拔不出来啊！"这位导游人员未明确表示同意与否，然而却委婉地谢绝了其提议。上述这类回绝在方式上是柔和的、谦恭的，采用的是拖延策略，取得了较好的效果。

（二）迂回式回绝

迂回式回绝是指导游人员对旅游者的发问或要求不正面表示意见，而是绕过问题，从侧面予以回应或回绝。

例如，一次某导游人员在同旅游者交谈时谈到了西藏，这时一位美国旅游者突然发问："你们1959年进攻西藏是否合法？"该导游人员想了想说："您认为美国在19世纪60年代初期派兵进攻密西西比河南方的奴隶主是否合法？"美国旅游者一时语塞。对这类政治性很强的问题，尤其是西方旅游者长期受资本主义宣传的影响，一时难以给他们讲清楚，采取这种迂回式的反问方式予以回绝也是一种选择。

一位美国旅游者问导游："你认为毛泽东好，还是邓小平好？"导游人员以曲语回避应对道："您能否先告诉我，是华盛顿好，还是林肯好？"这类问题若直接回答，往往会使以下的交谈变得难以把握，所以必须回避。但是回避既要巧妙又要及时，既要避开难题又不能影响交谈气氛。

（三）引申式回绝

引申式回绝是导游人员根据旅游者话语中的某些词语加以引申而产生新意的回绝方式。

例如，一名旅游者在离别之前，把吃剩的半瓶药送给导游人员并说："这种药很贵重，对治疗我的病很管用，现送给你做个纪念。"导游人员谢绝说："既然这种药贵重，又对您很管用，送给我这没病的人太可惜了，还是您自己带回去慢慢用更好。"这里导游人员用客人的话语进行的引申十分自然，既维护了自己的尊严，又达到了拒绝的目的。

（四）诱导式回绝

诱导式回绝是指导游人员针对旅游者提出的问题进行逐层剖析，引导旅游者对自己的问题进行自我否定的回应方式。

总之，导游人员无论采用哪种回绝方式，其关键都在于尽量减少旅游者的不快。导游人员应根据旅游者的情况、问题的性质、要求的合理与否，分别采用不同的回绝方式和语言表达技巧。

六、道歉的语言技巧

在导游服务中，因为导游人员说话不慎、工作中的某些过失或相关接待单位服务上的欠缺，会引起旅游者的不快或不满，造成旅游者同导游人员之间关系的紧张。不管造成不愉快的原因是主观的还是客观的，也不论责任在导游人员自身还是在旅行社方面，抑或相关接待单位，导游人员都应妥善处置，采用恰当的语言表达方式向旅游者致歉或认错，以消除旅游者的误会或不满情绪，求得旅游者的谅解，缓和紧张关系。

（一）微笑式道歉

微笑是一种润滑剂，微笑不仅可以对导游人员和旅游者之间产生的紧张气氛起到缓和作用，而且微笑也是向旅游者传递歉意信息的载体。

例如，某导游人员回答旅游者关于长城的提问时，将长城说成建于秦朝，有人纠正后，导游人员觉察到自己这样简单的回答是错误的，因为长城的修建持续了近2000年的时间，于是对其抱歉地一笑，大家也就不再计较了。

（二）迂回式道歉

迂回式道歉是指导游人员在不便于直接、公开地向旅游者致歉时，采用其他方式要求旅游者谅解的方式。

例如，某导游人员在导游服务中过多地接触和关照部分旅游者，引起了另一些旅游者的不悦，导游人员觉察后便主动地多接触这些旅游者，并给予关照和帮助，逐渐使其冰释前嫌。在这里，导游人员运用体态语言表示了歉意。

又如，某旅游团就下榻饭店早餐品种单调的问题向导游人员表示不满，提出要换住其他饭店。导游人员经与该饭店协商后，增加了早餐的品种，得到了旅游者的谅解。

导游人员除了采用迂回道歉方式改进导游服务外，还可以请示旅行社或同相关接待单位协商后，采用向旅游者赠送纪念品、加菜或免费提供其他服务项目等方式表示道歉。

（三）自责式道歉

由于旅游供给方的过错，使旅游者的利益受到较大损害而引起强烈不满时，即使代人受过，导游人员也要勇于自责，以缓和旅游者的不满情绪。

例如，某导游人员接待了一个法国旅游团，该团从北京至武汉，17：00入住饭店后，发现团长夫人的一只行李箱没有了，团长夫人非常气愤，连18：30法国驻华大使的宴请也没有参加。至次日零时，该件行李还未找到，所有团员均未睡觉，都在静静地等着。在这种情况下，陪同的导游人员一面劝游客早点休息，一面自责地对团长和团长夫人说："十分对不起，这件事发生在我们国家是一件很不光彩的事，对此我心里也很不安，不过还是请你们早点休息，我们当地的工作人员还在继续寻找，我们一定会尽力的。"不管这位团长夫人的行李最终是否找到，但导游人员这种勇于自责的道歉，一方面体现了导游人员帮助客人解决问题的诚意，另一方面也是对客人的一种慰藉。

不管采用何种方式道歉，道歉首先必须是诚恳的；其次，道歉必须是及时的，即知错必改，这样才能赢得旅游者的信赖；最后，道歉要把握好分寸，不能因为旅游者某些不快就道歉，要分清深感遗憾与道歉的界限。

【任务实施】

实训项目：交际语言技能训练。

实训内容：1. 以小组为单位，进行实训。

2. 小组成员自创剧本，进行情景剧表演。

3. 要求在表演中展示交谈、提醒、回绝、劝服等交际语言技能，每组表演时间3～5分钟。

实训考核：以小组互评为主、教师点评为辅。

【考证专栏】

一、考点归纳

1. 导游语言的概念。

2. 导游语言的基本要求。

3. 导游口头语言的基本形式。

4. 导游口头语言表达技能。
5. 劝服的语言技巧。
6. 提醒的语言技巧。

二、同步练习

1. 导游人员的语言必须以客观实际为依据，切忌空洞无物或言过其实，这是对导游语言哪个方面的基本要求？（　　）
   A. 正确性　　　　B. 清楚性　　　　C. 生动性　　　　D. 临场性
2. 狭义的导游语言是指（　　）。
   A. 口头语言　　　B. 书面语言　　　C. 态势语言　　　D. 副语言
3. 导游在带团中称呼游客"女士们、先生们"，这属于以下哪种称谓？（　　）
   A. 交际关系型　　B. 套用尊称型　　C. 亲密关系型　　D. 情感关系型
4. 当讲到"碗口一样粗的蟒蛇"时，导游员用手指比画了一下，这种手势称为（　　）。
   A. 象形手势　　　B. 指示手势　　　C. 情意手势　　　D. 表演手势
5. 在导游讲解中，较为理想的语速应控制在每分钟（　　）左右。
   A. 150 字　　　　B. 200 字　　　　C. 250 字　　　　D. 300 字
6. "大家快看，前面就是雄伟的三峡大坝。"当导游人员表达兴奋、激动的情感时，其讲解语调一般是（　　）。
   A. 升调　　　　　B. 降调　　　　　C. 平调　　　　　D. 直调
7. 广义的导游语言主要包含（　　）。
   A. 口头语言　　　B. 书面语言　　　C. 态势语言
   D. 副语言　　　　E. 哑语
8. 导游口头语言的基本形式包括（　　）。
   A. 对话式　　　　B. 互动式　　　　C. 独白式
   D. 生动式　　　　E. 幽默式
9. 导游在进行导游讲解时，要注意调控自己的音量，决定音量大小的因素包括（　　）。
   A. 游客人数　　　B. 旅游地点、场合　C. 讲解内容
   D. 游客年龄　　　E. 导游喜好
10. 导游语言的基本要求包括（　　）。
    A. 正确性　　　　B. 清楚性　　　　C. 生动性
    D. 临场性　　　　E. 愉悦性

参考答案：1.A　2.A　3.B　4.A　5.B　6.A　7.ABCD　8.AC　9.ABC　10.ABCD

项目六
导游讲解技能

【项目分析】

导游服务是一门艺术，它集表演艺术、语言艺术和综合艺术于一身。导游服务的艺术集中体现在导游讲解中。导游讲解是导游人员以丰富多彩的社会文化和璀璨壮丽的自然美景为题材，以兴趣爱好不同、审美情趣各异的旅游者为对象，对自己掌握的各类知识进行整理、加工和提炼，用简要明快的导游语言进行的一种意境的再创造。导游人员要做好导游讲解，除了要遵循导游讲解的原则和一些具体要求外，还应了解简单概述法、分段讲解法、突出重点法、问答法、虚实结合法、制造悬念法、画龙点睛法、触景生情法等不同导游讲解技能的运用，熟悉导游讲解的基本技巧，掌握导游词的创作要领。

【学习目标】

※ 知识目标
1. 了解导游词的特点。
2. 掌握导游词的创作要求及方法。
3. 掌握导游讲解的原则及要求。
4. 熟练掌握导游讲解方法。

※ 能力目标
1. 能够进行导游词的创作。
2. 能够利用合适的导游讲解方法进行模拟导游讲解。

任务一　导游词的创作

【任务介绍】

导游词是导游人员讲解的主要形式和内容，是向旅游者传达审美信息的重要载体。导游人员讲解质量的高低，在很大程度上是由导游词的质量高低所决定的，因此,导游词对于导游人员来讲是十分重要的导游服务工具。导游人员应该在了解导游词的概念及特点的基础上,进行导游词的创作。

【任务目标】

1. 了解导游词的概念和特点。
2. 掌握导游词创作要求及方法。

【任务导入】

随着旅游业的发展及旅游者各方面需求的提高,各地都精心编纂了大量的导游词及导游指南等书籍。导游人员完全可以学习前人的成就,掌握创作导游词的要领,根据自己的性格特点和知识水平,在充分分析旅游者需求和景区、景点特色与价值的基础上,创作具有个性化的实用书面导游词。在实际工作中,要学会根据游览当时的具体情况,发挥导游语言的优点,变书面导游词为有针对性的、对服务对象有强烈吸引力的口语导游词。

【相关知识】

一、导游词的概念

导游词是导游人员引导旅游者观光游览时的讲解词,是导游人员同旅游者交流思想、向旅游者传播文化知识的工具,也是吸引和招徕旅游者的重要手段。导游词从形式上有书面导游词和现场口语导游词两种,通常意义上,人们所说的导游词创作主要指书面导游词的创作。书面导游词一般是根据实际的游览景观,遵照一定的游览线路,模拟游览活动而创作的。它是口语导游词的基础与脚本。掌握了书面导游词的基本内容,根据旅游者的实际情况,再临场加以发挥,即成为口语导游词。

导游人员与导游词的关系就如同演员与剧本的关系。剧本提供给演员一个基本的框架、一个表演的脚本。导游词提供给导游人员一些基本的数据、知识及方法,但旅游者是千变万化的,不能以不变应万变,对所有的旅游者都背诵同一篇导游词。正如同演员要体验角色的情感经历一样,导游人员也要根据旅游者的年龄、身份、职业、修养、地区等不同而变换讲解的重点与方法,提供旅游者需要的知识与信息,这样才能做到有的放矢,满足旅游者了解旅游目的地的需求。

二、导游词的特点

(一)临场性

虽然书面导游词没有直接面对旅游者及景观,但它需要模拟现场导游的场景，创作者把自己比作导游人员，设想正带领旅游者游览。因此导游词是循游览线路层层展开的，而且为增加现场感，多以第一人称的方式写作。在修辞方面，多用设问、反问等手法，仿佛旅游者就在眼前，造成很强烈的临场效果。

（二）实用性

导游词的写作目的有两方面：一是作为导游人员实际讲解的参考；二是作为旅游者了解某一景点或某一旅游目的地的资料。由于上述两个目的，导游词对每一个景点都提供翔实的资料，从各个方面加以讲述，导游人员以其为基础，经过加工就能成为自己导游口头讲解的内容；而旅游者听了，就能对此景点或旅游目的地有详尽的了解。因此，导游词有很强的实用性。

（三）综合性

导游词既有说明性的特点，也有欣赏性的特点，因此，导游词是综合性的。在一篇导游词中，会用到自然科学知识，如地质成因、动植物学知识、力学原理等；还会用到社会科学知识，如宗教常识、哲学美学知识、诗词歌赋、中外文学等；另外，建筑、园林、书法、绘画等，都会有所涉猎。一篇优秀的导游词往往综合了各个学科门类，能够多角度、多层面对景点加以叙述，给阅读者以全方位的信息。

（四）规范性

虽然导游人员在实际工作中运用的是口语，但导游词却是书面语言。因此导游词的用语应该规范，应该避免口语化的表达方法和地方方言等，即便为了增加幽默感而需要运用地方方言，也应该加以解释，让全国各地的旅游者都能听懂。规范的用语反映了创作者良好的中文修养与造诣。

> **知识链接**

导游词的功能

1. 引导旅游者鉴赏。

导游词的宗旨是通过对旅游景观绘声绘色讲解、指点、评说，帮助旅游者欣赏景观，以达到游览的最佳效果。

2. 传播文化知识。

传播文化知识，即向旅游者介绍有关旅游胜地的历史典故、地理风貌、风土人情、传说故事、民族习俗、古迹名胜、风景特色，使旅游者增长知识。

3. 陶冶旅游者情操。

导游词的语言应具有言之有理、有物、有情、有神等特点，通过语言艺术和技巧，给旅游者勾画出一幅幅立体的图画，构成生动的视觉形象，把旅游者引入一种特定的意境，从而达到陶冶情操的目的。

此外，导游词通过对旅游地出产物品的说明、讲解，客观上起到向旅游者介绍商品的作用。

三、导游词的创作

导游词是导游人员引导旅游者游览观光的讲解词。只有在掌握丰富资料的基础上，经过科学系统的加工整理，并在实践中不断修改、丰富和完善，才能形成具有自己特色的导游词。

（一）导游词的组成

无论是书面导游词还是口语导游词，通常都由4部分组成。

1. 引言。

每一篇导游词或每一次导游的开始，都应该有框架式的引言，即游览前的"欢迎词"。引言中常见的内容有问候、欢迎、自我介绍及参观要求等。

2. 整体介绍。

首先对所参观游览的目的地的整体内容用精练的词句作整体介绍，让旅游者对景物初步了解，知道如何游览；其次是对行进路线作介绍，不能漏掉精品景点和景物，以避免在游览中发生旅游者走失等事故；对游览时间作出安排，有助于旅游者合理调配体力，保持游兴。

3. 重点讲解内容。

每一个游览目的地的景观要素组合都较为复杂，但也存在主次之分。导游人员在带领旅游者游览的过程中，由于时间等客观原因，讲解不可能面面俱到。因此在导游词中，要利用有限的时间重点讲解介绍景区中最具有代表性的景点和景物，即对主要游览内容进行详细讲述，这也是导游词最重要、最精彩的组成部分。当一个景点同时具有多个重点时，导游人员的重点讲解内容应与旅游者的兴趣需要相一致，必须充分考虑其旅游动机和文化层次。

4. 结尾。

在游览结束后，对游览的内容做一个小结。可对后续游览活动安排做出说明，最后对旅游者的合作表示感谢，并且表示祝福与告别。

（二）导游词的创作要求

1. 重科学、显特色。

一篇优秀的导游词必须有丰富的内容，应融入各类知识并做到旁征博引、融会贯通、引人入胜。导游词的内容必须准确无误，令人信服，特别是进行科普导游时，必须严格按科学规律写作，切忌胡编乱造，更不能人造"假科学"。

另外，导游词的内容要有特色。导游词的内容不能只满足于一般性介绍，还要注重深层次的内容，如同类事物的鉴赏、有关诗词的点缀、名家的评论等，这样会提高导游词的档次水准。导游人员要善于根据旅游者的现实需要，结合景区、景物的分析来创作导游词。导游词的创作要不断创新，符合时代气息。

例如，山西洪洞大槐树公园，在以前的导游词中，只是泛泛地讲到寻根祭祖、叶落归根，现在，我们就可联系到遍布世界各地的中国人对伟大祖国的感情。再如内蒙古草原风光，以前我们总是介绍"天苍苍，野茫茫，风吹草低见牛羊"的美丽景色，现在随着草原沙化、退牧还草现象的出现，我们也要谈谈环境保护、人与自然环境的和谐共处。

2. 注重语言口语化。

书面导游词是为现场口语导游而准备的，而导游语言是一种具有丰富表达力、生动形象的口头语言。这就是说，在导游词创作中要注意多用口语汇和浅显易懂的书面语词汇；要避免难懂的、冗长的书面语词汇和音节拗口的词汇，减少刻意的主观煽情；要多用短句，减少华丽的书面文学辞藻的堆砌，以便讲起来顺口，听起来轻松。但是，强调导游口语化不意味着忽视语言的规范化，编写导游词必须注意语言的品位。

3. 突出趣味性。

为了突出导游词的趣味性，必须注意以下6个方面的问题：

第一，编织故事情节。讲解一个景点要不失时机地穿插趣味盎然的传说和民间故事，以激起旅游者的兴趣和好奇心理。但是，选用的传说故事必须是健康的，并与景观密切相连。

第二，语言生动形象，用词丰富多变。生动形象的语言能将旅游者导入意境，给他们留下深刻的印象。

第三，恰当地运用修辞方法。在创作导游词中，恰当地运用比喻、比拟、夸张、象征等手法，可使静止的景观深化为生动鲜活的画面，揭示出事物的内在美，使旅游者陶醉。

第四，幽默风趣。幽默风趣是导游词艺术性的重要体现，可使其锦上添花。

第五，情感亲切。导游词语言应是文明、友好和富有人情味的语言，应言之有情，让旅游者赏心悦"耳"，倍感亲切温暖。

第六，随机应变，临场发挥。导游词创作成功与否，不仅表现了导游人员知识水平的高低，也反映出导游技能技巧运用水平。

4. 重点突出。

每个景区（点）都有其代表性的景观，每个景观又从不同角度反映出它的特色内容。导游词必须在照顾全面的情况下突出重点。面面俱到、没有重点的导游词是不成功的。在创作导游词时，应有一根主线贯穿整个讲解，这样才能给旅游者一个鲜明的印象，并牢牢抓住旅游者的心，使他们从游览活动中获得知识，并对景点留下美好深刻的记忆。

5. 强调针对性。

导游词不是以一代百、千篇一律的。它必须从实际出发，因人、因时而异，要有的放矢，即根据不同的旅游者以及当时的情绪和周围的环境进行导游讲解之用。切忌旅游者千差万别而导游词仅一篇的现象。编写导游词一般应有假设对象，这样才能有针对性。

6. 重视品位。

创作导游词必须要注意提高品位。一要强调思想品位。因为弘扬爱国主义精神是导游人员义不容辞的职责。二要讲究文学品位。导游词的语言应该是规范的，文字是准确的，结构是严谨的，内容层次是符合逻辑的，这是对导游词创作的基本要求。在导游词中，适当地引经据典，引用一些著名的诗词、名句和名人警句等，就能相应地提高导游词的文学品位。

（三）导游词的创作方法

1. 借鉴与创新。

借鉴是导游词创作的基础。没有基础，就没有发展与进步的条件。导游词的编写过程就是在大量历史文化资料的基础上，运用导游的技巧及口语化的导游语言进行再创作的过程，因此，创作导游词时借鉴是不可避免的，同时也是必需的。只有在对占有的资料有了充分理解的情况下，才能加深对景点的认识。已经公开出版的有关景点的简介、旅游界前辈多年总结出的观点认识都是应该予以重视并可以借鉴的，但是借鉴并不是简单地照搬和模仿。随着时间的推移、时代的发展，有些资料不可避免地存在着局限性，甚至与新的研究成果还存在观点相悖的现象。在借鉴时，应该破除迷信、解放思想，即使是权威人物的论述也不应盲从。尤其是在艺术性较强的内容如雕塑、壁画、音乐、建筑等方面的认识上，更是仁者见仁、智者见智，很难有一个统一的尺度和不容置疑的结论。

创新是导游词创作的生命。没有创新，就不会有发展和进步。导游词贵在创新，但创新不是漫无边际的、毫无根据的信口开河，而是在符合历史的真实和社会发展规律的前提下进行创新，给旅游者以更深刻、更丰富、更新奇的感受。导游词的创新还体现在要有更强的时代性。

2. 观察与思考。

观察是导游词创作的本源，思考是导游词创作的灵魂。没有认真的观察与深刻的思考，就无从谈及创作。所谓观察，是指导游人员需要用双眼从细微处发现闪光的东西。车尔尼雪夫斯基说："世界上不是缺少美，而是缺少发现。"导游人员的职业要求，就是从众多的、杂乱的、平淡无奇的、司空见惯的事物中发现美。

观察要求导游人员以职业的敏感去注意一切。介绍旅游景点的书籍、资料只能提供基本情况和大概特色，如果仅仅靠这些资料去编写导游词，势必空洞无物、千篇一律。只有经过对景点的认真观察后，导游人员才会发现新的、有价值的内容。

所谓思考，是指导游人员需要勤动脑筋。从认识论的角度讲，观察只是感性认识，只有经过大脑的加工之后，才可以变成理性认识。因此仅有观察是不够的，只有在观察的同时进行思考，才能获得有益的东西。导游人员要对讲解的内容不断地思考，得出独特的见解。古人云："学而不思则罔。"只注重积累资料而不善于思考，到头来只能是人云亦云、没有建树。导游讲解中有一种很重要的方法，就是突出与众不同之处。只有经过认真观察，精心比较，深入思考之后才能真正找出"与众不同"之处。

3. 提炼与概括。

提炼与概括是导游词创作的重要方法。面对众多无序的资料，编写时不可能面面俱到，必须做适当的选择和裁剪。材料的取舍、结构的布局，都必须经过认真的提炼与概括。

提炼是创作中必不可少的手段之一。提炼就是从纷繁复杂的材料中去粗取精、去伪存真的过程，就是从平淡无奇、良莠混杂的材料中总结出带有高度思想性、高度艺术感染力的内容来。

例如，在讲解山西五台山唐代建筑佛光寺时，就不能不提到将佛光寺介绍到世界上的梁思成教授。如果只是单纯地叙述梁思成教授发现、考察佛光寺的过程，难免流于平淡。但是经过提炼，在讲解中突出梁思成教授的爱国主义情怀，就会给旅游者较强的感染力。又如黄河壶口瀑布的导游词的提炼也较有典型意义。黄河壶口瀑布原本属于自然景观，其中，"通天彩虹""水底冒烟""石窝宝镜""旱地行船"四大景观的确有特色，但这远不能表现出黄河壶口瀑布的真实风貌。中国人对黄河寄予了太多的思想感情，只有突出黄河壶口瀑布的力量、性格才是导游词的主旨。这个提炼结果会使每一位身临其境的旅游者都会产生一种心灵的震撼。

概括是将表达的内容条理化、精练化的总结方式，反映在导游词中能给旅游者完整的、深刻的印象。导游人员在讲解中，不能期望旅游者在听过之后自己去总结该景点的几大特点。为了使旅游者对景点有较为清晰的认识，就需要导游人员予以概括。山西太原晋祠是个较大的景点，沿中轴线游览将涉及很多具体的内容。如果在游览之前先向旅游者概括地介绍一下晋祠，旅游者对景点特色就易于把握，游览也便有了目的性。如果用"诸神荟萃，各得其所"8个字先对晋祠的特色进行概括，然后再详细介绍，就会收到很好的讲解效果。

概括还表现在对一个景点从不同角度的具体分类上，这样可以将讲解内容按层次、有条理地介绍给旅游者，使旅游者既易于理解又便于接收。如对云冈石窟第六窟予以艺术性角度的概括，可以分为：构思奇特、布局新颖、内容丰富、造型优美、手法多样、技法精湛……然后再详细介绍，就使旅游者有了全面的、完整的认识。

导游讲解结束前，再对景点进行总结性概括，可以使旅游者的印象更为深刻。

例如，平遥古城日升昌票号的导游词在总结票号衰落时概括为：

19世纪末，西方银行的介入、官方银行的兴起，再加上清王朝的垮台，促使票号走向衰落……在此期间，曾有人提议票号之间联合，改组成真正的商业银行，以增强自身实力。但票号中的守旧势力担心自己的利益受到损害，认为联合会使大票号受到小票号的拖累，而小票号又会被大票号吞并。他们宁愿保持现状，把老祖宗留下来的东西原封不动地传下去……但动荡的社会已不再允许票号的抱残守缺、故步自封。要以不变应万变的票号，最终在一系列内外因素的影响下，失去了改组银行的机会，随着清王朝的垮台而整体走向衰落。

这段短小、精辟的概括将中国票号的衰落原因讲得十分清楚，给人留下了深深的回味。

4. 个性与风格。

事实上，没有任何一份导游词可以适合两个以上导游人员使用。因为每个导游人员所具备的自身积累和表达方式不可能完全相同。因此，在导游词创作中要体现适合自己使用和讲解的风格，这不但是对导游人员的客观要求，也是导游人员的主观需要。

讲解的个性与风格，是指导游人员在讲解中驾驭题材、表现内容、描绘形象、安排情节、阐述哲理和运用语言等方面所体现出来的导游人员的情感倾向、性格特点、审美情趣和文化素养的综合性个人特征。

导游人员在具体创作过程中都会多多少少地体现自身的个性特征和风格特征，有意识地追求个性的张扬，强化风格的彰显。在带团中体现出独特的讲解风采，应是每位导游人员的理想追求。要创作适合自己的导游词，就要克服简单模仿，杜绝众口一词、千人一腔的现象。应根据自身条件和性格特点，设计风格鲜明、特点突出的导游词。

导游词创作的个性与风格是个人综合素质和人格的体现与浓缩，它与旅游活动的质量和活力息息相关。为此，导游人员应当对自身个性特点加以总结和提升。导游词的创作不论是在借鉴与创新还是在观察与思考，以及提炼与概括几个方面，都应该有自己的个性与风格。这样才能使讲解具有新颖和鲜明的特色，反之则会使自己的个性与风格大为削弱，难以以鲜活、生动的特色赢得旅游者的认同和好评。

【任务实施】

实训项目：导游词创作。

实训内容：1. 按照导游词创作的要求，每位同学创作一篇导游词。

2. 可以选取自己家乡一处有代表性的旅游景点，也可以进行校园导游词的创作。

3. 教师评阅后，选取代表性作品做班级内展示。

实训考核： 教师点评，打分。

任务二 导游讲解的原则与要求

【任务介绍】

正确掌握导游讲解艺术，灵活运用导游方法，是完成高质量的导游服务的基本保证。一名成功的导游人员要善于针对旅游者的心理活动，灵活地运用导游手法，因势利导，对不同层次的旅游者施加相应的影响，使旅游者与导游人员达到心灵上的默契，让每位旅游者的需要得到合理的满足，使旅游生活轻松愉快。导游讲解方法千差万别，个人在运用时又千变万化，然而，各种方法和技巧均有着内在的基本规律，即导游人员在导游活动中必须遵循的原则与要求。

【任务目标】

1. 掌握导游讲解的原则。
2. 熟悉导游讲解的要求。

【任务导入】

导游人员的讲解既要生动形象，又要真实客观；既要坚持计划性，又要兼顾灵活性；既要言之有据，又要言之有趣。怎样做才符合导游讲解的原则与要求呢？

【相关知识】

一、导游讲解的原则

导游讲解是导游人员的一种创造性的劳动，因而在实践中，导游讲解的方式、方法可谓千差万别。但是，这并不意味着导游人员在讲解过程中可以随心所欲、异想天开。相反，要保证导游讲解的服务质量，无论何种导游讲解方式、方法的创造或导游讲解艺术的创造都必须符合导游讲解的基本规律，要遵循一些基本的原则和符合一定的导游讲解要求。

(一) 客观性原则

所谓客观性，是指导游讲解要以客观现实为依据，在客观现实的基础上进行意境的再创造。客观现实是指独立于人的意识之外又能为人的意识所反映的客观存在，它包括自然界的万事万物和人类社会的各种事物。这些客观存在的事物既有有形的，如自然景观和名胜古迹；也有无形的，如社会制度和旅游目的地居民对旅游者的态度等。在导游讲解中，导游人员无论采用什么方法或运用何种技巧，都必须以客观存在为依托，必须建立在自然界或人类社会某种客观现实的基础上。

1. 以客观存在为依托。

以客观存在为依托包含两层含义：一是讲解的内容要真实地反映客观实际，要将事物的本来面目、来龙去脉交代清楚，追求历史的真实性和客观性，不能信口开河、无根据地胡乱解释；二是讲解的指向要面对实实在在的客观对象，结合具体事物进行联想，以渲染现场气氛。那种脱离现场实际对象、文不对题的信马由缰式的讲解可能会很精彩，但旅游者却未必感兴趣，因为此时此刻旅游者所关心的是眼前的景物。

2. 以尊重客观规律为依据。

导游讲解的客观性很重要的一点就是要符合客观规律，要有严密的逻辑性。这不仅是个方法问题，更是个观念问题。

第一，导游人员要站在客观的高度进行讲解，也就是人们常说的"跳出来"讲解。

例如，对五台山佛教的介绍和讲解历来有两种不同的讲解方式：一是"钻进去"；二是"跳出来"。所谓"钻进去"的讲解方式，就是以佛教信徒的立场和口吻讲解佛教文化，把自己的信仰和感情融入讲解中。此种讲解对大多数旅游者是不公平的，是一种强加于人的做法，而强加于人的讲解恰恰是导游讲解的大忌。"跳出来"则是以冷静的、清醒的态度客观地介绍和讲解佛教文化，使旅游者依照自己的思想感情和领悟过程各得其所。比如，五台山五爷庙的两种不同的介绍便会产生两种截然不同的效果。"钻进去"讲法："五爷庙是五台山最灵验的寺庙，有求必应。""跳出来"讲法："据当地老百姓讲，五爷庙是五台山最灵的寺庙，有求必应。"两种讲法，效果孰优孰劣，自然分明，加一句"据当地老百姓讲"，其客观性明显突出，而对旅游者而言，接受得也不勉强。

第二，对事物的分析、探讨既要有客观依据，又要符合客观规律，也就是常说的"言之有理"。尤其面对众多的历史景观，导游人员经常会采用推测法和分析法等讲解方式，这时更应该做到"言出有据""言出有理"。只有尊重客观规律、具有严密的逻辑性和科学性的讲解，才会赢得旅游者的充分认可。

（二）针对性原则

针对性就是从对象的实际情况出发，因人而异，有的放矢。导游人员的服务对象复杂，层次悬殊，审美情趣各不相同。因此，要根据不同旅游者的具体情况，在接待方式、服务形式、导游内容、语言运用、讲解方式、方法上有所不同。导游讲解时，导游词内容的广度、深度及结构应该有较大的差异。通俗地说，就是要看人说话，投其所好，导游人员讲的正是旅游者希望知道的、有能力接受的、感兴趣的内容。

例如，到北京的旅游者一般都要参观故宫，导游词的内容应因对象的不同而有所区别，因人而异。对初次远道而来的西方旅游者，导游人员可讲得简单一些，简单明了地作一般性介绍，对多次来华的旅游者则应多讲一些，讲得深一点；对比较了解中国的邻近国家的旅游者，导游词的内容应该广一些、深一些；对港澳台同胞和海外侨胞，特别是他们中的老年知识分子，除比较详细地介绍故宫这个实体外，还应讲一些有关的典故和背景材料；对研究古建筑和中国历史的学者，导游人员就应对他们感兴趣的专业内容作比较详细、深入的讲解，还可进行一些讨论；对文化层次比较低的旅游者就得多讲些传闻轶事，尽力使导游讲解更生动、更风趣。

总之，导游人员要在导游讲解的内容和方式方法上多下功夫，从实际出发，因人、因时、因地讲解，尽可能做到有的放矢，使旅游者的不同需求都得到合理的满足。

（三）计划性原则

计划性是指导游讲解的科学性和目的性。计划性要求导游人员在特定的工作对象和时空条件下，发挥自己的主观能动性，科学地安排旅游日程，有计划、有目的地运用科学的导游方法和技巧，进行导游讲解。计划性是导游讲解成功的保证，它可使导游人员在方法和技巧上有充分的准备，进而实现有效的运用和发挥，使旅游者可以在有限的旅游生活中享受到尽可能多的美的体验。导游人员的讲解目的就是要收到最佳的讲解效果，而最佳的讲解效果是建立在特定的时间、特定的场合中，以特定的方式讲出特定的内容的基础之上的。计划性讲解主要包含两个方面的内容。

1. 讲解内容的计划性。

不同的旅游者对他们所需要了解的情况和希望听到的讲解内容也不尽相同，这就需要在游览活动开始之前制定详细的讲解预案。在什么时间、什么地点讲解什么内容，先讲什么、后讲什么，重点讲解和一般讲解的时间与容量的分配，讲解手段的运用和讲解火候的把握与拿捏，都应心中有数。讲解得恰到好处，就会使旅游者在有限的时间内获得最大限度的享受。

2. 游览路线的计划性。

要根据旅游团的特点和整个旅游活动的内容与时间的安排，选择最佳的游览路线。一个景点，如果毫不遗漏地、完全充分地去游览，未必会收到好的效果。好的效果是让旅游者看到他们最感兴趣的、最能激发他们审美感受的内容。同样，旅游者的游览兴趣是随着其心理变化而相应变化的。选择最佳的游览路线，就是充分考虑旅游者的心理因素，使其在游览中兴趣递增，最终达到审美的高度满足。如果事先无计划安排、不做充分准备，到了旅游目的地再临时应付，就不可能取得很好的导游效果。

（四）灵活性原则

灵活性就是导游讲解要因人而异、因时制宜、因地制宜。最佳时间、最佳线路、最佳旅游点等都是相对的，客观上的最佳条件若缺少主观上完美的导游艺术的运用和发挥，就不可能达到预期的最佳导游效果。

导游讲解贵在灵活、妙在变化。这是由下述因素决定的：旅游者的审美情趣各不相同，不同景点的美学特征千差万别，大自然又千变万化、阴晴不定，游览时的气氛、旅游者的情绪也随时变化。即使游览同一景点，每次也都会不一样，导游人员必须根据季节的变化、时间、地点、对象的不同，灵活地选择运用导游知识，采用切合实际的方式进行导游讲解。世界上没有两次完全相同的旅游，一名导游人员具有的知识和经验无论如何丰富，总会遇到各种新情况，需要随机应变。总之，导游讲解的内容在不同情况下可深可浅，能长能短，可断可续，一切需视具体对象的时空条件和变化而定，切忌千篇一律、墨守成规。

例如，介绍水质纯净、清澈见底的特点，导游人员拟通过"分明看见青山顶，船在青山顶上行"的诗句来说明，但游览中不巧下起了小雨，如按计划讲解显然不合时宜，这时导游人员就要随机应变，可改用"水光潋滟晴方好，山色空蒙雨亦奇"的诗句进行讲解。

导游讲解应遵循的客观性、针对性、计划性和灵活性原则，体现了导游活动的本质，也反映了导游方法的规律，它们不是孤立的抽象概念，而是不可分割的有机整体。导游人员应灵活地运用这 4 个基本原则，自然而巧妙地将其融进导游讲解之中，不断提高导游讲解水平和导游服务质量。

二、导游讲解的要求

导游讲解是向旅游者有效传播知识、联络感情的一种服务方式。一方面，导游人员讲解的知识要能够为旅游者所理解；另一方面，要使旅游者产生心理上或行为上的认同和情感上的趋同。导游人员在讲解时，应符合以下 8 项具体要求。

（一）言之有物

导游讲解要有具体的指向，不能空洞无物。讲解资料应突出景观特点，简洁而充分。可以充分准备，细致讲解。导游人员应把讲解内容最大限度地"物化"，使所要传递的知识深深地烙在旅游者的脑海中，实现旅游的最大价值。

世界导游人员协会会长简·奥德女士说："你若没有具体数据，你若没有生动案例，你就不可能令人信服地谈论导游和生动地进行导游。"

（二）言之有理

导游人员讲解的内容、景点和事物等都必须以事实为依据，以理服人，不要言过其实和弄虚作假，更不要信口开河。那种违反以事实为依据的讲解一旦旅游者得知事实真相，即刻会感到自己受了嘲弄和欺骗，导游人员的形象在旅游者的心目中就会一落千丈。

言之有理不仅在讲道理的"理"，另外一层含义是导游讲解要符合一定的生活和风俗习惯、符合人们的欣赏习惯、符合法律法规。

（三）言之有趣

导游人员在讲解时要生动、形象、幽默和风趣，要使旅游者紧紧地以导游人员为核心，在听讲解的过程中感受到一种美好的享受和满足。需要指出的是，导游人员在制造风趣幽默时，比拟要自然、贴切，千万不可牵强附会。

（四）言之有神

导游讲解应尽量突出景观的文化内涵，使旅游者领略其内在的神采。其讲解内容要经过综合性的提炼并形成一种艺术，让旅游者得到一种艺术享受。同时，导游人员要善于掌握旅游者的神情变化，分析和掌握哪些内容旅游者感兴趣、哪些内容旅游者不愿听、旅游者的眼神是否转移、旅游者中是否有人打哈欠……这些情况要随时掌握，以便及时调整所讲内容。

（五）言之有据

导游讲解必须有根有据，知识和信息来源一定要可靠，具有权威性和可信度。导游语言要诚实，不尚虚文，不能胡编乱造或张冠李戴。

（六）言之有情

导游人员要善于通过自己的语言、表情、神态等传情达意。讲解时，应充满激情和热情，又充满温情和友情，富含感情和人情的讲解更容易被旅游者所接受。

（七）言之有喻

恰当地运用比喻手法，以熟喻生，通俗易懂，增加旅游审美中的形象和兴趣。

（八）言之有礼

导游人员的讲解用语和动作、行为要文雅、谦恭，让旅游者获得美的享受。

在"八有"原则中，言之有理体现了导游语言的思想性（也称为哲理性）；言之有物、言之有据是导游语言的科学性和知识性；言之有神、言之有趣、言之有喻是导游语言的艺术性和趣味性；言之有礼、言之有情则是导游人员的道德修养在导游讲解中的具体体现。

【案例分析】

作家蒋子龙等到香港参加一个笔会，会前先参加了由旅行社组织的一次香港观光活动。观光结束后，蒋子龙感慨颇多，写了一篇文章发表于《中国旅游报》上，以下是文章中的一部分：

"到香港新机场迎接我们的汉子，相貌粗莽，肌肉结实，说话却撮鼓着双唇，细声细气，尽力做文雅状——他是设想周到的主人提前为我们请好的导游。待大家都上了大轿车，他开始自报家门：'鄙人姓刘，大家可以叫我刘导、老刘、大刘、小刘，请不要叫我下刘（流）。'他说话有个习惯，每到一个句号就把最后一个句子重复一遍或两遍：'请不要叫我下流。'他自称是20世纪60年代初从福建来到香港的，曾投身演艺界，报酬比后来大红大紫的郑少秋还要高。当时两个人都在追求以后被称为'肥肥'的沈殿霞，沈是'旺夫相'，嫁给谁谁走运。大家可想而知，沈殿霞最后是挑选了郑少秋，否则他今天就用不着当导游了。"

分析： 导游工作的成功之处似乎在能否让旅游者在精神上获得享受，或我们常说的取悦于旅游者。但同时我们必须明白，取悦旅游者靠的是诚恳的态度、周到的服务、高明的技巧、恰当的言语。如果仅仅靠俗气的噱头、低级的语言或是其他类似方式来博得客人一笑，且不说会影响自己的形象，对我们提倡的文明导游也有害无益。

【任务实施】

实训项目： 导游词分析。

实训内容： 1. 以小组为单位，进行项目实训。

2. 通过网络、书籍等途径搜集一篇代表性导游讲解词。

3. 依据导游讲解的原则与要求，分析该导游词的优劣之处，写出分析报告。

实训考核：教师点评，打分。

任务三　导游讲解常用方法

【任务介绍】

导游讲解方法和技巧是导游艺术的重要组成部分。导游讲解方法和技巧的运用是一种创造性劳动，导游人员的具体条件各异，工作范围不同，接待对象不同，每个导游人员的导游方法和技巧也应该各不相同，尤其是对不同的对象必须采用不同的导游方法和技巧。一名优秀导游人员的服务之所以卓有成效，其导游效果之所以不同凡响，不仅仅是他有渊博的知识，更重要的是他能够适合实际需要，敢于探索新的表现形式，敢于标新立异，使导游讲解具有自己的特色，有与众不同的人格魅力。

【任务目标】

掌握常见导游讲解方法。

【任务导入】

一名优秀的导游人员要想做好导游讲解工作，不仅要能够创造导游词、掌握导游讲解的原则与方法，同时更要注重导游讲解的方法。同一个旅游景点，不同的讲解内容适合不同的讲解方法，针对不同类型的旅游者又该选用什么类型的讲解方法呢？

【相关知识】

一、简单概述法

简单概述法是导游人员就旅游城市或景区的地理、历史、社会、经济等情况向旅游者进行概括性的介绍，使其对即将参观游览的城市或景区有一个大致的了解和轮廓性认识的一种导游方法。这种方法适用于接到旅游团后的首次沿途导游中、前往景点的途中或在景点入口处的示意图前讲解。

【导游经验】

各位团友：大家好！欢迎大家来到呼和浩特市参观游览。接下来，我将简单地为大家介绍一下呼和浩特的城市概况。呼和浩特，蒙古语意为"青色的城"，简称"青城"。它地处东经110°46'—112°10'，北纬40°51'—41°8'。全市总面积1.72万平方千米，其中建成区面积260平方千米，截至2019年年底全市常住人口313.7万人。呼和浩特作为内蒙古自治区首府，是自治区政治、经济、文化中心，同时是中国历史文化名城和中国优秀旅游城市，还被誉为"中国乳都""北方药都"。呼和浩特现辖4区、4县、1旗和1个国家级经济技术开发区，正在积极申报和林格尔国家级新区。市区平均海拔1050米。属中温带干旱半干旱大陆性季风气候，年平均气温3.5℃~8℃，年平均降水量337~418毫米，四季变化明显，气候宜人。

呼和浩特市人民政府网——城市概况

二、分段讲解法

分段讲解法，就是将一处大景点分为前后衔接的若干部分来讲解。首先，在前往景点的途中或在景点入口处的示意图前，介绍景点概况（包括历史沿革、占地面积、欣赏价值等），并介绍主要景观的名称，使旅游者对即将游览的景点有个初步印象，达到"见树先见林"的效果，满足其"一睹为快"的心理需求。通过前导，可以将旅游者提前带入意境，然后到现场再依次游览进行导游讲解。在讲解这一部分的景物时，注意不要过多地涉及下一部分的景物，但要在快结束这一部分的游览时适当地讲一点下一部分的内容，目的是引起旅游者对下一部分的兴趣。各部分讲解有机衔接、环环相扣、主次分明，会给旅游者留下清晰而深刻的印象。

【导游经验】

浏览故宫：进入北京故宫午门之后，可以简单介绍一下故宫的历史沿革、占地面积、历史价值、建筑布局和参观路线，然后带领游客依次游览"外朝"与"内廷"。由午门到乾清门之间的部分为"外朝"，以太和、中和、保和三大殿为中心，东西两侧有文华、武英两组宫殿对称排列。其中，太和殿俗称金銮殿，是故宫最高大的一座建筑物，也是国内最高大、最壮丽的古代木结构建筑。乾清门以内为"内廷"，建筑布局也是左右对称。中部为乾清宫、交泰殿、坤宁宫，是封建皇帝居住和处理日常政务的地方。两侧的东、西六宫是嫔妃的住所，东、西一所是皇子的住所。"内廷"还有皇家游玩的三处花园——御花园、慈宁花园、乾隆花园。

三、突出重点法

所谓突出重点法，就是在导游讲解时避免面面俱到，而突出某一方面的讲解方法。一处景点要讲解的内容很多，导游人员必须根据不同的时空条件和对象区别对待，有的放矢地做到轻重搭配、重点突出、详略得当、疏密有致。导游讲解时一般要突出下述4个方面。

（一）突出景点的独特之处

旅游者来到目的地旅游，要参观游览的景点很多，其中不乏一些与国内其他地方类似的景点。导游人员在讲解时必须讲清这些景点的特征及与众不同之处，尤其在同一次旅游活动中参观多处类似景观时，更要突出介绍其特征。

【导游经验】

游览沈阳福陵（清太祖努尔哈赤陵寝）：神道尽头是与两座"神桥"相连接的福陵"天蹬"，俗称"108蹬"。福陵"天蹬"巧妙地依山势而建，是所有明清皇陵中独一无二的建筑形式。据专家考证，一百单八蹬的形式在全国仅有两处，另一处在山西五台山上的菩萨顶。不管怎么说，一百单八蹬为福陵增色不少，不仅成为福陵的象征，也成为沈阳一个独特的景观。

（二）突出具有代表性的景观

游览规模大的景点时，导游人员必须事先确定好重点景观。介绍景观时既要有重点景观的特征，又要概括全貌。实地参观游览时，导游人员要重点向旅游者讲解这些具有代表性的景观。

【导游经验】

去西湖十景之一"花港观鱼"游览，主要是参观红鱼池和牡丹园，并加以重点介绍，不仅能让旅游者了解景点全貌，还能使他们领略公园的园林艺术和花卉知识，从中得到美的享受。

（三）突出旅游者感兴趣的内容

旅游者的兴趣爱好各不相同，但从事同一职业的人、文化层次相同的人往往有共同的爱好。导游人员在研究旅游团的资料时要注意旅游者的职业和文化层次，以便在游览时重点讲解旅游团内大多数成员感兴趣的内容。投其所好的讲解方法往往能产生良好的导游效果。

【导游经验】

游览晋祠时，面对以建筑界人士为主的旅游团，导游人员除一般介绍晋祠的概况外，要突出讲解中国古代北方园林的布局、特征，晋祠的三大国宝建筑特色及其建筑艺术。如果能将晋祠与江南私家园林、北方皇家园林相比较，导游讲解的层次就会大大提高，就更能吸引人。面对以美术家为主的旅游团，导游人员就不能大讲特讲建筑艺术了，而应更多地讲解晋祠宋代仕女像的艺术特色及其在中国雕塑历史上的地位和作用。又如参观一座博物馆，可将参观讲解的重点或放在青铜器上，或突出陶瓷，或侧重碑林金石，一切视博物馆的特色和游客的兴趣而定，尽量避免蜻蜓点水式的参观、讲解方式。

（四）突出"……之最"

面对某一景点，导游人员可根据实际情况，介绍这是"世界（中国、某省、某市、某地）最大（最长、最古老、最高，甚至可以说是最小）的……"，因为这也是景点的特征，很能引起旅游者的兴致。

【导游经验】

北京故宫是世界上规模最大的宫殿建筑群。长城是世界上最伟大的古代人类建筑工程。应县木塔是中国和世界上现存最高、年代最久的木塔。锡林郭勒大草原是全国最大的草甸型草原。

如果"之最"算不上，第二、第三最也是值得一提的。这样的导游讲解突出了景点的价值，定会激发旅游者的游兴，给他们留下深刻的印象。不过，在使用"……之最"的导游讲解方法时，必须实事求是，要有根据，绝不能杜撰，更不能张冠李戴。

四、触景生情法

触景生情法就是见物生情、借题发挥的导游讲解方法。在导游讲解时，导游人员不能就事论事地介绍景物，而是要借题发挥，利用所见景物制造意境，引人入胜，使旅游者产生联想，从而领略其中之妙趣。

【导游经验】

旅游者到西安旅游，从咸阳国际机场前往市区的时候，途中看到一座座陵墓，导游人员便即景生情地讲道："中国的景观各有特色，北京看墙头，桂林看山头，上海看人头，到了西安大伙儿看的就是各种各样的坟头。"一席话说得非常形象，给大家留下了深刻的印象。

触景生情法的第二层含义是导游讲解的内容要与所见景物和谐统一，使其情景交融，让旅游者感到景中有情，情中有景。

【导游经验】

当旅游团在参观海南三亚亚龙湾景区时，导游人员结合电影《一声叹息》的场景，给他们作了生动的描绘，旅游者望着无垠的海滩、蔚蓝的天空，从影片中的人生感悟生活，引发了很多联想。

触景生情，贵在发挥，要自然、正确、切题地发挥。导游人员要通过生动形象的讲解、有趣而感人的语言，赋予景物以生命，注入情感，引导旅游者进入审美对象的特定意境，从而使他们获得更多的知识和美的享受。

五、制造悬念法

导游人员在导游讲解时提出令人感兴趣的话题，但故意引而不发，激起旅游者急于知道答案的欲望，这种方法即为制造悬念法，俗称"吊胃口""卖关子"。

这是常用的一种导游手法。通常是导游人员先提起话题或提出问题，激起旅游者的兴趣，但不告知下文或暂不回答，让他们去思考、去琢磨、去判断，最后才讲出结果。这是一种"先藏后露、欲扬先抑、引而不发"的手法，一旦"发（讲）"出来便会给旅游者留下特别深刻的印象，而且导游人员运用这种方法可以始终处于主导地位，成为旅游者注意的中心。

制造悬念的方法很多，例如问答法、引而不发法、引人入胜法、分段讲解法等都可能激起旅游者对某一景物的兴趣，引起其遐想，使其急于想知道结果，从而制造出悬念。

【导游经验】

月到风来亭依水傍池，面东而立，亭后装一面大镜子，将对面的树、石檐、墙尽映其中。对这个亭子的介绍有两种方法，效果完全不同。

一位导游员介绍说："在晚上，当月亮从东墙上徐徐升起，另一个月亭也在水波中荡漾。这镜子安置得十分巧妙，从里面还可以看到一个月亮。"但游客们只是看了看镜子，并未引起多大兴趣。

另一位导游员将游客带到亭中，这样介绍说："当月亮升起的时候，在这里可以看到三个月亮。"他微笑着，望着游客，并没有立即往下讲。游客们好生奇怪，都以为是听错了或是导游员讲错了，最多只有两个月亮：天上一个，水池里一个，怎么可能会有第三个呢？大家的脸上都露出了迷惑不解的表情。这时，导游员才点出："天上、池中还有镜里，共有三个月亮"。大家才恍然大悟，在响起一阵掌声、叫好声之后，也更领悟到镜子安置之巧妙，印象特别深刻。

同是一地，前者介绍虽很热情，也富有诗意，但因是平铺直叙，听者不以为然；而后者虽用词简朴，却能做到出其不意、异峰突起，引起了游客的注意、思考、怀疑和猜测，使其兴趣顿起。后者的成功之处还在于掌握了游客的心理，不去一下子把话讲完，而是留有余地，让大家去体察、回味，然后由自己做出补充，因此效果尤佳。

制造悬念是导游讲解的重要手法，在活跃气氛、制造意境、提高旅游者游兴、提高导游讲解效果诸方面往往能起到重要作用，所以导游人员都比较喜欢用这一手法。但是需要注意的是，再好的导游方法都不能滥用，悬念不能乱造，以免起反作用。

六、问答法

问答法就是在导游讲解时，导游人员向旅游者提问题或启发他们主动提问题的导游方法。使用问答法的目的是活跃游览气氛，激发旅游者的积极思维，促使旅游者、导游人员之间产生思想交流，使旅游者获得参与感或自我成就感的愉悦，加深旅游者对所游览景点的印象。

问答法有多种形式。

（一）自问自答法

导游人员自己提出问题并作适当停顿让旅游者猜想，但并不期待他们回答，只是为了吸引他们的注意力，促使他们思考，激起兴趣，然后作简洁明了的回答或做生动形象的介绍，还可借题发挥，给旅游者留下深刻的印象。

【导游经验】

在草原讲解时，导游人员会让客人留意敖包山，并提出问题"这个土堆型的小山是做什么用的"，在吸引了客人注意力之后，再慢慢讲解敖包山的来历，以及祭祀敖包山等民俗活动，这样就给客人留下了深刻的印象。

（二）我问客答法

导游人员要善于提问题，但提问要从实际出发，适当运用。希望旅游者回答的问题要提得恰当，既要估计他们不会毫无所知，也要估计到会有不同答案。导游人员提出问题后要诱导旅游者回答，但不要强迫他们回答，以免使旅游者感到尴尬。旅游者的回答不论对错，导游人员都不应打断，更不能笑话，而要给予鼓励。最后由导游人员讲解，并引出更多、更广的话题。

调动旅游者的情绪，满足旅游者的求知欲，我问客答法是很奏效的。

(三)客问我答法

导游人员要善于调动旅游者的积极性和他们的想象思维,欢迎他们提问题。旅游者提出问题,证明他们对某一景物产生了兴趣,进入了审美角色。他们提出的问题即使是幼稚可笑的,导游人员也绝不能置若罔闻,千万不要笑话他们,更不能显示出不耐烦,而是要善于有选择地将回答和讲解有机地结合起来。不过,对旅游者的提问,导游人员不必问什么就回答什么,一般只回答一些与景点有关的问题,注意不要让旅游者的提问冲击你的讲解、打乱你的安排。在长期的导游实践中,导游人员要学会认真倾听旅游者的提问,善于思考,掌握旅游者提问的一般规律,并总结出一套相应的应对技巧,以随时满足旅游者的好奇心理。

(四)客问客答法

导游人员对旅游者提出的问题并不直截了当地回答,而是有意识地请其他旅游者来回答问题,亦称"借花献佛法"。导游人员在为专业团讲解专业性较强的内容时可运用此法,但前提是必须对旅游者的专业情况和声望有较深入的了解,并事先打好招呼,切忌安排不当,引起其他旅游者的不满。如果发现旅游者所讲的内容有偏差或不足之处,导游人员也应见机行事,适当指出,但注意不要使其自尊心受到伤害。此外,这种导游方法不宜多用,以免旅游者对导游人员的能力产生怀疑,产生不信任感。

七、虚实结合法

虚实结合法是指在导游讲解中,将典故、传说与景物介绍有机结合,即编织故事情节的导游方法。所谓"实",是指景观的实体、实物、史实、艺术价值等,而"虚"则指与景观有关的民间传说、神话故事、趣闻轶事等。"虚"与"实"必须有机结合,以"实"为主,以"虚"为辅,"虚"为"实"服务,以"虚"烘托情节,以"虚"加深"实"的存在,努力将"无情"的景物变成"有情"的导游讲解。

在实地导游讲解中,导游人员一定要注意不能"为了讲故事而讲故事",任何"虚"的内容都必须落到"实"处。导游人员在讲解时,还应注意选择"虚"的内容要"精"、要"活"。所谓"精",就是所选传说故事是精华,与讲解的景观密切相关;所谓"活",就是使用时要灵活,见景而用,即兴而发。

八、类比法

所谓类比法,就是以熟喻生,达到类比旁通的导游手法。具体地说,就是用旅游者熟悉的事物与眼前景物比较，便于他们理解，使他们感到亲切，从而达到事半功倍的导游效果。

类比法一般分为同类相似类比、同类相异类比和相同时代类比。

（一）同类相似类比

将相似的两物进行比较，便于旅游者理解并使其产生亲切感。

【导游经验】

将北京的王府井比作日本东京的银座、美国纽约的第五大街、法国巴黎的香榭丽舍大街；把上海的城隍庙比作日本东京的浅草；参观苏州时，可将其称作"东方威尼斯"；讲到《楼台会》中梁山伯和祝英台或《白蛇传》中许仙和白娘子的故事时，可以将其称为"中国的罗密欧和朱丽叶"。这些都是较好的类比内容。

（二）同类相异类比

这种类比法可比较两种景物规模、质量、风格、水平、价值等方面的不同。

【导游经验】

在规模上，将唐代长安城与东罗马帝国的首都君士坦丁堡相比；在价值上，将秦始皇陵地宫宝藏同古埃及第18朝法老图坦卡蒙陵墓的藏宝相比；在宫殿建筑和皇家园林风格与艺术上，将北京故宫和巴黎附近的凡尔赛宫相比、将颐和园与凡尔赛宫花园相比等。这种同类相异类比不仅使游客对中国悠久的历史文化有较深的了解，而且对东西方文化传统的差异有了进一步的认识。

（三）相同时代类比

导游人员在导游讲解时，可以进行时代之比。由于各国计年方式不同，在介绍历史年代时，应注重旅游者的理解程度，要采用旅游者能够理解的表述方式。

【导游经验】

在游览故宫时，导游人员若说故宫建成于明永乐十八年，不会有几个外国游客知道这究竟是哪一年；如果说故宫建成于公元1420年，就会给人以历史久远的印象；如果说在哥伦布发现新大陆前72年、莎士比亚诞生前144年，中国人就建成了面前的宏伟宫殿建筑群，这不仅便于游客记住中国故宫的修建年代，给他们留下深刻印象，还会使外国游客产生"中国人了不起""中华文明历史悠久"的感觉。又如游览故宫时，导游人员一般都会讲到康熙皇帝，但游客大都不知道他是哪个时代的中国皇帝，如果导游人员对法国人说康熙与路易十四同一时代，对俄国人说他与彼得大帝同时代，还可加上一句"他们在本国历史上都是很有作为的君主",这样介绍便于游客认识康熙的历史作用,他们也会感到高兴。

需要注意的是,正确、熟练地使用类比法,要求导游人员必须掌握丰富的知识,熟悉客源国和国内其他省市、地区的情况,对相比较的事物有比较深刻的了解。面对来自不同国家和地区的旅游者,要将他们知道的景物与眼前的景物相比较,切忌作胡乱、不相宜的比较。正确运用类比法可提高导游讲解的层次,加强导游效果;反之,则会惹旅游者耻笑。

九、画龙点睛法

用凝练的词句概括所游览景点的独特之处,给旅游者留下突出印象的导游手法称为画龙点睛法。旅游者听了导游讲解,观赏了景观,既看到了"林",又欣赏了"树",一般都会有一番议论。导游人员可趁机给予适当的总结,以简练的语言甚至几个字点出景物精华之所在,帮助旅游者进一步领略其奥妙,获得更多更高的精神享受。

【导游经验】

旅游团游览云南后,导游人员可用"美丽、富饶、古老、神奇"来赞美云南风光;参观南京后,可用"古、大、重、绿"4个字来描绘南京风光特色;总结青岛风光特色可用"蓝天、绿树、红瓦、金沙、碧海"来概括。又如,游览颐和园后,游客可能会对中国的园林大加赞赏。这时导游人员可指出,中国古代园林的造园艺术可用"抑、透、添、夹、对、借、障、框、漏"9个字概括,并帮助游客回忆在颐和园中所见到的相应景观。这种做法定会起到画龙点睛的作用,同时使游客加深认识。

除上述导游方法外,我国的导游人员还总结出了详述法、引而不发法、引人入胜法、引用名句法、课堂讲解法(例如作专题讲座)、由点及面法、由此及彼法、名人效应法、因人而异法、有的放矢法、创新立意法等,这里不再一一介绍。导游方法很多,然而在具体工作中,各种导游方法和技巧的使用都不是孤立的,而是相互渗透、相互依存、相互联系的。导游人员在学习众家之长的同时,必须结合自己的特点融会贯通,在实践中形成自己的导游风格和导游方法,并视具体的时空条件和对象,灵活、熟练地运用,这样,才能获得不同凡响的导游效果。

【任务实施】

实训目的:导游讲解的常用方法。
实训内容:1. 请同学们进行一段导游词讲解,内容要求自创。
    2. 要求在讲解中任意使用两种常见的导游讲解方法,并在讲解后说明为什么选取此种方法进行讲解。

实训考核：根据讲解情况，由教师进行评分和点评。

【考证专栏】

一、考点归纳

1. 导游词的特点。
2. 导游词如何进行创作。
3. 导游词讲解的原则。
4. 导游词讲解的要求。
5. 常用导游词讲解的方法。

二、同步练习

1. （　　）是导游词创作的本源。
   A. 观察　　　　B. 思考　　　　C. 提炼　　　　D. 概括
2. 导游讲解过程中，讲解要有具体的指向，不能空洞，这是指导游讲解的（　　）要求。
   A. 言之有理　　B. 言之有序　　C. 言之有物　　D. 言之有神
3. （　　）方法适用于接到旅游团后的首次沿途导游中、前往景点的途中或在景点入口处的示意图讲解时使用。
   A. 分段讲解法　B. 简单概述法　C. 重点突出法　D. 触景生情法
4. 问答法是导游人员向游客提问题或启发他们主动提问题的导游方法，问答法有多种形式，其中最能调动游客的情绪，满足游客的求知欲的方式是（　　）。
   A. 自问自答　　B. 客问客答　　C. 客问我答　　D. 我问客答
5. 以下哪一项不是导游词的组成部分？（　　）
   A. 引言及惯用语　B. 整体介绍　　C. 重点讲解内容　D. 大量编制故事
6. 导游词的特点包括（　　）。
   A. 临场性　　　B. 实用性　　　C. 综合性
   D. 规范性　　　E. 随意性
7. 导游词创作要求包括（　　）。
   A. 重科学、显特色　B. 注重语言口语化　　C. 突出趣味性
   D. 突出重点　　　　E. 强调针对性、重视品位
8. 导游讲解的基本原则包括（　　）。
   A. 客观性原则　B. 针对性原则　　C. 计划性原则

D. 灵活性原则　　　　E. 充分游览原则

9. 类比法就是以熟喻生，达到类比旁通的导游手法，这种方法可以分为（　　）。

A. 同类相似类比　　　　　　　　　B. 同类相异类比

C. 相同时代类比　　　　　　　　　D. 异类相似类比

E. 相同时代异类比

10. 导游讲解时一般要突出（　　）方面。

A. 突出景点的独特之处　　　　　　B. 突出具有时代性的景观

C. 突出游客感兴趣的内容　　　　　D. 突出"……之最"

E. 突出导游自身的优势

11. 导游讲解"虚实结合法"中的"虚"是指与景观有关的（　　）

A. 艺术价值　　B. 民间传说　　C. 历史事实

D. 趣闻轶事　　E. 神话故事

参考答案：1.A　2.C　3.B　4.D　5.D　6.ABCD　7.ABCDE　8.ABCD　9.ABC
10.ABCD　11. BDE

实训篇

项目七
地陪导游服务程序与规范

【项目分析】

地陪导游服务程序是指地陪自接受了旅行社下达的旅游团接待任务起至送走旅游团整个过程的工作流程。地陪导游服务是旅游接待服务中的重要环节，是确保旅游者在当地顺利地进行参观游览，并充分了解和感受参观游览对象的要素之一。地陪导游服务包括按时做好旅游团在本站的迎送工作，严格按照接待计划，做好旅游团参观游览过程中的导游讲解工作和计划内交通、食宿、购物等活动的安排；妥善处理各种应急事件，沟通协调各接待单位之间的关系。在本项目中，主要是进行地陪导游服务程序与规范的介绍。重点是掌握地陪导游服务中每项服务程序的具体工作流程，难点是能够根据不同类型的团队进行针对性的地陪导游服务。以上内容的学习将有助于地陪导游人员做好导游接待服务工作。

【学习目标】

※ 知识目标
1. 了解地陪导游服务具体岗位职责。
2. 掌握地陪导游服务流程及服务规范。
※ 能力目标
1. 培养导游执行计划能力、导游接待能力。
2. 锻炼导游服务能力、组织协调能力、处理问题能力。

任务一 地陪导游接团准备工作

【任务介绍】

俗话说，磨刀不误砍柴工。充分的准备工作是地陪为旅游团提供良好服务的重要前提。导游人员接到地接社任务通知后，一般应该在旅游团抵达本地前3天（特殊情况除外）到接待社有关部门负责人处领取盖有该旅行社印章的接待计划、旅游团在本地的活动日程表和旅游团成员名单等相关的材料。接待计划是组团旅行社委托各地方接待社组织落实旅游团活动的契约性文件，是导游人员了解该旅游团基本情况和安排活动日程的主要依据。地陪导游所做的接团准备工作主要就是熟悉接待计划、落实接待事宜并进行服务准备工作。

【任务目标】

1. 了解旅游接待计划的主要内容。
2. 掌握落实接待事宜的具体流程与方法。
3. 熟悉地陪导游接团服务需做的具体准备工作。

【任务导入】

导游李某被委派带邻省一老干部团游览四川九寨沟景区，途中以景区海拔较高、为防不测为由，向游客推荐购买便携式氧气瓶，团队中有1位白发老人偕老伴及2个不满10岁的孙子，更成为李导推销的重点。结果，老人欣然购买了4瓶氧气，花费320元（每瓶售价80元）。但当老人一行到达景区后，发现景区每公里都设有免费吸氧站，根本不必自备氧气瓶；又听说氧气瓶实价30元/瓶，导游竟收取了50元/瓶的回扣，十分气愤，于是一个电话打给省内某主要领导，要求处理导游。这时导游李某才知道，这位老人竟是邻省刚离休的一位省级干部。结果，李某连同私分了部分回扣的全陪均受到严厉的处罚。事后，两位导游一方面承认违规收取回扣不妥，另一方面也对自己事先对团队情况研究不够而懊悔。

分析： 在此案例中，导游人员违规收取购物回扣是绝对不允许的行为，应该受到相应处罚。但作为导游人员，对团队内人员情况一无所知也是工作的失误之处，说明导游人员带团前并没有用心熟悉旅游团队的情况。

一、熟悉接待计划

做好接团准备工作是地陪提供良好服务的重要前提。地陪的准备工作应在接到旅行社分配的任务、领取盖有旅行社印章的接待计划后立即开始。

接待计划是组团旅行社委托各地方接待社组织落实旅游团活动的契约性文件，是导游人员了解该团基本情况和安排活动日程的主要依据。地陪须在旅游团抵达之前仔细、认真地阅读接待计划和有关资料，准确地了解该旅游团（者）的服务项目和要求，重要事宜要做好记录。

（一）旅游团基本信息

组团社名称（计划签发单位）、联系电话及基本情况；联络人姓名、电话号码或其他联系方式；客源地组团社名称、国别、使用何种语言；旅游团名称、代号、电脑序号；旅游团队性质（如公务团、商务团、观光团、散客旅游团队等）、旅游团收费标准（分豪华等、标准等、经济等几种）；旅游团团费结算方式（是否包含现付费用）；领队姓名及联系方式；全陪姓名及联系方式；团队人数（是否包含儿童）；旅游团用车、用房、餐标等情况。

（二）旅游团成员信息

团员的国别或地区，团员姓名、性别、年龄、职业、宗教信仰、民族等。通过所掌握的基本信息初步分析该旅游团的特征：文化层次、年龄结构、职业阶层、兴趣爱好、宗教禁忌等。

（三）旅游路线和交通工具

全程路线、出入境地点、乘坐交通工具的情况，抵离本地时所乘飞机（火车、轮船）的班次、时间和地点等。

（四）交通票据情况

1. 该团去下一站的交通票是否按计划订妥，有无变更及变更后的情况。
2. 有无返程票，返程票是否需要代为核实。
3. 接待海外团有无国内段国际机票；核实出境票的票种。

（五）旅游团的特殊要求和注意事项

1. 在住房、用车、游览、用餐等方面有何特殊要求及禁忌，例如，要求无烟房、清真餐、外宾团配备行李车等。
2. 是否需要有关方面负责人出面迎送、会见、宴请等礼遇。
3. 是否有老弱病残等需要特殊服务的客人。
4. 旅游线路中是否有需要办理通行证的地区（城市）或特殊参观项目（例如港澳通行证）。

（六）了解费用结算方式及操作程序

目前旅游团队费用结算中，由全陪导游或领队进行现金结账（或者是部分现金结账）的现象非常普遍，如需地陪导游代收团款，则需明确所收团款明细、金额，并准备好相关收款凭证。导游接团前一定要了解本旅游团需支出现金金额、签单金额，做到账目清楚、支出合理。

【业务示例】

旅游接待计划书如表7-1所示。

表 7-1　旅游接待计划书

日期	行程安排	住宿	用餐			交通	备注
			早	中	晚		
D1 5.31	MF8542 上海虹桥 13:20起飞，14:20抵福州	西酒	/	/	西酒	进口空调大巴	
D2 6.1	游鼓山、西湖、森林公园	西酒	西酒	安泰楼	聚春园佛跳墙（风味餐）	进口空调大巴	
D3 6.2	早赴泉州，游开元寺、清源山，赴厦门	厦门悦华	西酒	刺桐饭店	厦门好清香	进口空调大巴	
D4 6.3	游鼓浪屿、万石植物园，当天下午15:00乘机离境，香港转机返马来西亚	/	悦华		南海渔村海鲜（风味餐）	进口空调大巴	

FJHY20140531 马来西亚团福建段接待计划
人数：18+1（8男，8女，2儿童）　福建段陪同：何　静 13706666666

[注意事项]

1. 导游持"厦门××国际旅行社"导游旗接站。
2. 全程住宿五星或准五星酒店，双标房6间，大床间2间（儿童随父母）房费标准300元/间，泉州、厦门段现付。
3. 餐标：正餐标准为30元/人，风味餐标准按150元/人，泉州、厦门段现付。儿童半价。
4. 一名老人要求素食，单独备餐，每餐标准30元/人。
5. 门票共计120元/人，一名儿童可免票，一名半票。
6. 请福建段接待社代付离境机场建设税。
7. 全程安排进口空调大巴，优秀闽南语导游。
8. 省旅车队 王明 13077777777。

组团社：马来西亚中新旅行社
领队：林国平 13908888888
接待社：厦门××国际旅行社东南亚市场部
联系人：肖宁 0592-2341688
　　　　13892222222
厦门××国际旅行社（公章）

二、落实接待事宜

地陪在旅游团抵达的前一天，应与有关部门或人员落实、检查旅游团的交通、食宿、行李运输等事宜。旅行社在确定旅行团队接待计划之后，都会事先向有关旅行服务供应商预定其服务。这一项工作大多由旅行社计调部门进行，不过由具体预订服务变为现实服务是地陪在工作中完成的。地陪导游接团前必须核实预订服务是否已经落实。

1. 落实旅游车辆。

与提供交通服务的车队或汽车公司提前取得联系，确保司机和车辆均处于良好的待命状态；问清并核实司机的姓名、联系电话、车号及车型，要特别注意车型是否与旅游团人数相符合；接待大型旅游团队时，旅游车上应贴编号或醒目的标记；确定与司机的接头地点并告知活动日程和具体时间。

2. 落实住房。

熟悉所住饭店的名称、位置、服务设施和服务项目，与市中心的距离，附近有何购物娱乐场所，交通状况等；向饭店销售部或总服务台核实旅游团所住房间的数目、住房时间等信息是否与旅游接待计划相符合，房费内是否含早餐等；与饭店确认该团抵店的大体时间。

3. 落实用餐。

地陪提前与各有关餐厅联系，确认行程单上所安排的每一次用餐的情况：包括用餐时间、人数、团号、餐饮标准、司陪人数、餐饮特殊要求等。

4. 落实行李运送。

地陪应了解本社的具体规定，各旅行社是否配备行李车一般是根据旅游团的人数多少或者是旅游团类型而定（目前，外宾团配行李车的情况较常见）。如是配有行李车的旅游团，地陪应落实为该团提供行李服务的车辆情况及行李员的联系方式，提前与其沟通以共同落实行李运送计划。

5. 了解不熟悉景点的情况。

对新的旅游景点或不熟悉的参观游览点，地陪应事先了解其概况：开放时间、最佳游览路线、厕所位置等，以便游览活动顺利进行。

6. 掌握联系电话。

地陪应将有关旅行社各部门、酒店、饭店、车队、旅游景点等部门主要联系人的电话和全陪、领队、行李员、旅游车司机等的联系方式存入手机中。并将主要电话记录在随身携带的工作日志或记录本上，以防手机没电或遗失等情况发生。

7. 提前与全陪联系。

地陪应与该旅游团的全陪提前约定接团的时间、地点和接团标志，以防漏接和空接事故发生。

【案例分析】

内蒙古某国际旅行社外联了一个17人的旅游团,该社计调将该任务给了导游服务中心年轻导游小张,并请其到办公室领取接待计划及相关材料。小张在领取到接团计划后进行了详细了解,并对相关内容进行了确认,发现入住酒店没有标明。在询问计调时,计调告知他由于处于旺季,房间到现在为止还没有订到,但是接机前会订好房间并打电话通知他的,应该是在金太阳酒店。小张闻讯便离开了。

次日,小张到机场接到团队后由于匆忙便忘记了确认住房的事情,只记得计调说过应该是在金太阳酒店,便将全体团员带到了酒店。在前台办理入住手续时,被告知没有预订。打电话询问得知,旅行社已经在另一家酒店订好了房间,此时,他又将全体团员带到了预订的酒店。由于两个酒店在城市的两个方向,致使游客在路途中耽误了近2个小时的时间,游客们都非常不满意。

分析: 地陪导游在拿到接团计划时一定要认真研读,对不清楚的问题要确定好,同时要做好相关的落实工作。小张认真研读接待计划这是值得肯定的,但是却没有对相关的车、房、餐厅的预订情况进行落实,导致不快的事情发生,这是导游不应该犯的错误。

三、服务准备工作

(一)做好物质准备

《导游服务质量标准》规定:"上团前,地陪应做好必要的物质准备,带好接待计划、导游证、胸卡、导游旗、接站牌、结算凭证等物品。"

1. 个人文件:包括身份证、护照、签证、黄皮书、领队证或导游证(IC卡)等。
2. 团队文件:包括《团队接待计划表》《游客意见表》、旅行社派团单、多份团队成员名单、出入境登记卡、行李申报单据、旅行社结算票据等。
3. 个人用品:包括个人衣物、洗漱用具、自用的药物、导游书籍、照相设备、记事本、计算器、手机充电器、遮阳帽、墨镜、雨伞、包等。
4. 团队用品:包括接站牌、导游旗、胸卡、区域地图、扩音器、照明用具等。
5. 团款:根据接待计划的内容做好开支预算,向财务部支取足够的团款并妥善保存。

(二)做好知识准备

1. 更新常规知识。

这里说的常规知识是指大多数旅游团队都想了解的知识，如本地概况、风俗习惯、风物特产、主要旅游景点的知识等。这一类知识具有一定的稳定性，但也有可能发生变化（如部分景点在旅游旺季调整参观时间、增加可参观展厅、参观路线沿途修路等），地陪要及时掌握变化情况，更新自己的知识库。对新的景点或不常去的参观游览点，地陪最好实地考察，掌握第一手资料。

2. 增加与本次旅游活动相关的知识。

接待有专业要求的旅游团队，地陪应该在了解旅游者的基本情况后有针对性地做好相关专业知识、专业术语、词汇等方面的准备。

【案例分析】

"上帝"的头摸不得

一次，一位年轻的导游接待了一个泰国旅游团队。接待过程中导游服务热情周到，客人很是满意，但后来却发生了一件不愉快的事而招致客人投诉。原因是团内有一对年轻夫妇的小孩长得十分可爱，导游忍不住摸了一下小男孩的头，这种在中国人看来最平常不过的举动，却触犯了泰国人"重头轻脚"的禁忌。男孩的父母当即沉下脸来，只是没有当场责备导游。但导游却不懂得察言观色，又忍不住摸了一下小孩的头。这次男孩的父母再也控制不住自己的情绪，当场与导游吵了起来。结果本应很圆满的行程，最后导游却遭到了投诉。

分析： 人常说："入乡随俗，入国问禁。"导游作为旅行社的代表，有责任、有义务对接待国的法规、风俗、禁忌和礼仪了如指掌，并运用自如。处于旅游接待工作最前线的导游，在各种文化的差异中工作，只有多了解中外文化之间的差异，才能适应各种旅游者的需求。因此，导游带团过程中要时刻注意自身的言谈举止、礼貌礼仪，这些相关知识的掌握与导游讲解同样重要。否则，一旦触犯到旅游者的一些基本禁忌，将会给整个旅游活动带来很大的负面影响。

3. 强化语言表达能力。

根据接待计划上确定的参观游览项目，对旅游者游览的重点内容，地陪应做好语言和介绍资料上的准备。针对外宾团，对一些景点的生僻词语和专业词汇要反复诵读，避免出现意思不当或发音不准的错误。

4. 准备即时信息。

地陪准备的即时信息是指经常变化的信息，如天气情况、热门话题、国内外重大新闻等旅游者可能感兴趣的话题。地陪准备一些相应的即时信息，既方便自己的导游工作，也有利于与旅游者交流。

（三）做好形象准备

导游人员的形象美不是个人行为，在宣传旅游目的地、传播中华文明方面起着重要作用。因此，地陪在带团前要做好仪容、仪表方面（即服饰、发型和化妆等）的准备，以良好的外在形象迎接旅游者的到来。

1. 着装要符合本地区、本民族的习惯和自己的身份，要方便导游服务工作。
2. 衣着要整洁、整齐、大方、自然，佩戴首饰要适度，不浓妆艳抹。
3. 带团时应将导游证佩戴在正确位置。

（四）做好心理准备

地陪带团前要调整好自己的心理状态，做好充分的心理准备面对以下困难。

1. 准备面临艰苦复杂的工作。

地陪在为接待旅游团做以上准备工作的同时，还要有充分的面临艰苦复杂工作的心理准备。导游人员不仅要考虑到按照正规的工作程序给旅游者提供热情的服务，还要有遇到问题、发生事故时应如何面对处理，对需要特殊服务的旅游者应采取什么措施等各种思想准备。有了这些方面的心理准备，就会做到遇事不慌，遇到问题也能妥善迅速地处理。

2. 准备承受抱怨和投诉。

导游人员的工作繁杂辛苦，有时导游人员虽然已经尽其所能热情地为旅游者服务，但还会受到一些旅游者的挑剔、抱怨、指责，甚至投诉。对于这种情况，地陪也要有足够的心理准备，要冷静、沉着地面对，无怨无悔地为旅游者服务。

 导游故事

"导"自己的人生

平日，我做导游，是在引领别人的旅途；其实，回顾几年的导游生涯，我也在引导自己的人生。导游职业对我来说，就是"自编自导，乐在心中"。

导游这个职业带给我的最大改变，就是游客帮我改掉了一些坏脾气。从小到大，我一直很顺利，从未受过半点委屈。但从事导游行业后，碰上被尊为"上帝"、有时却不那么讲道理的游客，我只能强忍着委屈，不让眼泪流出来。慢慢地，我发现自己变了，我已经能用灿烂的笑脸、真挚的服务，让挑剔的游客无错可挑。

没有足够的毅力，就别做导游。刚开始带团的时候，有时要从晚上八点一直忙到第二天凌晨三四点，散落在各地的客人才陆续抵达。客源不集中，客人喜好、消费习惯不同，很难协调，动辄就会受到指责。

因为不堪重负，我曾频繁跳槽，但最终仍回到了原点。我喜欢导游这个职业，也正是这个职业让我明白了：逃避没有用，必须面对难题，耐心解决。

有了这个想法，面对不同地区的客人，我开始学着察言观色，采取不同的沟通技巧。慢慢地，我找到了一个小窍门：在拿到行程单后，先摸清客源，然后通过百度了解当地人的习惯、喜好，在带团过程中"投其所好"。这个小窍门让我的导游生活开始顺手起来。

随着接触的游客不断增加，我又开始感到一股莫名的压力，经常面对游客的提问哑口无言。

有一天，我无意中在网上看到一种说法：导游分两种，服务型和知识型。前者是初级阶段，后者才是真正的导游。我恍然大悟，原来自己把太多精力放在如何与客人沟通上，还只是停留在导游的初级阶段。

这一发现激发了我的求知欲，此后，业余学习成了我的必修课，大学教材被重新翻出来。为更多地汲取营养，我还网购了多本书籍，晨读渐渐成为一种习惯，睡前我也会翻出笔记温习。

知识的丰富让我在带团时体会到一种从未有过的踏实，我不再提心吊胆于客人提到的领域自己从未涉猎，带团中与游客互动也更多、更自如了。每次带团结束，我都会收到越来越多的游客给我发来的短信，称赞我的服务。

来自天南地北的客人，会丰富我的人生；不断发现的不足，会逼着自己不断提升。导游这个职业教给我很多生活的道理。

（讲述者：张家界光明国际旅行社导游　伍丹）

资料来源：第一旅游网　http://www.toptour.cn/detail/info33597.htm

【任务实施】

实训项目一：落实旅游接待事宜。

实训内容：1. 以小组为单位进行实训。

2. 根据老师所提供的旅游接待计划进行情景模拟表演。

3. 模拟与宾馆联系落实住房、与餐厅联系落实用餐、与司机联系落实车辆、与全陪联系核实团队情况并约定接团事宜。

实训考核：以小组间互评为主、教师点评为辅。

实训项目二：接团服务准备。

实训内容：1. 以小组为单位进行实训。

2. 各小组自拟不同类型的团队，针对不同特点的旅游目的地，结合旅游季节特征、旅游线路安排情况，做好服务准备工作。

3. 要求每个小组提交文案，详细写清所需物质准备、知识准备、形象准备、心理准备。并由一名小组代表进行发言。

实训考核：以小组间互评为主、教师点评为辅。

任务二　地陪接站服务

【任务介绍】

　　接站是指地陪去机场、车站、码头迎接旅游团。接站服务在地陪服务程序中至关重要，因为这是地陪和旅游者的第一次直接接触。旅游者每到一地总有一种新的期待，接站服务是地陪的首次亮相，要给旅游者留下热情、干练的第一印象。这一阶段的工作直接影响着以后接待工作的质量。导游在接站前应该确认团队抵达的准确时间，并与旅游车司机联系做好接团准备。旅游团队抵达后，导游人员需做好接站服务，同时提供赴饭店途中服务。

【任务目标】

　1. 了解地陪接站前应进行的各项业务准备工作内容。
　2. 熟悉旅游团抵达后进行的服务内容。
　3. 掌握地陪接站后赴饭店途中服务的主要内容。
　4. 能够进行首次沿途导游。

【任务导入】

　　俗话说得好，"良好的开始，是成功的一半。"作为地陪，接站服务是直接对客服务的第一个环节。如何去做，如何做好，将直接影响其带团的整体效果。在接站服务中，地陪应该如何提供优质的服务呢？

【相关知识】

一、旅游团抵达前的业务准备

（一）落实旅游团所乘交通工具抵达的准确时间

　　接团当天，地陪应在出发前3小时向机场（车站、码头）问讯处问清飞机（火车、轮船）到达的准确时间。一般情况下，应在飞机抵达前的2小时，火车、轮船预定到达时间前1小时向问讯处询问。

（二）与旅游车司机联系

　　得知旅游团所乘的交通工具到达的准确时间以后，地陪应与旅游车司机联系，与其商定出发时间，确保提前半小时抵达接站地点。赴接站地点途中，地陪应向司机介绍该团的日程安排。如需要使用音响设备进行导游讲解，地陪应事先调试音量，以免发生噪声。到达机场（车站、码头）后应与司机商定旅游车停放位置。

（三）再次核实旅游团所乘交通工具抵达的准确时间

地陪提前半小时抵达接站地点后，要马上到问讯处再次核实旅游团所乘飞机（火车、轮船）抵达的准确时间。

（四）与行李员联系

如果旅游团安排了行李车，地陪则应提前联系行李员，告知其旅游团抵达的准确时间及地点。在旅游团出站前与行李员取得联系，告知其该团行李送往的地点。

（五）迎候旅游团

地陪应在旅游团出站前，持本社导游旗或接站牌站立在出站口醒目的位置热情迎接旅游团。接站牌上应写清团名、团号、领队或全陪姓名；接小型旅游团或无领队、无全陪的旅游团时，要写清团员的姓名、单位、客源地、电话号码等便于识别的信息。

二、旅游团抵达后的服务

（一）认找旅游团（者）

旅游团（者）出站后，导游应该尽快认找旅游团（者）。导游应该持接站标志站在出站口醒目的位置，以便全陪、领队或旅游者主动上前找认。地陪也可以从组团社的社旗或人数及其他标志（如所戴的旅游帽、所携带的旅行包）进行判断，上前委婉询问，主动认找旅游团。

（二）核实旅游团（者）情况

找到旅游团后，为防止错接，地陪应及时与领队、全陪接洽，核实该团的客源地、组团社或交团社的名称、领队及全陪姓名、旅游团人数等。如该团无领队和全陪，应与该团成员逐一核对团员、客源地及团员姓名等，无任何出入才能确定是自己应接的旅游团。如因故出现人数增加或减少与计划不符的情况，要及时通知旅行社有关部门，以便对预订的床位、餐位、票务等进行调整。

(三)集中清点行李

地陪应协助旅游团成员将行李集中放在指定位置,提醒其检查自己的行李物品是否完整无损。如该团配有行李车,地陪应与领队、全陪核对行李件数无误后,移交给行李员,双方办好交接手续。若有行李未到或破损,导游人员应协助当事人到机场登记处或其他有关部门办理行李丢失或赔偿申报手续。

(四)集合登车,清点人数

地陪应提醒旅游团成员带齐手提行李和随身物品,引导其前往登车处。如该团队未配备行李车,则应提醒司机提前打开行李箱,引导并协助客人将行李放入行李箱内。团队成员上车时,地陪应恭候在车门旁,协助或搀扶团员上车就座。待团员坐稳后,地陪再检查一下行李架上的物品是否放稳,礼貌地清点人数,到齐坐稳后请司机开车。

【导游经验】

国际标准清点人数法:在清点人数的时候,在心中默数,可以以轻微的点头代替手指清点,左手自然下垂放在体侧,用手指的屈伸计数,口中不能发出数数的声音,手指不能指向游客。在旅游车上点人数,只要你知道旅游车的座位总共有多少个,待游客全都上车后,只要看一下空了几个,就知道人数了。还有在游客上旅游车的时候,导游可站在旅游车的门口,游客上车时上一个就点一个,当然是在心里点,绝对不能用手指头。切记!

三、赴饭店途中的导游服务

地陪带领团队离开接站地点前往饭店途中,是地陪在全体旅游者面前的第一次亮相,这是地陪给旅游团(者)留下良好第一印象的重要环节,也是展示自己的业务水平和个人能力的绝佳机会。在接站后的行车途中,地陪要做好如下几项工作。

(一)致欢迎词

欢迎词内容应视旅游团的性质及其成员的文化水平、职业、年龄及居住地区等情况而有所不同。一般应在旅游者放好物品、各自归位、静等片刻后,再开始讲。因为旅游者新到一地,对周围环境有新奇感,左顾右盼,精神不易集中,讲解效果不好。因此地陪要掌握时机,等大家情绪稳定下来后,再讲解。欢迎词要求有激情、有特点、有新意、有吸引力,要能把旅游者的注意力转移到地陪的身上来,给旅游者留下深刻印象。一般应包括如下内容:

1. 问候语："各位来宾、各位朋友，大家好。"
2. 欢迎语："代表所在旅行社、本人及司机欢迎游客光临本地。"
3. 介绍语：介绍自己的姓名及所属单位，介绍司机。
4. 希望语：表示提供服务的诚挚愿望。
5. 祝愿语：预祝旅游愉快顺利。

【业务示例】

各位团友：

大家好！一路辛苦了！首先请允许我代表内蒙古×××旅行社全体员工，代表青城人民对大家的到来表示最热烈的欢迎！欢迎大家到内蒙古观光、旅游，领略草原风光、民族风情，回归大自然的怀抱。我是大家本次内蒙古之旅的导游员，我叫×××，是×××旅行社的导游。大家可以叫我小×，也可以叫我×导。这位是我们的司机×师傅，×师傅是一位有多年驾驶经验的老司机了。在今后的几天时间里将由我和×师傅一起为大家服务，在旅途中，大家有什么意见和要求请及时提出，我会在合理而可能的情况下，尽量满足大家的要求。同时，我的工作也希望得到大家的积极配合。在这里我祝大家旅途愉快，乘兴而来，满意而归，不虚此行！愿我们美丽的内蒙古能给您留下难以忘怀的印象。谢谢大家！（鞠躬）

（二）说明事项

1. 说明当前乘车前往的地点、需要的大致时间。
2. 接待入境旅游团（者），地陪需向境外旅游者通报两国时差，请旅游者调整好时差，并告知在今后的游览中以北京时间作为作息时间标准。
3. 简要介绍团队在本地的大体行程及注意事项。注意事项的内容应根据团队情况而有所差异。一般到少数民族地区旅游，应提醒旅游者尊重当地的民族习俗及禁忌；到山区游览，应注意个人安全；到宗教场所参观，要注意宗教禁忌等。当然，对于此类注意事项，在整个带团过程中还应经常讲解说明。

【业务示例】

从机场到饭店沿途导游词

在开始今天的行程之前，我先给大家通报一下今天的安排，我们现在直接回大家所下榻的宾馆，旅途大概需要40分钟……接下来就给大家讲一下在西安游览过程中需要注意的事项。

首先是时差，中国与各位的家乡有××小时的时差，而从现在开始我们将使用中国时间，现在是北京时间21点30分，请各位将你们的表调整过来，以免在以后的旅游活动中出现时间误差。其次是交通规则，中国是靠右行，大家一定要记住，过马路要走人行道，注意交通信号，以交通安全为主。第三就是钱币的使用，中国使用的是人民币，大家所持的美元可以在我们所下榻的宾馆兑换成人民币，我们所下榻的宾馆24小时都可以换钱，所以大家不用一次换很多，不够了再换。第四就是要给大家强调一下饮食卫生，我们的生水是不可以直接饮用的，大家可以饮用宾馆为大家准备的矿泉水或者茶水。再有就是在夜市品尝西安小吃时要注意饮食卫生，西安的风味小吃辣的东西比较多，可能会有很多朋友的胃接受不了，请大家一定小心。最后就是大家最好不要单独外出，因为各位朋友语言不通，如果出去尽量结伴而行，当然最好带上一张宾馆的名片，这样回来时可以直接打出租车。

  刚才问过大家了，有很多朋友都是第一次来古都西安，接下来就给大家讲解一下在西安游览过程中需要注意的事项。首先是提醒大家注意旅途安全，比如，华山旅游一定要按标示线路行走和攀登，即便在规定线路内遇到一些危险区域景点，如陡坡密林、悬崖蹊径，一定不要大意，要尽量结伴而行，千万不要独自冒险前往。其次是要讲文明礼貌，做一个优秀的旅游者。任何时候、任何场合，对人都要有礼貌，自觉遵守公共秩序。再次需要提醒大家的是一定要爱护文物古迹，保护环境。旅游者每到一地都应自觉爱护文物古迹和景区的花草树木，不要任意在景区、古迹上乱刻乱涂，在我们古都西安更要如此。最后就是需尊重本地的习俗。中国是一个多民族的国家，许多少数民族有不同的宗教信仰和习俗忌讳。俗话说："入乡随俗。"在进入少数民族聚居区旅游时，要尊重他们的传统习俗及生活中的禁忌，切不可忽视礼俗或由于言行上的不慎而伤害他们的民族自尊心。西安少数民族以回族居多，回族小吃也是西安饮食文化的代表，这里我要告诉大家，回民是不饮酒的，如果我们在回民街吃小吃，一定要尊重他们的民族习惯。还有就是希望大家注意卫生与健康，旅游在外，品尝当地名菜、名点，无疑是一种"饮食文化"的享受，但一定要注意饮食饮水卫生，切忌暴饮暴食，千万不要跟自己的胃过不去……

  资料来源：秦游网　http://www.sanqinyou.com/jingdian/content/12516170640736 73.html（有删减）

（三）首次沿途导游

  地陪必须做好首次沿途导游，以满足旅游者的好奇心和求知欲。首次沿途导游是地陪显示知识、技能的好机会。精彩的首次沿途导游会使旅游者对导游人员产生信任感和满足感，有助于导游人员给旅游者留下良好的第一印象。

  在进行首次导游时，导游人员应注意：首先，讲解时站在车的前部、司机的右后侧，大型旅游车辆一般配有导游背靠，导游讲解时尽量靠着背靠，以保证安全。如旅行车辆系小型车辆，地陪应坐在前排，讲解时转身面向旅游者，以能看到每一位旅游者为宜。其次，讲解时应面带微笑、表情自然；使用话筒时，切忌向话筒吹气或以手拍打话筒来试音，而应以问好的方式来询问客人音响效果和音量适度。再次，讲解时应注意音量适中、节奏快慢得当，使车内每一个旅游者都能听清楚；对重要的内容要重复讲解或加以解释。

首次沿途导游的内容一般要视行车时间多少来安排。具体内容可围绕以下几方面展开。

1. 本地概况介绍。

地陪应向旅游者介绍当地的概况，包括地理位置、历史沿革、行政区域划分、人口、气候、社会生活、文化传统、土特产品等，并根据旅行社规定，在适当的时间发放旅游图和社徽等资料。

2. 沿途风光导游。

在介绍本地概况时，即可穿插讲解沿途风光。建议选择主要景观、标志性景观讲解，讲解的内容要简明扼要，在沿途风光导游时导游人员要施展眼疾嘴快的本领，语言节奏明快、清晰；景物取舍得当，随机应变，见人说人，见景说景，与旅游者的观赏同步。总之，沿途导游贵在灵活，导游人员要反应敏锐、掌握时机。

3. 介绍下榻的饭店。

地陪应介绍所住饭店的基本情况：饭店的名称、位置、距机场（车站、码头）的距离、星级、规模、主要设施和设备及其使用方法、入住手续及注意事项（如客房内免费用品与自费用品的区别）等。这部分内容地陪也可根据路途距离和时间长短酌情删减，或抵达饭店后再作介绍。

4. 宣布活动安排。

如果旅游团（者）抵达后需入住饭店，地陪则应在全体人员下车前宣布入住酒店后的具体活动安排，包括集合时间、地点、活动内容、注意事项等。

【任务实施】

实训项目：地陪导游接站服务。

实训内容：1. 以小组为单位进行实训，要求有人员分工，角色扮演。

2. 根据所学知识，进行首站接团及沿途导游模拟表演。

3. 在表演中体现首站接团程序、欢迎词的内容有针对性，首次沿途导游内容丰富有现场感。

实训考核：以小组间互评为主、教师点评为辅。

任务三　入店服务

【任务介绍】

　　导游人员在旅游者进入饭店时，为其提供周到的服务非常重要，因为饭店是旅游者在游览地临时的家。地陪应尽快地协助旅游团办理入店手续，让其了解饭店基本情况和住店注意事项，照顾旅游者进房并取得行李，并传达当天或第二天的日程安排。

【任务目标】

　　1. 了解地陪导游为旅游团提供入店服务的具体工作内容。
　　2. 熟练掌握旅游团入店服务流程。

【任务导入】

　　旅游团到达旅游地进行游览活动，都会入住当地的旅游饭店。旅游者到达陌生的城市，对于新的环境势必会产生一些紧张的感觉。地陪导游人员有责任为旅游者提供热情周到的入住饭店的服务，使其消除紧张感，体验宾至如归的感觉。要想达到这样的效果，地陪导游应该怎样做呢？

【相关知识】

一、协助办理入住手续

　　旅游者抵达饭店后，地陪可让旅游者在饭店大堂内指定位置稍作等候，并尽快向饭店总服务台提供团队名称、订房单位、房间数量等订房信息；协助领队和全陪办理入住手续，并向总服务台提供旅游团队名单，拿到房卡（房号）后，再请领队分配房间。地陪应掌握领队、全陪和全体团员的房号，并将自己的房号（如果地陪也入住该饭店的情况）告知全陪和领队，便于联系。

二、介绍饭店设施

　　地陪在协助办理完旅游团入住手续后，应向全团介绍饭店内设施。如果已在首次沿途讲解中介绍过，此时可做简单指示即可。一般需要介绍以下内容：
　　1. 介绍外币兑换处、商场、娱乐场所、公共洗手间、中西餐厅等设施的位置。

2. 说明旅游者所住房间的楼层和房间门锁的开启方法。
3. 提醒旅游者住店期间的注意事项及各项服务的收费标准。
4. 向旅游者指明电梯和楼梯的准确位置。

三、确定叫早时间

待一切安排妥当后，地陪应与领队、全陪一起商定第二天的叫早时间，并通知全团成员，地陪还应将叫早时间通知饭店总服务台，办理叫早手续。

四、带领旅游团用好第一餐

旅游团第一餐安排在旅游者进房前还是进房后，要根据旅游者入店时间和旅游者的要求来定。地陪在带领团队用餐时应该注意以下几点：

1. 地陪应与旅游团全体成员约定集中用餐的时间和地点。
2. 等全体成员到齐后，亲自带领旅游者进入餐厅，向餐厅领座服务员询问本团的桌次，然后引领旅游团成员入座。
3. 等大家坐好后，应向旅游者介绍就餐的有关规定，如哪些饮料包括在费用之内，哪些不包括在内，若有超出规定的服务要求，费用由旅游者自理等，以免产生误会。
4. 地陪还应提前向餐厅说明团内有无食素旅游者，有无特殊要求或饮食忌讳；对于有特殊饮食要求的旅游者，导游应根据餐厅的具体安排，为其提供餐饮服务。
5. 地陪可以将领队、全陪介绍给餐厅经理或主管服务员，以便直接联系。
6. 等团队成员开始用餐，地陪方可离开并祝大家用餐愉快。
7. 如果所带旅游团的第一餐未安排在入住饭店的餐厅，地陪必须提前通知餐厅用餐的大概时间、团名、国籍、人数、标准和要求等。

五、重申当天或第二天的活动安排

地陪应向全团旅游者重申当天或第二天的日程安排，包括叫早时间，用餐时间、地点，集合地点，出发时间，用餐形式等；提醒旅游者作必要的游览准备（如带好雨具、穿运动鞋等）。一般在第一餐将要结束，旅游者还未离开之前重申。如果旅游团抵达时间较晚，在不需用餐、直接入住酒店的情况下，则应在进入房间前通知大家。

六、照顾旅游者和行李进房

旅游者进房时，地陪必须到旅游团所在楼层，协助楼层服务员做好接待工作，并负责核对行李，督促行李员将行李送至旅游者的房间，因为旅游者进房并不意味着万事大吉，常常会发生以下问题：门锁打不开；客房不符合标准；房间不够整洁或卫生漏做；重复排房；室内设施不全或有损坏现象；卫生设施无法使用；电话线不通；不是夫妻的男女被安排在同一房间等问题。有时还会出现调换房间等要求。这时，地陪要协助饭店有关部门及时处理。同时，还会发生行李没有及时送到，或个别旅游者没有拿到行李、错拿行李、行李有破损等情况。这时，地陪应尽快查明原因，采取相应的措施。

> 知识链接

住房方面个别要求的处理

旅游过程中，游客可能会在住房方面提出各种要求，地陪应在合理而可能的情况下，尽力协助解决。

1. 要求调换饭店。

团体游客到一地旅游时，享受什么星级的饭店、什么标准的房间在旅游协议书中有明确规定，有的在什么城市下榻于哪家饭店都写得清清楚楚。所以，接待旅行社向旅游团提供的客房如果低于标准，即使用同星级的饭店替代协议中标明的饭店，游客都会提出异议。

如果接待社未按协议安排饭店或协议中的饭店确实存在卫生、安全等问题而致使游客提出换饭店，地陪应随时与接待社联系，接待社应负责予以调换。如确有困难，按照接待社提出的具体办法妥善解决，并向游客摆出有说服力的理由，提出补偿条件。

2. 要求调换房间。

根据客人提出的不同缘由，有不同的处理方法：

（1）若由于房间不干净，如有蟑螂、臭虫、老鼠等，游客提出换房应立即满足，必要时应调换饭店。

（2）由于客房设施尤其是房间卫生达不到清洁标准，应立即打扫、消毒，如游客仍不满意，坚持调房，应与饭店有关部门联系予以满足。

（3）若游客对房间的朝向、层数不满意，要求调换另一朝向或另一楼层的同一标准客房时，若不涉及房间价格并且饭店有空房，可与饭店客房部联系，适当予以满足，或请领队在团队内部进行调整。无法满足时，应做耐心解释，并向游客致歉。

（4）若游客要住高于合同规定标准的房间，如有，可予以满足，但游客要交付原定饭店退房损失费和房费差价。

3. 要求住单间。

团队旅游一般安排住标准间或三人间。由于游客的生活习惯不同或因同室游客之间闹矛盾，而要求住单间，导游人员应先请领队调解或内部调整，若调解不成，饭店如有空房，可满足其要求。但导游人员必须事先说明，房费由游客自理（一般由提出方付房费）。

4. 要求延长住店时间。

由于某种原因（生病、访友、改变旅游日程等）而中途退团的游客提出延长在本地的住店时间，可先与饭店联系，若饭店有空房，可满足其要求，但延长期内的房费由游客自付。如原住饭店没有空房，导游人员可协助联系其他饭店，房费由游客自理。

5. 要求购买房中物品。

如果游客看中客房内的某种摆设或物品，要求购买，导游人员应积极协助，与饭店有关部门联系，满足游客的要求。

【任务实施】

实训项目：游客住房要求处理。
实训内容：1. 以小组为单位进行实训，要求有人员分工，角色扮演。
2. 根据所学知识，就游客对住房提出个别要求进行处理的情景进行模拟表演。
3. 在表演中体现地陪处理问题的方法与技巧。
实训考核：以小组间互评为主、教师点评为辅。

任务四 核对、商定活动日程

【任务介绍】

旅游团抵达后，地陪应把旅行社有关部门已经安排好的活动日程与领队、全陪一起核对、商定，征求他们的意见。这样做，一则表明对领队、全陪、旅游者的尊重；二则旅游者也有权审核活动计划，并提出修改意见，同时地陪可利用商谈机会了解旅游者的兴趣、要求。核对、商定日程既是做好旅游接待工作的重要环节，也是地陪与领队、全陪之间合作的开始。

【任务目标】

1. 了解地陪与领队、全陪核对、商定日程的具体工作流程。

2. 掌握在核对、商定日程时可能出现的几种情况及处理方法。

【任务导入】

旅游活动日程安排是旅游者旅游活动的依据，也是地陪提供旅游服务的重要依据。旅游团到达旅游目的地后，地陪必须进行活动日程的核实与商定，以保证旅游活动的顺利进行。如何核定日程的时间、地点和对象？如果出现日程不符的情况，又该如何处理呢？

【相关知识】

一、核实、商定日程的时间、地点和对象

商定日程的时间宜在旅游团抵达的当天，最好是在游览开始前进行。对一般观光旅游团，甚至可在首次沿途导游过程中，在宣布本地游览节目时用最短的时间确定日程安排；也可在旅游团进入饭店，待一切安排完毕后再进行；对重点团、学术团、专业团、考察团，则应较慎重地在旅游团到达饭店后进行。商谈日程的地点可因地制宜，一般在饭店的大堂，有时也可在旅游车上，对重点团、记者团、专业团、考察团，必要时可租用饭店会议室。商谈日程的对象可视旅游团性质而定，一般旅游团可与领队、全陪商谈，也可由领队、全陪请旅游团内的重要团员一起参加，如旅游团没有领队或全陪，可与旅游者代表一起商谈；对重点团、专业团、记者团，除领队、全陪外，还应请团内有关负责人参加商谈。

二、核对、商定日程的原则

一般情况下，在核对、商定旅游团的旅游行程时，必须遵循的原则有：宾客至上、服务至上的原则，合理而可能的原则，平等协商的原则。日程安排既要符合大多数旅游者的意愿，又不宜对已定的日程安排做大的变动，因为变动过大，可能会涉及其他部门的工作安排。

三、在核对、商定日程时，可能出现的几种情况及处理方法

1. 领队或旅游者提出小的修改意见或要求增加新的游览项目时。

（1）地陪应及时向旅行社有关部门反映，对合理而可能满足的项目应尽量安排。

（2）需要加收费用的项目，地陪要事先向领队或旅游者讲明，按有关规定收

取费用。

（3）对确实有困难无法满足的要求，地陪应向领队或旅游者说明原因并耐心解释。

2. 领队或旅游者提出的要求与原日程不符且又涉及接待规格时。

（1）一般应婉言拒绝，并说明己方不便单方面不执行合同。

（2）如确有特殊理由，并且由领队提出时，地陪必须请示旅行社有关部门，视情况而定。

3. 领队（或全陪）手中的旅游计划与地陪的接待计划有部分出入时。

（1）地陪应及时报告接待社查明原因，分清责任。

（2）若是接待社方面的责任，地陪应实事求是地说明情况，及时改正并赔礼道歉。

【案例分析】

导游员和领队的游览计划有出入

小张担任一东南亚旅游团的地陪。旅游团到了饭店后，小张就和领队商谈日程安排。在商谈过程中，小张发现领队手中计划表上的游览点与自己接待任务书上所确定的游览景点不一致，领队的计划表上多了两个景点，且坚持要按他手上的景点来安排行程。为了让领队和游客没有意见，小张答应了。在游览结束后，领队和游客较满意。但小张回旅行社报账时却被经理狠狠批评了一顿，并责令他赔偿这两个景点的门票费用。

分析： 旅行社所下达的接待计划上游览景点与游客手中计划书上景点不符，这种情况的出现基本上有两种原因：一为双方在洽谈过程中发生误会；二为对方旅行社为掩盖其克扣游客费用而采取"瞒天过海"的一种手段。导游员碰到这类问题时必须弄清真相，不然，或者会给旅行社带来损失，或者会导致游客有意见。本案例中，导游员小张就是因自作主张随意答应了游客的要求，结果导致旅行社利益受损，费力不讨好。

导游员碰到这类问题，处理的步骤是：首先，应及时与旅行社联系，请旅行社负责人指示应按哪份计划实施接待；如确认按己方旅行社计划单上所规定景点游览，则除了重点游览、讲解规定景点外，应尽量能让游客看到没有安排的那些景点，并做必要的指点、讲解；其次，如果游客愿意自费游览不能安排的景点，在收取费用后，应予满足。

【任务实施】

实训项目： 核对、商定旅游活动日程。

实训内容： 1. 以小组为单位进行实训，要求有人员分工、角色扮演。

2. 根据所学知识，就核对、商定旅游活动日程的情景进行模拟表演。
3. 要求在表演中体现活动日程不符的具体处理办法。

实训考核： 以小组间互评为主、教师点评为辅。

任务五　参观游览

【任务介绍】

参观游览活动是旅游产品消费的主要内容，是旅游者期望的旅游活动的核心部分，也是导游服务工作的中心环节。参观游览过程中的地陪服务应努力使旅游团参观游览全过程安全、顺利，使旅游者详细了解参观游览对象的特色、历史背景等及其他感兴趣的问题。为此，地陪必须认真准备、精心安排、热情服务、生动讲解。

【任务目标】

1. 了解地陪带领旅游团进行参观游览活动的具体工作流程。
2. 掌握参观游览时途中导游服务的具体内容。
3. 结合导游讲解方法，掌握景点讲解服务要领。

【任务导入】

旅游活动六大要素"食、住、行、游、购、娱"中的"游"指的就是参观游览，参观游览活动是旅游者进行旅游活动的主体部分，也是地陪导游服务的重头戏。作为地陪，必须熟悉带领旅游者进行参观游览活动的全部程序与规范，提供优质的导游服务。那么，地陪具体应该做些什么工作，有哪些需要注意之处呢？

【相关知识】

一、出发前的服务

（一）提前到达出发地点

出发前，地陪应与司机取得联系，保证至少提前10分钟到达集合地点，并督促司机做好各项准备工作。提前到达不仅可以在时间上留有余地、以身作则遵守时间，应付紧急突发的事件，同时也可以礼貌地招呼早到的旅游者，询问旅游者的意见和建议。有些情况下，一些工作必须在出发前完成（如酒店退房），则需更早到达出发地点进行安排。

（二）核实实到人数

出发前，地陪必须核实全体团员是否到齐。若发现有旅游者未到，地陪应向领队、全陪或其他旅游者问明原因，设法及时找到。若有的旅游者愿意留在饭店或不随团活动，地陪要问清情况并妥善安排，必要时报告饭店有关部门。

（三）提醒注意事项

集合出发前，地陪应提醒旅游者检查所带物品是否齐全，如果是退房离店后出发，则应提醒旅游者是否有行李及物品遗忘；向旅游者预报当日天气和游览点的地形、行走路线的长短等情况，必要时提醒旅游者带好衣服、雨具、换鞋等。如出发后行程较长又不便经常停车安排旅游者上洗手间，则应提醒旅游者出发前去洗手间。

（四）准时集合登车

旅游者登车时，地陪应站在车门一侧，一边招呼大家上车，一边扶助老弱者登车。开车前要再次清点人数。

二、途中导游

（一）重申当日活动安排

开车后，地陪要向旅游者重申当日活动安排，包括参观游览的景区名称，沿途所需时间，午、晚餐的时间地点，当日行程中的其他安排。

（二）沿途风情、风光导游

在前往景点的途中，地陪应进行本地风情及沿途风光介绍，包括所经过的城镇、景观的历史沿革、文化积淀、民俗风情、经济和产业动态资讯、旅游资源等基本情况和相关话题，同时积极回答旅游者提出的问题。

（三）介绍游览景点

抵达景点前，地陪应向旅游者简要介绍该景点的大体情况，尤其是景点的历史价值和特色。讲解要简明扼要，目的是满足旅游者事先了解有关知识的心理，激起其对游览景点的欲望，为景点导游讲解做好前期铺垫，同时也可节省到达景点后的讲解时间。

（四）活跃气氛

如果到达景点的路途较长，地陪可以与旅游者讨论一些感兴趣的国内外问题，或组织适当的娱乐活动活跃气氛。

【导游经验】

导游带团途中旅游车上的游戏

众所周知，导游是一个旅游团的灵魂，一个团队成不成功，主要看导游如何应对。在漫长的旅途中，如果不希望游客感到旅途沉闷，就需要导游从中调剂。举个例子：首先可以让每个客人轮流说两样厨房的东西，比如，油和盐或者菜刀和砧板，这样依次说下去，如果说不出来就要表演节目。当然游戏还没有结束，接下来再把自己说的两样东西放到浴室里，说出要怎么使用，这时候就会出现很多笑话啦，有人说用盐来洗浴，再用油擦身体，还是蛮好笑的。这样旅途就不会很闷啦。

资料来源：旅交汇网站 http://www.17u.net/bbs/show 271162636.html

三、景点导游、讲解

（一）交代游览注意事项

1. 抵达景点时，下车前地陪要讲清楚并提醒旅游者记住旅游车的标志、车号和停车地点、开车的时间。

2. 在景点示意图前，地陪应讲明游览路线、所需时间、集合时间和地点等。

3. 地陪还应向旅游者讲明游览参观过程中的有关注意事项，例如，寺庙等景点内不允许吸烟、拍照等。对赴边境地区、少数民族地区游览的旅游团，地陪应向旅游者讲清旅游目的地风俗、习惯、禁忌及注意事项。

（二）游览中的导游讲解

抵达景点后，地陪应对景点进行讲解。讲解内容应做到繁简适度、因人而异，包括该景点的历史背景、特色、地位、价值等方面的内容。讲解的语言应生动，富有表达力。

景点导游的过程中，地陪应保证在计划的时间与费用内，旅游者能充分地游览、观赏，做到讲解与引导游览相结合，集中与分散相结合，劳逸适度，并应特别关照老弱病残的旅游者。

（三）留意旅游者的动向，防止旅游者走失

在景点导游过程中，地陪应注意旅游者的安全，要自始至终与旅游者在一起活动，注意旅游者的动向并观察周围的环境，和全陪、领队密切配合，并随时清点人数，防止旅游者走失和意外事件的发生。

【导游经验】

旅游景点游人如织、人山人海，导游员该怎么办？

在旅游旺季，旅游景点游人如织、人山人海的盛况屡见不鲜，这也说明该景点的魅力所在。导游员在这种特殊的环境中要带好旅游团确实不容易。为了确保旅游团"走得进，拉得出"，导游员采取超常规做法才能完成带团任务。一般来说，导游员最好设法避开景点人流高峰时间；若实在无法避开，在旅游景点游人如织、人山人海的情况下，导游员要把讲解好景点和防止游客走散作为工作的重点。在抵达旅游景点的途中，导游员首先要把景点介绍、应该注意的问题、必要的措施等向游客交代清楚，特别是紧急应变的方法更是要强调遵守，确实做到"人人清楚，个个明白"。在旅游车上介绍景点时，最好采用详细述说法，此举目的是弥补在景点讲解时的不足。其次，旅游车到达景点后，导游员要再次向游客交代清楚停车地点、车牌号、车型、集合时间以及下一个游览景点的名称，同时也要和游客对好钟表时间。若游客有统一的胸卡或旅游帽等，导游员要提醒他们佩戴好，并告诉他们保管好自己随身携带的钱物。下车后，导游员要高举社旗，行走速度要快慢得当，每隔一段时间就要清点人数。在景点中要尽量避免走入十分拥挤的通道，一有机会就要向游客介绍景点内容，最好不要让游客自由活动。导游员不但要眼观六路、耳听八方，而且随时要注意游客周围的动向，发现问题及时处理，切实保护好游客的生命和财产安全。

四、参观活动

旅游团的参观活动一般都需要提前联络，安排落实，并有相关人员接待。一般是接待人员先介绍情况，然后引导参观。如需进行翻译，地陪的翻译要准确、得体，介绍者的言语若有不妥之处，地陪在翻译前应给予提醒，请其纠正；如来不及可改译或不译，但事后要说明，必要时还要把关，以免泄露有价值的经济情报。并不是所有的旅游团都安排参观活动，对于此类活动地陪导游要尽量做好联络和协助工作。

五、返程途中的工作

（一）回顾当天活动

返程途中，地陪应回顾当天参观、游览的内容，必要时可补充讲解，回答旅游者的问询。

（二）风光导游

如旅行车不从原路返回饭店，地陪应做沿途风光导游。

（三）宣布次日活动日程

返回饭店下车前，地陪要预报晚上或次日的活动日程、出发时间、集合地点等，提醒旅游者带好随身物品。地陪要先下车，照顾旅游者下车，再与他们告别。

（四）提醒注意事项

如当天回到饭店较早或晚上没有集体活动安排，地陪应考虑旅游者会外出自由活动，所以在下车前要提醒旅游者注意安全，如外出尽量结伴而行，带上饭店房卡（上面有饭店的地址、电话等信息），对于一些不安全的场所提醒旅游者尽量不要前往。

（五）安排叫早服务

如需要安排叫早服务，地陪应在当日行程结束后，到饭店前台安排叫早。

【任务实施】

实训项目：模拟景点讲解。
实训内容：1. 同学自由选择某一景点，模拟地陪进行实地导游讲解。
     2. 讲解中一定要体现现场感，可以配 PPT，同时在讲解时要交代游览注意事项。
     3. 要求在表演中体现导游人员与旅游者间的互动。
实训考核：以同学间互评为主、教师点评为辅。

任务六 其他服务

【任务介绍】

除参观游览活动外，丰富多彩的其他活动也是旅游服务中必不可少的部分，它们是参观游览活动的继续和补充。地陪要努力为旅游者安排好文明、健康的各类活动。

【任务目标】

1. 了解地陪导游应向旅游者提供的其他服务项目。
2. 掌握地陪导游餐饮服务规范。
3. 掌握地陪导游社交活动服务规范。
4. 掌握地陪导游娱乐活动服务规范。

【任务导入】

在旅游过程中，除了参观游览活动，旅游者还要进行哪些活动？地陪应该如何提供其他服务？

【相关知识】

一、餐饮服务

地陪要提前落实本团当天的用餐，对午、晚餐的用餐地点、时间、人数、标准、特殊要求逐一核实并确认。用餐时，地陪应引导旅游者进餐厅入座，介绍餐厅的有关设施、饭菜特色，向旅游者说明团餐标准等。

告知领队、全陪及司机、司陪人员的用餐地点及用餐后全团的出发时间。

用餐过程中，地陪要巡视旅游团用餐情况 1~2 次，解答旅游者在用餐中提出的问题，并监督、检查餐厅是否按标准提供服务并解决可能出现的问题。

用餐后，地陪应严格按照实际用餐人数、标准、饮用酒水数量，如实填写《餐饮费结算单》与餐厅结账，例表如表 7-2 所示。

表 7-2　内蒙古 ××× 旅行社

餐厅签单　　　　第　　号

团号：		餐标：
餐厅：		日期：
游客人数	成人：	小孩：
金额：		
合计金额（大写）		
导游姓名：		导游证号：
备注： 餐厅签字：		

第一联　存根

知识链接

餐饮方面个别要求的处理

1. 对特殊饮食要求的处理。

由于宗教信仰、生活习惯、身体状况等原因，旅游者会提出饮食方面的特殊要求，例如，旅游团中有人不吃荤，不吃油腻、辛辣食品，不吃猪肉或其他肉食，甚至不吃盐、不吃糖，不吃葱、姜、蒜等。对于这些特殊要求，应视情况区别对待。

（1）若在旅游协议书中有明文规定，接待方旅行社须早作安排并在接团前检查落实情况，不折不扣地兑现。

（2）若旅游团抵达后才提出，需视情况而定。一般情况下导游员应与餐厅联系，在可能情况下尽量满足，尊重个别旅游者的宗教信仰和生活习惯；如果确有困难，导游员可协助其自行解决。

2. 要求换餐。

（1）旅游者在用餐前 3 个小时提出换餐要求，导游员要尽量与餐厅联系，按有关规定办理，如产生高于团餐标准的费用应由旅游者承担。

（2）接近用餐时提出换餐一般不应接受要求，但导游员要做好解释工作；若旅游者坚持换餐，导游员可建议他们自己点菜，费用自理。

（3）旅游者要求加菜或加饮料，应满足，但费用自理。

3. 要求单独用餐。

由于旅游团的内部矛盾或其他原因，个别旅游者要求单独用餐，导游员要耐心解释并告诉领队，请其调解；如对方仍坚持，导游员可协助与餐厅联系，但餐费自理，并告知综合服务费不退。

4. 要求提供客房用餐服务。

旅游者生病，导游员或饭店服务员应主动提供个性化服务，将饭菜端进房间以示关怀；健康的旅游者希望在客房用餐，应视情况办理，若餐厅能提供客房用餐服务，可满足其要求，但需交服务费。

5. 要求自费品尝风味。

旅游团要求外出自费品尝风味，导游员应协助与有关餐厅联系订餐；风味餐订妥后旅游团又决定不去，导游员应劝他们在约定时间前往餐厅，并说明若不去用餐需赔偿餐厅的损失费。

6. 要求推迟晚餐时间。

旅游者因生活习惯或其他原因要求推迟用晚餐时间，导游员可与餐厅联系，视餐厅的具体情况处理。一般情况下，导游员要向旅游团说明餐厅有固定的用餐时间，过时用餐需另付服务费，若旅游团同意付费，可满足其要求。

【案例分析】

订餐后又退餐

小江在带团中经常碰到有的客人不愿随团就餐，原因是团队餐不好吃。遇到这样的情况，小江一般是说服，并根据其要求与餐厅联系，在口味上尽量符合其要求，或者在客人愿意支付额外点菜费用的情况下，让其自行点菜。但一次在一个浙江团中，在距用餐只有半个小时不到时，几乎所有的人都不愿意去已订好的餐厅，一致要求导游另找一家上档次的江浙菜馆，并表示多余的费用自己承担。小江感到很为难，他说："现在退餐又订餐肯定来不及了，原订的餐要承担100%的退餐费，且改订另一家餐厅不知还能否订得上？"客人领队道："你先联系了再说。"小江先与原订餐厅联系，对方表示承担损失方可退餐，至于新的就餐地点一时也确定不了去哪家，更没有联系方式，于是他还是努力说服客人，并保证明天的餐一定提前安排，总算让客人很不乐意地接受了。次日因行程紧，而景点沿线又没有合适的江浙菜馆，客人要求仍未得到满足，终于导致客人拒绝用餐并投诉导游。请分析导游小江的做法对吗？本案例导致客人投诉的原因是什么？

分析：按旅行社的一般安排，除了早餐在原宾馆用餐外（当然也有个别旅游团在外面用餐的），其余的中、晚餐都在宾馆外面不同的餐馆用餐。因此，导游员在订餐时，除了应考虑不同的餐馆用餐质量外，还应根据客人要求和口味情况考虑该餐馆的特色和风味是否适合客人，当客人有意见和要求时，应本着合理而可能的原则尽可能去满足和实现。小江怕麻烦，没有满足客人的要求，之后仍未努力去改进，本来不大的事变成了大事，这是不应该发生的失误。

二、社交活动服务

（一）宴请

宴请活动包括宴会、冷餐会、酒会和风味餐等。地陪带领旅游团参加宴请要准时，着装要整齐大方，若旅行社另有规定，则必须按要求着装赴宴。入席时，按主人的安排就座。地陪作为翻译赴宴时，不得边翻译边吸烟。

（二）品尝风味

品尝具有地方特色的风味，是旅游者在旅游过程中经常参加的形式自由的活动项目。风味餐有两种形式：一种是计划内风味（在旅游接待计划中已安排，费用含在团费中），另一种是计划外风味（由旅游者自费品尝的风味）。不管是地陪陪同旅游者品尝计划内风味餐，还是被邀请参加计划外风味餐，地陪充当的角色主要是向旅游者介绍餐馆的历史、特点、名气、菜肴名称、特色、吃法、制作方法及著名菜肴的来历等，切忌喧宾夺主，主动敬酒、夹菜给客人或对菜肴品头论足。

（三）会见

外国旅游者（主要是专业旅游团）会见中国方面的同行或负责人，必要时导游人员可充当翻译；若有翻译，导游人员则在一旁静听。地陪事先要了解会见时是否互赠礼品、礼品中是否有应税物品，若有应提醒有关方面办妥必要的手续。外国旅游者若要会见在华亲友，导游人员应协助安排，但在一般情况下无充当翻译的义务。

（四）舞会

旅游者参加有关单位组织的舞会时，地陪应陪同前往。旅游者自行购票（或由地陪代购）参加的娱乐性舞会，地陪一般不主动参加，若旅游者邀请，可一同前往，但没有陪舞的义务。无论参加哪一种形式的舞会，地陪都必须向旅游者交代有关安全注意事项。

三、娱乐活动服务

（一）文娱活动

安排旅游者观看计划内的文娱节目时，地陪须陪同前往，并向旅游者简单介绍节目内容及其特点，引导旅游者入座，介绍剧场设施、位置，解答旅游者的问题。在旅游者观看节目过程中，地陪要自始至终坚守岗位。在大型娱乐场所，地陪应主动和领队、全陪配合，提醒旅游者不要走散并注意他们的动向和周围的环境，以防不测。

> **知识链接**

娱乐活动方面个别要求的处理

1. 要求调换计划内的文娱节目。

凡在计划内注明有文娱节目的旅游团，一般情况下，地陪应按计划准时带游客到指定娱乐场所观看文艺演出。若游客提出调换节目，地陪应针对不同情况，本着"合理而可行"的原则，做出如下处理：

（1）如全团游客提出更换，地陪应与接待社计调部门联系，尽可能调换，但不要在未联系妥当之前许诺；如接待社无法调换，地陪要向游客耐心做解释工作，并说明票已订好，不能退换，请其谅解。

（2）部分游客要求观看别的演出，处理方法同上。若决定分路观看文娱演出，在交通方面导游员可作如下处理：如两个演出点在同一线路，导游人员要与司机商量，尽量为少数游客提供方便，送他们到目的地；若不同路，则应为他们安排车辆，但车费自理。

2. 要求自费观看文娱节目。

在时间允许的情况下，导游员应积极协助。以下两种方法地陪可酌情选择。

（1）与接待社有关部门联系，请其报价。将接待社的对外报价（其中包括节目票费、车费、服务费）报给游客，并逐一解释清楚。若游客认可，请接待社预订，地陪同时要陪同前往，将游客交付的费用上交接待社并将收据交给游客。

（2）协助解决，提醒游客注意安全。地陪可帮助游客联系购买节目票，请游客自乘出租车前往，一切费用由游客自理。但应提醒游客注意安全、带好饭店地址信息。必要时，地陪可将自己的联系电话告诉游客。

如果游客执意要去大型娱乐场所或情况复杂的场所，导游人员须提醒游客注意安全，必要时陪同前往。

3. 要求前往不健康的娱乐场所。

游客要求去不健康的娱乐场所和过不正常的夜生活，导游人员应断然拒绝并介绍中国的传统观念和道德风貌，严肃指出不健康的娱乐活动和不正常的夜生活在中国是禁止的，是违法行为。

（二）市容游览导游服务

市容游览是当今旅游者认识和了解一个旅游地的风土民情、城市面貌的常见休闲方式，一般采取徒步和乘车游览的方式。地陪在安排这一类游览活动时应做到：

1. 要注意选择当地最有特色的内容（如南京夫子庙、上海城隍庙、北京胡同等）。

2. 游览时要时刻注意周围环境和旅游者动向，确保旅游者安全。

3. 如果是乘车前往，地陪要事先把乘车路线、目的地告知司机，提醒司机车速适中，地陪导游应做好车上讲解。

> **知识链接**

导游人员带团应规避的几个问题

导游人员在带团过程中，通过讲解知识、调节情绪、沟通情感，可使整个旅游过程充满情趣。优秀的导游人员因为讲解技巧高明、服务能力较强，和游客建立了持久的朋友关系。这也是一种无形资产，直接影响着旅行社今后的业务。相反，导游人员在带团时如果问题百出，形成矛盾或不快，就会直接影响游客的游历质量，也影响了导游人员自己的威信和旅行社的声誉。因此，导游人员在带团过程中一定要注意规避一些问题。概括起来，要注意4个方面。

（一）导游人员个人行为方面

旅游的核心工作是服务，服务工作的目标是游客的满意率。游客外出旅游，希望得到最好的精神享受，因此，他们在旅途中对导游服务的要求有时近于"苛刻"，对哪怕一点点不满意的地方也会表现得十分明显，导游人员应当充分理解这一点。

1. 不得迟到早退和擅自离团。

守时是导游人员的职业操守，导游人员应该永远早于游客到位，最低时限是10分钟，以预备处理游客临时提出的问题，稳定游客的情绪。

早退是指旅游活动尚未结束，导游人员（大多是地陪）已经离开游客。还有的导游人员因自己居住地到酒店的往返时间较长，在一天游程结束后不送游客回酒店，而交给司机和全陪代劳，甚至有的不到机场、车站送别。提前离开会招来游客的反感，不论每天活动结束前还是全团全部日程结束前，非经旅行社同意或无人替代，导游不得提前离团。

2. 涉及政治内容要得体。

中外国情不同、历史文化不同、政治见解不同，在旅游途中会形成不同的观点，有的甚至分歧甚大，难以弥合。作为导游，要用自己的嘴讲国家的立场，这是根本。涉及政治的内容讲完即收，绝不参与争论、辩论。

3. 处理好宗教与迷信的关系。

参观庙宇、道观、教堂是常见的旅游项目。导游人员在讲解中要把握如下原则：一是介绍宗教和中国文化，介绍宗教艺术对人们思想的影响，要避免成为传道和布道者。二是在宗教场所不要使用贬低和攻击性言辞，应该尊重宗教场所的有关规定。三是导游人员不应参与游客间的看相、算命、测字等迷信活动，还应劝阻游客参与。四是对游客开展的一般的祈福避邪活动，如求签、打卦、摸福、求福像等，一般不予干涉。

4. 力戒低级趣味。

导游人员要用深厚的传统文化和健康的传说笑话去教育人、鼓舞人和引导人，在游客中提倡享受健康的高雅的文娱活动。低级趣味不但不会赢得游客的好感，反而会受到游客的鄙视。

5. 避免缄默冷淡。

导游人员不讲解是游客投诉的内容之一。这里有一个敬业问题，也有一个乐业问题。究其原因，一是不会讲，缺乏对导游讲解内容的研究。导游人员应在平时多钻研业务，增加讲解的切入点和话题。二是态度冷漠，不愿讲解。这说明导游职业道德修养不够。对待游客要尽自己所长，有针对性地多讲多聊，尽责尽力，以取得游客好感。

（二）餐饮服务方面

在旅游途中，游客通常对餐饮的投诉比较多，分析一下，无外乎环境太差，卫生不好，菜肴质差量少。现在多数旅行团安排团队在社会餐馆就餐，其中绝大多数是经过考察后定点的，但也有一些餐馆窄、挤、脏，即使只有其中一项也会令人倒胃口，游客投诉合情合理。遇有这种情况时，导游人员应力争改地点，实在无法改，则要求旅行社反复交代、督促餐馆搞好环境卫生。有些餐馆菜肴口味不合众，导游员均应提前通知餐厅作适当调整，摆好盐、酱、醋、辣椒等调料碟，由游客自行使用。同时提醒餐馆，饭、菜要同上，保证游客吃好饭。

（三）住宿服务方面

旅游饭店遭投诉的情况不多，但在国内旅游中仍暴露出一些问题，诸如住宿环境陈旧、房间有异味、卫生间无法使用、热水限时使用、洁具不洁等。地陪要告诫未评星的定点饭店注意上述问题，可能的话要在上团前去实地查看一下，尽可能在游客住前做充分准备。住宿安全也要事先考虑，交代游客不可将贵重物品放在客房内。结账时往往问题最多，诸如房间的饮料、毛巾、杯子等东西不见了，这些问题在入住饭店前应向游客交代清楚。

（四）市内交通服务方面

随着近年我国各地道路交通的完善，旅游中基本可以按照日程表和交通线路安排旅游活动，但是，在旅游旺季和节假日仍不可不防。一是更改时间，要事先做好游客思想工作，提前将主要景点游完，推后安排则要保证游客能够打发多余的时间。二是调整用车，虽然调配权在接待社，但是导游人员最有发言权，对游客有意见的车应尽量争取换车。当车辆出现故障、影响游程时，则必须换车。对设备不达标的车，如夏、冬两季无空调，而团队计划又明确是用空调车的，则必须事前调换。

【任务实施】

实训项目： 游客用餐中个别要求处理。
实训内容： 1. 以小组为单位进行实训，要求有人员分工、角色扮演。
2. 根据所学知识，模拟旅游者在用餐中提出个别要求进行情景表演。
3. 在表演中体现地陪处理问题的方法与技巧。
实训考核： 以小组间互评为主、教师点评为辅。
实训资料：

团队抵达餐厅用第一餐时，导游员小王按照旅游协议规定，给客人用餐安排上菜是八菜一汤。这时，有两个旅游者提出，他们是佛教徒，从不吃肉，要求小王为其另外安排，并说早在报名参加时就提出这项特殊要求。作为地陪该如何处理？

任务七　送站服务

【任务介绍】

旅游团结束本地参观游览活动后，地陪应做到使旅游者顺利、安全离站，遗留问题得到及时妥善的处理。对导游接待服务中发生的不悦之事，应尽量做好弥补工作使整个旅游活动在旅游者心目中留下美好的印象。

【任务目标】

1. 了解地陪导游送站服务规范流程。
2. 熟悉送站前服务准备内容。
3. 掌握地陪离店服务、送团服务程序。

【任务导入】

送站服务是地陪直接对旅游者提供服务的最后一个环节，也是非常重要的一个环节。热情、周到的送站服务将使旅游者的整个旅游体验得到升华，同时也可使旅游者留下美好而深刻的印象。为此，地陪必须认真做好送站服务。

【相关知识】

一、送站前的服务准备

（一）核实交通票据

1. 旅游团离开本地的前一天，地陪应核实旅游团离开的机（车、船）票，要核对团名、代号、人数、去向、航班（车次、船次）、起飞（开车、启航）时间（要做到"四核实"：计划时间、时刻表时间、票面时间、问询时间）、在哪个机场（车站、码头）启程等事项。如航班（车次、船次）和时间有变更，应当问清旅行社计调是否已通知下一站接待社，以免造成漏接。

2. 若是乘飞机离境的旅游团，地陪应提醒或协助领队提前72小时确认机票。

（二）商定出行李时间

1. 如果旅游团为配有行李车的团队，在核实确认了交通票据之后，地陪应先与地接旅行社联系，了解旅行社行李员与饭店行李员交接行李的时间（或按旅行社规定的时间），然后与饭店行李部商定地陪、全陪、领队与饭店行李员四方交接行李的时间。

2. 与饭店行李员商定后，再与领队、全陪商定旅游者出行李的时间，然后再通知旅游者，并向其讲清有关行李托运的具体规定和注意事项。提醒旅游者不要将护照、身份证及贵重物品放在托运的行李内，托运的行李必须包装完善、锁扣完好、捆扎牢固。

（三）商定出发、叫早和早餐的时间

1. 一般由地陪与司机商定出发时间（因司机比较了解路况），但为了安排得更合理，还应及时与领队、全陪商议，确定后应及时通知旅游者。

2. 地陪应根据出发时间与领队、全陪商定叫早和用早餐时间，并通知饭店有关部门和旅游者。如果该团是乘早航班或早班火车则需改变用餐时间、地点和方式（如带饭盒），地陪应及时作有关安排。

（四）协助饭店结清与旅游者有关的账目

为了在出发前能让旅游者顺利离开饭店前往机场（车站、码头），地陪应做到：

1. 及时提醒、督促旅游者尽早与饭店结清与其有关的账目，如洗衣费、长途电话费、饮料费等；若旅游者损坏了客房设备，地陪应协助饭店妥善处理赔偿事宜。

2. 及时通知饭店有关部门该团的离店时间，提醒其及时与旅游者结清账目。

(五)及时归还旅游者证件

一般情况下,地陪不应保管旅游团的旅行证件,用完后应立即归还旅游者或领队。在离站前一天,地陪要检查自己的物品,看是否保留有旅游者的证件、票据等,若有应立即归还,当面点清。

知识链接

乘飞机行李运输须知

(一)随身携带行李须知

1. 国内航班:持头等舱客票的旅客,每人可随身携带两件行李,持公务舱和经济舱客票的旅客,每人可随身携带一件行李。每件行李体积不超过 20 cm×40 cm×55 cm。上述两项总重量均不超过 5 kg。

2. 国际航班:通常情况,每件行李体积不超过 20 cm×40 cm×55 cm,手提行李总重量不超过 7 kg。(但各航空公司有特殊重量限制规定,请旅客留意机票上的提示,或向航空公司咨询)

(二)免费托运行李额

1. 乘坐国内航线:持成人或儿童客票的经济舱旅客为 20 kg,公务舱旅客为 30 kg,头等舱旅客为 40 kg。持婴儿票的旅客,无免费行李额。

2. 乘坐国际航线:经济舱旅客的免费托运行李限额为 20 kg,经济舱持学生护照的旅客,可以免费托运的行李限额为 30 kg;公务舱免费托运行李限额为 30 kg;头等舱免费托运行李限额为 40 kg。但当目的地为美洲时,其托运行李可以为两件,每件不超过 23 kg,单件行李三边长度和不超过 158 cm。当超过时,旅客需要支付逾重行李费。(部分航空公司有特殊重量限制规定,请旅客留意机票上的提示,或向航空公司咨询)

(三)逾重行李费收费标准

旅客对逾重行李应付逾重行李费,国内航班逾重行李费率以每千克按经济舱票价的 1.5% 计算,金额以元为单位。各航空公司对国际航班逾重行李费率和计算方法不相同,旅客须按各航空公司规定办理。

资料来源:北京首都国际机场股份有限公司网站 http://www.bcia.com.cn

《乘飞机行李运输须知》

北京首都国际机场旅客须知

二、离店服务

（一）集中交运行李

如果旅游团配有行李车，离开饭店前，地陪要按商定好的时间与饭店行李员办好行李交接手续。旅游者的行李集中后，地陪应与领队、全陪共同确认托运行李的件数（包括全陪托运的行李），检查行李是否上锁、捆扎是否牢固、有无破损等，然后交付饭店行李员，填写行李运送卡。行李件数一定要当着行李员的面点清，同时告知领队和全陪。

（二）办理退房手续

旅游团离开饭店前，地陪应到饭店前台办理退房手续。收齐所有房间的房卡并交到前台，核对房间账目，确认无误后结账，退房。

（三）集合登车

1. 出发前，地陪应询问旅游者与饭店的账目是否结清，提醒旅游者不要遗落物品。

2. 集合旅游者上车。等旅游者放好随身行李入座后，地陪要仔细清点实到人数。全体到齐后，提醒旅游者再检查清点一下随身携带的物品，如无遗漏则请司机开车离开饭店。

三、送团服务

（一）致欢送词

导游人员向全体旅游者致欢送词，可以加深与旅游者之间的感情。致欢送词时语气应真挚、富有感情，地点可选在赴机场（车站、码头）的途中，也可在抵达后的候机（车、船）大厅。

欢送词的内容应包括：

1. 回顾旅游活动，感谢大家的合作。
2. 表达友谊和惜别之情。
3. 诚恳征求旅游者对接待工作的意见和建议。
4. 若旅游活动中有不顺利或旅游服务有不尽如人意之处，导游人员可借此机会再次向旅游者赔礼道歉。

5. 表达美好的祝愿。

送团途中，地陪可将《旅游服务质量意见反馈表》发给部分旅游者代表，请其填写，旅游者填写完毕后如数收回，妥善保留。

【业务示例】

欢送词

在内蒙古的这几天，我们一同走过了……（回顾行程）

好了，各位贵宾，我们的旅行车马上会达到我们行程的终点——呼和浩特白塔机场，几天前我们在这里开始起程，今天大家终于回到了起点，我们3天的行程马上就要结束了。有一首诗大家不会陌生："轻轻地我走了，正如我轻轻地来，我挥一挥衣袖，不带走一片云彩。"天下之大，没有不散的宴席。短暂的相逢就要结束，挥挥手就要和大家告别，值此分别时（稍微停顿），首先小谢要代表内蒙古××旅行社感谢大家几天以来，对领队小姐、对×师傅和对小谢工作的关心、支持与配合，并对行程中不尽如人意的地方表示深深的歉意。（鞠躬）

各位到了机场后，即将乘坐飞机，回到自己温暖的家，在这里小谢祝大家一路平安、旅途愉快。（鞠躬）

最后，祝大家在以后日子里，生活好、工作好、样样都好，亲戚好、朋友好、人人都好。羊年洋洋得意！欢迎您再来内蒙古！谢谢大家！再见！（鞠躬）

（二）提前到达机场、车站、码头

地陪带团到达机场（车站、码头）必须留出充裕的时间。具体要求是：出境航班，提前2小时；乘国内线飞机，提前90分钟；乘火车，提前1小时。

旅游车到达机场（车站、码头），地陪应提醒旅游者带齐随身的行李物品，照顾全团旅游者下车后，要再检查一下车内有无旅游者遗留的物品。

（三）办理离站手续

1. 国内航班（车、船）的离站手续：

（1）移交交通票据和行李票。到机场（车站、码头）大厅后，地陪应迅速与旅行社行李员联系，将行李员交来的交通票据和行李托运单或行李卡一一清点无误后交给全陪（无全陪的团则交给领队），请其清点核实。

（2）与全陪按规定办理好财务拨款结算手续并妥善保管好单据，需要垫付机场建设费的团，地陪要按照计划办理，回到旅行社再凭票据报销。

（3）等旅游团所乘交通工具起动后，地陪方可离开。

2. 国际航班（车、船）的出境手续：

（1）移交行李。送出境的旅游团，地陪应和领队、全陪一起与旅行社行李员交接行李，清点、核查后协助将行李交给每位旅游者，由旅游者自己携带行李办理托运手续。

（2）地陪要向领队（或旅游者）介绍办理出境手续。

（3）与全陪办理财务拨款结算手续并妥善保管好单据，将返程交通票据交给全陪。

（4）旅游团进入隔离区后，地陪、全陪才可离开。

（四）与司机结账

送走旅游团后，地陪应与司机结账，在用车单据上签字，并要保留好单据。

【案例分析】

清晨8时，某旅游团全体成员已在汽车上就座，准备离开饭店前往车站。地陪A从饭店外匆匆赶来，上车后清点人数后开始致欢送词："女士们，先生们，早上好。我们全团15个人都已到齐。现在我们去火车站。今天早上，我们乘9：30的××次火车去×市。两天来，大家一定过得很愉快吧。我十分感谢大家对我工作的理解和合作。中国有句古话：相逢何必曾相识。短短两天，我们增进了相互之间的了解，成了朋友。在即将分别的时候，我希望各位女士、先生今后有机会再来我市旅游。人们常说，世界变得越来越小，我们肯定会有重逢的机会。现在，我为大家唱一支歌，祝大家一路顺风，旅途愉快！（唱歌）好，火车站到了，现在请下车。"

请运用地陪导游服务程序相关知识，分析导游员A在这一段工作中的不足之处。

分析：①送团当天，地陪本应比平时更早到达饭店大厅，但他迟到了；②由于迟到了，他没能在离开饭店前亲自与领队、全陪与行李员清点行李；③没有提醒游客结账，交客房钥匙；④没有提醒游客带齐各自的物品和旅行证件；⑤没有征求游客的意见和建议；⑥欢送词中没有回顾游览活动内容；⑦下车前没有再次提醒游客不要遗忘随身携带的物品。

【任务实施】

实训项目： 致欢送词。

实训内容： 1.每位同学进行一段欢送词的创作，要求内容新颖，感情真挚，符合欢送词内容规范要求。

2.教师评选出具有代表性的欢送词，由创作者进行班级内展示。

实训考核： 以同学间互评为主、教师点评为辅。

任务八　后续工作

【任务介绍】

导游送站服务并不是导游带团工作的终结，待导游送站结束后，还应做好相关的后续工作，包括处理旅游者的遗留问题，结清与旅行社的账目和手续等。

【任务目标】

1. 了解地陪导游服务后续工作内容。
2. 熟悉地陪导游送团后结账程序。

【任务导入】

送站服务是地陪直接对旅游者提供服务的最后一个环节，但却不是地陪工作的结束。送团后地陪还需回到旅行社进行报账等后续工作。

【相关知识】

一、处理遗留问题

下团后，地陪应妥善、认真地处理好旅游团的遗留问题；按有关规定办理旅游者临行前托办的事宜，必要时请示领导后再办理。

二、结账

按旅行社的具体要求并在规定的时间内，填写清楚有关接待和财务结算表格，连同保留的各种单据、接待计划、活动日程表等按规定上交有关人员，并到财务部门结清账目。

三、总结工作

认真做好带团小结，实事求是地汇报接团情况。涉及旅游者的意见和建议，力求引用原话，并注明旅游者的身份。

旅游中若发生重大事故，要整理成文字材料向接待社和组团社汇报。

【任务实施】

实训项目：地陪导游后续工作。

实训内容：1. 以小组为单位，进行实训，要求有人员分工、角色扮演。
2. 根据地陪导游后续工作的程序与规范，进行模拟表演。

实训考核：以小组间互评为主、教师点评为辅。

【考证专栏】

一、考点归纳

1. 地陪导游接团前熟悉接待计划，主要需要了解的信息。
2. 地陪导游接团前需要做的服务准备工作。
3. 地陪导游为旅游团提供入店服务的具体工作内容。
4. 地陪导游与领队、全陪核对商定日程的具体工作流程。
5. 地陪面对游客在住房方面提出个别要求时的处理方法。
6. 地陪面对游客在餐饮方面提出个别要求时的处理方法。

二、同步练习

1. 游客对日程提出小的修改意见或要求增加新的游览项目时，地陪的错误做法是（　　）。
    A. 地陪应及时向旅行社有关部门反映，对合理而可能满足的项目应尽量安排
    B. 需要加收费用的项目，地陪要事先向领队或游客讲明，按有关规定收取费用
    C. 对确实有困难无法满足的要求，地陪应向领队或游客说明原因并耐心解释
    D. 为了满足游客的需求，可以听从领队和游客的要求，无须上报

2. 地陪人员的个人形象非常重要，在上团之前要做好仪容仪表的准备，其中不包括（　　）。
    A. 导游的着装要符合本地区、本民族的着装习惯和导游员的身份
    B. 衣着要整洁、整齐、大方、自然，佩戴首饰要适度
    C. 妆容宜浓艳
    D. 上团时应将导游证佩戴在正确位置

3. 带游客到达景点时，地陪的错误做法是（　　）。
    A. 交代游览注意事项
    B. 可以带游客进入拥挤的通道，人越多越热闹
    C. 进行游览中的导游讲解

D. 留意游客的动向，防止游客走失

4. 地陪接了一旅游团，出发前到旅行社计调部领取相关票证、表格和费用。以下（　　）不属于领取内容。

A. 旅游合同　　　　　　　　　　B. 旅游团名单

C. 住宿结算单　　　　　　　　　D. 旅游服务质量反馈表

5. 地陪要落实团餐，用餐时的错误做法是（　　）。

A. 地陪应引导游客进入餐厅入座，介绍餐厅的有关设施

B. 地陪要巡视旅游团用餐情况 1~2 次

C. 地陪要把自己先照顾好

D. 检查餐厅是否按标准提供服务并解决可能出现的问题

6. 旅游团商定好第二天的集合出发时间后，由（　　）通知饭店总台办理旅游团的叫早手续。

A. 地陪　　　　　B. 全陪　　　　　C. 领队　　　　　D. 行李员

7. 地陪在接小型旅游团或无领队、无全陪的散客旅游团时，要在接站牌上写上（　　），以便客人能主动与地陪联系。

A. 接待社名称　　B. 组团社名称　　C. 地陪导游姓名　D. 游客姓名

8. 陪同游客前往景区途中，地陪服务的主要内容有（　　）。

A. 安排好酒店叫早服务　　　　　B. 介绍当日活动安排

C. 沿途风情、风光导游　　　　　D. 活跃气氛

E. 到达前介绍景区概况

9. 接机后前往饭店的途中，地陪的服务包括（　　）。

A. 致欢迎词　　　　　　　　　　B. 说明前往地点、调整时差

C. 介绍本地概况　　　　　　　　D. 分发《游客意见表》

E. 介绍下榻饭店的情况

10. 核对、商定日程的原则是（　　）。

A. 宾客至上、服务至上的原则　　B. 合理而可能的原则

C. 平等协商的原则　　　　　　　D. 满足所有游客需求的原则

E. 以旅行社安排为准的原则

参考答案：1.D　2.C　3.B　4.A　5.C　6.A　7.D　8.BCDE　9. ABCE　10.ABC

项目八
全陪导游服务程序与规范

【项目分析】

全程陪同导游人员即全陪,处于导游服务集体的中心,在全面实施旅游计划、保证国内各地接待社之间的联络以及旅游活动的连贯性和多样性等方面起着重要作用。全陪导游规范服务流程和地陪导游规范服务流程的概念相似,它是指全陪自接受了旅行社下达的旅游团(者)接待任务起至送走旅游团(者)整个过程的工作程序。《中华人民共和国国家标准——导游服务质量》(GB/T15971-1995)中要求:"全陪作为组团社的代表,应自始至终参与旅游团(者)移动中各环节的衔接,监督接待计划的实施,协调领队、地陪、司机等旅游接待人员的协作关系。"全陪应严格按照服务规范提供各项服务。

【学习目标】

※ 知识目标
1. 了解全陪导游服务具体岗位职责。
2. 掌握全陪导游服务流程及服务规范。
※ 能力目标
1. 培养导游执行计划能力、导游接待能力。
2. 锻炼导游服务能力、组织协调能力、处理问题能力。

任务一 全陪导游接团准备工作

【任务介绍】

充分的准备工作是全陪导游为旅游团提供良好服务的重要前提。全陪处于导游服务集体的中心,在全面实施旅游接待计划、保证国内各地接待社之间的联络以及旅游活动的连贯性和多样性等方面起着重要作用。全陪导游所做的接团准备工作主要就是熟悉接待计划、仔细研究团队情况,制定周密的带团预案。同时做好物质、知识、心理方面的准备工作。

【任务目标】

1. 熟悉全陪服务准备工作内容。
2. 掌握接待计划的主要内容。

【任务导入】

全程陪同导游员是组团旅行社的代表，对所率领的旅游团（者）的旅游活动负有全责，因而在整个旅游活动中起主导作用。为了履行职责，顺利地完成带团工作，全陪导游必须做好充分的接团准备工作，其具体的工作内容有哪些呢？

【相关知识】

一、熟悉接待计划

1. 熟悉旅游团的名称或团号、国别、人数和领队姓名。
2. 了解旅游团成员的姓名、性别、年龄、民族、宗教信仰、职业、生活习惯等。
3. 了解旅游团内较有影响的成员、需特殊照顾对象和知名人士的情况。
4. 掌握旅游团的等级、餐饮标准，有无特殊的饮食要求和特殊的活动安排等情况。
5. 掌握旅游团的行程计划、活动日程及各地接待社的计划和安排。
6. 了解旅游路线上全程各站安排的文娱节目、风味餐厅、额外游览项目、收费情况及付费方式等。
7. 熟悉旅游团所乘交通工具抵离各站的时间，核实交通票据，是否需要确认，有无变更等情况。

【业务示例】

旅行社旅游接待行程计划如表 8-1 所示。

表 8-1 ×××旅行社 昆明、大理、丽江、西双版纳环飞 8 日旅游接待行程计划

日期	行程	景点	交通	餐	住宿地
第一天	呼市→昆明	乘机 8L9946/20：00-00：30 飞昆明，安排入住酒店	飞机	X	昆明
第二天	昆明—楚雄石林	昆明·楚雄（180 km，车程约 2 小时）游览著名风景名胜区——石林（游览时间 2 小时左右）。乘车赴楚雄，入住酒店	汽车	早中晚	楚雄

续表

日期	行程	景点	交通	餐	住宿地
第三天	大理—鹤庆 大理古城、洋人街	大理·丽江（180 km，车程约3小时）乘机至大理后游览大理古城、洋人街（游览时间120分钟），下午体验白族三道茶歌舞表演（90分钟左右）。欣赏洱海，观看白族鱼鹰表演（游览时间约60分钟）。乘车赴鹤庆或丽江；至鹤庆约2.5~3小时或至丽江3.5小时，抵达后入住酒店	飞机	早中晚	鹤庆或丽江
第四天	丽江虎跳峡风景区	乘车前往虎跳峡，途中观长江第一湾，抵达虎跳峡后用中餐；游览虎跳峡风景区（游览2小时左右）。乘车返回丽江，车程2小时左右。入住酒店	汽车	早中晚	丽江
第五天	丽江—西双版纳玉龙雪山、白水河、蓝月谷、玉水寨	丽江·玉龙雪山（33 km，车程约40分钟）·丽江古城（33 km，车程约40分钟）早餐后，游览玉龙雪山风景区，欣赏大型实景原生态民族表演——《印象·丽江》（60分钟）；游蓝月谷、黑龙潭公园（30分钟左右）；晚餐自理。根据时间乘车至机场，乘机前往西双版纳	汽车 飞机	早中	西双版纳
第六天	西双版纳野象谷景区	西双版纳·野象谷（45 km，车程约60分钟）游览野象谷风景区。观看大象表演、百鸟园、蝴蝶园、树上旅馆。乘车赴西双版纳市区	汽车	早中晚	西双版纳
第七天	昆明原始森林公园	西双版纳·原始森林（11 km，车程约20分钟）游览原始森林公园（整个景区游览时间180分钟左右）之后返回景洪市区。晚餐后根据时间送机，西双版纳乘机飞昆明，抵达后入住酒店	汽车 飞机	早中晚	昆明
第八天	昆明—呼市	早餐后，根据航班专车送到机场，结束愉快旅程	飞机	早	

二、做好物质准备

1. 带齐必要证件：身份证、导游证（IC卡）等。
2. 准备必要票证及物品：旅游团接待计划书，各站旅游行程单，导游旗，客人名单，分房单，旅游宣传资料，旅行社需要分发给旅游者的旅游包、帽子、名片，结算单据，必要费用，生活用品，以及各地接待社的联系人和电话、传真号码。

三、做好知识准备

1. 客源地区知识。
全陪应了解旅游客源地的历史、现状、经济、文化、习俗等方面的知识。
2. 专题知识。
其内容一般应根据沿线各景点的情况和旅游团成员的特点而定。如华东旅游线路应重点收集我国园林艺术方面的资料，西北地区的旅游线路则要准备我国石窟艺术方面的知识等专题内容。
3. 景观知识。
全陪还应对旅游团将要游览的各地的景点有较深的了解。

四、做好充分的心理准备

全陪要比地陪更充分地做好心理准备。
1. 准备面对更艰苦的工作。
全陪导游工作繁重复杂。全陪不仅有正常的导游服务工作，也有一些老弱旅游者需要特殊照顾，还会遇到一些更复杂的问题需要处理；全陪要天南地北到处跑，不仅要能吃苦，还要能适应各地的水土和饮食以及比较艰苦的生活环境。
2. 准备承受旅游者的挑剔和投诉。
导游人员的宗旨是为旅游者提供热情周到的服务，但在工作中难免会有失误、有服务不到位的地方，这样会引起旅游者的抱怨，甚至提出抗议和投诉，否定导游服务工作。全陪与旅游者相处的时间长、接触多，出现问题的机会比地陪多，有时还要代人受过，成为出气筒。全陪必须做好充分的心理准备，将爱心融入工作中去，冷静、沉着地面对各种不公正待遇，无怨无悔地为旅游者服务。

【任务实施】

实训项目： 全陪导游接团前准备工作。

实训内容： 1. 以小组为单位进行实训。

2. 结合实训资料，讨论作为全陪导游带团前往昆明、大理、丽江、西双版纳，需要进行哪些知识准备和物质准备。

3. 每个小组提交一份详细的文字资料，同时由一名小组代表进行整体陈述。

实训考核： 主讲教师根据各小组上交的文字资料及陈述情况进行点评、打分。

实训资料： 详见上文表 8-1 ×××旅行社昆明、大理、丽江、西双版纳环飞 8 日旅游接待行程计划。

任务二　全程陪同服务

【任务介绍】

全陪的主要工作职责就是在旅游活动过程中全程陪同旅游者提供旅游服务。首站接团服务是全陪在旅游者面前的第一次亮相，是全程陪同服务能否顺利开展的基础。入住饭店服务，由全陪负责办理入住手续。核对、商定日程是全陪与领队、地陪合作的开始。全陪在旅游活动中的各站提供服务，保障旅游接待计划得以全面、顺利实施。在旅游团一站旅游活动结束后，全陪负责上一站与下一站之间的转站服务。

【任务目标】

1. 掌握首站接团服务程序。
2. 商定日程服务。
3. 掌握全陪导游在旅游中各站服务及转站服务内容。

【任务导入】

全陪负责为旅游者（团）在整个旅游过程中提供全程陪同服务，其服务质量将直接影响旅游者（团）的旅游感受，为此，全陪需要在全程陪同服务中认真做好每个环节的服务工作。全陪服务具体应该做些什么？全陪应如何在服务中与地陪、领队进行合作呢？

【相关知识】

一、首站接团服务

（一）内宾团首站接团服务

1. 接团当天，全陪应提前半小时到达出发集合指定地点接团。
2. 组织旅游者上车，核对人数后进行车上讲解。
（1）致简短欢迎词。欢迎词内容包括：代表旅行社欢迎旅游团，简单介绍自己，表示真诚为旅游者服务的愿望以及良好祝愿等。
（2）收取身份证件。旅游团队需要乘坐飞机时，上车后提醒旅游者检查自己的身份证件，并将身份证件收齐，核对姓名及身份证有效期。
（3）告诉旅游者作为全陪导游的职责与任务。
（4）行程内每天游程的分解介绍。景点尽可能介绍简单，可以设置一些疑问，使旅游者提起游兴。
（5）旅游目的地在食、住、行、游、购、娱等方面情况。结合自己的知识与了解为旅游者展现当地的风貌，比如餐饮特色、酒店状况、入住注意事项、行车安全等。
（6）行程中其他常见的、必须引起注意的事项，如景区安全、出入安全、卫生等。
（7）机场登机手续及相关的注意事项，如禁带物品、托运行李、安全检查、登机口、登机牌、机上注意事项等。
3. 到机场后办理相关手续，带领旅游者办理托运。
4. 将机票、身份证、登机牌交给旅游者，集合后一起过安检，至登机口休息，将机票收回，登机时集合或招呼旅游者登机，等所有旅游者登机后自己再登机。
5. 到达目的地机场后，集合旅游者，查点人数，取回托运行李，尽快与地陪联系认找旅游团。

（二）入境团首站接团服务

1. 提前半小时到达接站地点，与地陪一起迎候旅游团。
2. 协助地陪尽快找到旅游团，致欢迎词。
欢迎词内容包括：代表旅行社欢迎旅游团，介绍自己和地陪，表示真诚为旅游者服务的愿望以及良好祝愿等。
3. 协助地陪核对实到人数，若有出入，应及时报告组团社。
4. 协助地陪集中、清点、移交行李，并一起带领旅游者上车。

二、入住饭店服务

1. 协助领队办理旅游团的住店手续，请领队分配住房，记住领队及重要人员的房号，最好掌握全团住房分配名单；全陪拿到自己的住房钥匙后要将自己的房号告知全团。如该旅游团无领队，则由全陪负责办理入住手续、分房。

【导游经验】

全陪的工作要做细，在酒店分房就是最好的体现。如为夫妻分一间夫妻房；为老人或腿脚不好的游客分一间离电梯、楼梯较近的房间；为神经衰弱的游客分一间离楼梯、电梯较远比较安静的房间。

2. 协助地陪处理旅游者入住过程中可能出现的问题。
3. 若地陪在饭店无房，待其走后，全陪要负责照顾全团旅游者。
4. 掌握与地陪联系的办法，记住饭店总服务台的电话号码。

三、核对、商定日程

1. 全陪应主动与领队和地陪核对、商定日程工作，如与地陪手中的接待计划不符，则应立即与组团社联系，查明原因，及时调整。
2. 如遇难以解决的问题，例如领队提出与原日程不符或涉及接待规格的要求时，全陪要及时报告组团社，使领队获得及时答复。
3. 一般情况下以组团社的接待计划为依据，应坚持调整日程可以、变动计划慎重的原则，尽量避免大的改动，如必须改动的情况下，应及时报告组团社。

【业务示例】

全陪与领队核对商定日程

领队：晚上好。现在所有的人都已经安顿下来，我们来核对商定一下日程吧。

全陪：当然可以。我和你住同一层楼，这样便于我招呼客人们。

领队：去年这个时候，我带来一个度假团队，我们合作得很好。每个人都玩得很开心。

全陪：我相信今年我们能干得更好。这次是一个VIP团队，我们会把一切都安排得更完美。

领队：对。我们团队有32个成员。其中有10对夫妻、6位单身男性和6位单身女性。他们都受过良好的教育，都是职业人士。其中有2位教授、2位作家，还有4位新闻记者。

全陪：是的，我也事先了解了这些情况。我保证他们都会受到很好的照顾的。特别是那4位记者，他们能为两国和两国人民之间的理解和沟通做出很大的贡献。

领队：这个旅游团主要是做研究的。比起游览和购物，他们更愿意多接触人、更多地了解普通人，以及他们的生活方式和中国古老的文明。具体来说，他们很关心妇女、孩子、婚姻状况和社会福利等社会问题。

全陪：可以理解。实际上，我已经安排了去参观一些普通的中国家庭，还安排了和一些普通工人的交谈等活动。这是我做的日程安排，请您看看，需要做些什么修改？

四、各站服务

（一）监督、协助地接社和地陪导游执行旅游计划

1. 全陪核实、检查各地在交通、住宿、餐饮等方面的服务质量，若发现有降低质量标准的问题，要及时交涉，争取改善和补偿，维护旅游者的合法权益；必要时报告组团社，并提出更换地陪的要求。

2. 协助地陪做好接待服务工作，提高导游服务质量。

3. 若活动安排有明显重复，应建议地接社和地陪做必要的调整；若对当地的接待工作有意见和建议，要诚恳提出，以求改进。

（二）做好联络、协调工作

1. 全陪应做好各方面的协调工作，例如领队与地陪，旅游者与地陪，以及旅游者与餐厅、饭店、旅游景区、购物场所服务人员之间的关系等。

2. 全陪还应做好行程中的联络工作。抵达下一旅游地后应及时向地陪通报旅游团的具体情况，同时做好旅游线路上各站间，特别是上下站之间的联络工作；通报领队的意见，旅游者的要求、建议等情况。

（三）保护旅游者安全

1. 在游览过程中，全陪要注意观察周围环境和旅游者的动向，以免旅游者走失或发生意外。

2. 每次上车以及在景点每次移动、集合时都要清点人数，发现少人应及时寻找。

3. 随时提醒旅游者注意安全，保管好随身携带物品。

（四）当好购物顾问

1. 正确宣传各地的风物特产，提出合理建议，帮助旅游者买到称心的旅游

纪念品。

2. 旅游者购买古玩、字画、中药时要明确告知相关规定。

【案例分析】

小孙是H省中国旅行社全陪。一次，他带一个28人的旅游团去某地旅游。到目的地后的第二天早上，当地导游安排大家前往"中国海外珠宝公司"。途中，地陪煽情地介绍，使得游客们心痒痒。到了珠宝公司，商场讲解员的一番介绍及陈列柜上陈列着的美不胜收、款式新颖的各种首饰，更使游客们恨不得每人都买上一把。然而一看标价，大家又禁不住咋舌：一枚0.19克拉的钻石戒指标价7 800元港币，一件"时来运转"白金挂件要价2 800元港币。于是，有好几个游客就来请教在一旁的小孙，有的问这儿的珠宝货色怎样，有的问价格高不高，值不值得买，有人希望小孙出面让店家给大家打个折。大家七嘴八舌。看到游客们都围在小孙身边，地陪也走了过来。小孙觉得为难极了。最后，小孙说："此地的珠宝是有些名气的，大家可以尽情欣赏，你认为值就买。"

分析： 这一案例比较典型，旅游购物如"烫手山芋"，处理起来不仅棘手，而且关系微妙。由于国内、国际旅游市场竞争趋向白热化，低价团可谓比比皆是。境外旅行社靠旅游者购物取得"收入"以充团费的做法也早已屡见不鲜。案例中，小孙的话无可非议。但本着保护内地消费者的权益，结合灵活的做法，有经验的全陪在出团前就应将有关注意事项较为详细地告知旅游团全体成员。这是全陪的职责之一。

五、转站服务

（一）离站服务

1. 了解交通票证的落实情况和离站的准确时间，若有变化，应及时通知下一站。
2. 与地陪一起协助旅游者跟饭店结清账目。离店前参与清点、移交行李事宜，提醒旅游者带好随身携带的行李和旅行证件。
3. 协助领队办理离站手续、托运行李；妥善保管行李卡或行李托运单，如无领队，全陪负责。
4. 请领队分发登机卡或分配列车包房、卧铺位，如无领队由全陪负责。
5. 如遇特殊情况，航班延误或取消，全陪要协助机场人员和地陪安排旅游者的食宿。

（二）旅行途中的服务

1. 注意安全。

与有关人士一起保护旅游者的人身、财物安全,也要提醒旅游者自己注意安全。

2. 安排好旅途生活。

(1)途中需要用餐时,全陪应与餐车负责人联系,商讨饮食方面的问题,告知旅游者的饮食习惯、特殊要求或禁忌。

(2)可根据旅行途中的具体情况,组织适当的文娱活动,以活跃旅途生活。

(3)视具体情况做些专题讲解或讨论一些大家感兴趣的问题。

(4)若有旅游者身体不适或突患重病,全陪要给予特殊关照或采取紧急措施。

(三)抵站服务

1. 抵达下一站,提醒旅游者携带随身行李下机(车),协助乘飞机的旅游者凭行李卡提取行李。

2. 出港后及时与当地的地陪联系,若出现漏接现象,应尽快与地接社联系,告知情况。

3. 联系上地陪后,将保管的行李卡或行李托运单交给地陪,向地陪介绍领队并协助地陪做好离开机场(车站)前往下榻饭店的有关工作。

【任务实施】

实训项目: 全陪认找旅游团。

实训内容: 1. 以小组为单位进行实训,小组成员有角色分配,一名全陪,一名地陪,其余为旅游者。

2. 结合所学知识,模拟全陪认找旅游团的情景进行表演。

实训考核: 以同学互评为主、教师点评为辅。

任务三　末站送团服务

【任务介绍】

末站送团是全陪导游服务中的最后环节,该环节的服务直接影响到全体旅游者对整个旅游经历的评价。尤其对于入境旅游团队来说,离境站服务是全陪服务的重要环节,全陪要与地陪配合做好离境站的服务工作,让旅游者愉快、顺利地离开中国。

【任务目标】

1. 了解末站送团服务流程。

2. 掌握送团准备工作。

3. 能够致欢送词。

【任务导入】

对于入境旅游团队来说，全陪末站送团服务是其为旅游团提供的最后一项服务。善始善终，是导游服务的基本要求；虎头蛇尾，则为大忌。为此，全陪应该如何做好送团服务呢？

【相关知识】

一、出境前的准备工作

1. 与领队落实离境票证，协助确认回程机票。
2. 提醒旅游者备齐旅行证件、海关申报单、文物字画及贵重药材的购物证明，并告知一定要随身携带，不要放在托运的行李中。

二、征求意见

1. 主动征求旅游者对旅游全程的意见和建议；对旅游者在旅游行程中的配合表示感谢；对接待中的失误或不足之处表示歉意，争取旅游者的谅解。
2. 请领队和旅游者如实填写《游客意见表》。全陪需妥善保管，并交给组团社备案。

三、致欢送词

1. 入境旅游团队致欢送词可安排在末站离境赴机场、码头或车站的途中进行。
2. 国内旅游团队致欢送词应安排在返回当地后、团队散团以前。
3. 欢送词的主要内容：

（1）表示惜别。欢送词应对分别表示惋惜之情、留恋之意。讲此内容时，面部表情应深沉，不可嬉皮笑脸，要给客人留下"人走茶更热"之感。

（2）感谢合作。感谢在旅游中旅游者给予的支持、合作、帮助、谅解，没有这一切，就难保证旅游的成功。

（3）小结旅游。与旅游者一起回忆这段时间所游览的项目、参加的活动，给旅游者一种归纳、总结之感，将许多感官的认识上升到理性的认识。

（4）征求意见。告诉旅游者：我们知有不足，经大家帮助，下一次接待会更好。

（5）期盼重逢。表达对旅游者的情谊和自己的热情，希望旅游者成为回头客。

欢送词除文采之外，更要讲"情深""意切"，让旅游者终生难忘。

【业务示例】

全陪导游欢送词

各位团友：

  时间过得太快，短短×天已经过去了。在此，我不得不为大家送行，心中真的有许多眷恋。无奈，天下没有不散的宴席，也没有永远在一起的朋友，但愿我们还有再见的机会。

  各位朋友在大连期间游览了市容和海滨风光，参观了旅顺近代史遗迹，到了……并且品尝了大连海鲜，有的朋友还购买了不少大连的土特产，真可谓收获多多。相信在各位朋友的生命中，从此将增添一段新的记忆，那就是大连，但愿它留给大家的印象是美好的。

  承蒙各位朋友支持，我感到此次接待工作非常顺利，心情也非常高兴，在此，我代表××旅行社向大家表示衷心的感谢！但不知大家的心情是否愉快？对我们的工作是否满意？（停顿，点头）好，如果是这样，我们就更高兴了！如果我们的服务有不周之处，一方面请大家多多包涵，另一方面还望大家提出来，现在也好，回去发信息也好，以便我们不断改进，提高服务质量。

  有道是"千里有缘来相会"，既然我们是千里相会，就是缘分！所以，在即将分手之际，我们再次希望大家不要忘记我们。今后如果再来或有亲友、同事到大连，请提前打声招呼，我们一定热情接待。

  最后，预祝各位朋友在今后的人生旅途中万事顺意，前程无量！

四、站点送行

1. 协助领队办理离境手续。
2. 在隔离区前握手告别，旅游团进入隔离区后，导游人员方可离开。

【任务实施】

实训项目：全陪致欢送词。
实训内容：1. 根据所学知识，每位同学创作一份全陪欢送词。
      2. 教师选出比较具有代表性的欢送词，由同学做班级内讲解。
实训考核：教师点评，打分。

任务四 后续工作

【任务介绍】

全陪导游带团回来后的后续工作主要包括处理遗留问题、填写《全陪日志》、处理旅行社相关事务等。

【任务目标】

熟悉全陪导游带团后续工作具体程序与规范。

【任务导入】

全陪送团后并非意味着带团工作的结束，还需要进行相关的后续工作，以保证旅行社对整个旅游团队的完整运作。

【相关知识】

一、处理遗留问题

1. 处理好旅游团的遗留问题，若有较大问题，要向领导作专题书面汇报。
2. 提供可能的延伸服务，例如有旅游者因病或其他原因仍留在中国、旅游者的委托事务等。

二、认真填写《全陪日志》

1. 全陪送团后应认真、按时填写《全陪日志》或提供有关部门（包括旅游行政管理部门、组团社）要求填写的资料。
2. 《全陪日志》的内容应包括：旅游团的基本情况，旅游日程安排，交通状况，各地的接待服务质量，发生的问题及处理，旅游者的评价、意见及建议。

三、处理与派出旅行社的相关事务

1. 及时归还所借物品。
2. 按规定报销有关费用。

【导游经验】

全陪导游60要

出团准备要充分，接团时间要保证；欢迎致辞要精彩，行程安排要讲明；
提出要求要中肯，致辞完毕要鞠躬；行车安全要提醒，沿途路标要记清；
临近景区要介绍，游客印象要加深；地接接头要接准，工作衔接要细心；
食宿行程要计划，事权责任要划分；住宿分房要高效，先易后难要理顺；
查验房间要标准，遇到问题要尽心；餐饮安排要早定，查实质量要卫生；
游客口味要询问，问题若大要调整；游览观光要操心，频繁集中要点名；
地陪讲解要督促，故事传说要生动；扶老携幼要安全，确保游客要开心；
景点数量要到位，规定时间要保证；购物加点要把握，伪劣假货要提醒；
意外事件要补偿，全陪地陪要沟通；难题大事要请示，处理解决要冷静；
避免争执要灵活，原则问题要慎重；讲话办事要分寸，遇有差错要取轻；
游客权益要保护，公司一方要维信；导游自身要人格，威信尊严要并重；
地接团款要理清，互助合作要精明；对方优点要学习，互惠互益要双赢；
返程时间要准确，安全警钟要常鸣；归途气氛要活跃，娱乐节目要欢欣；
游客意见要征询，相互友谊要加重；安全返回要通报，游客到家要欢送；
携带物品要收回，出团账目要算清；总结经验要全面，回访游客要真诚。

资料来源：承德旅游网，2016-01-18

《全陪导游60要》

【任务实施】

实训项目：全陪导游后续工作。
实训内容：1. 以小组为单位，进行实训，要求有人员分工、角色扮演。
　　　　　　2. 根据全陪后续工作的程序与规范，进行模拟表演。
实训考核：以小组间互评为主、教师点评为辅。

【考证专栏】

一、考点归纳

1. 全陪导游接团准备工作的具体内容。
2. 全陪导游需要熟悉旅游接待计划的内容。
3. 全陪导游首站接团服务程序。
4. 全陪末站送团服务流程。

二、同步练习

1. 全陪带领团队抵达旅游目的地机场后，出站时他首先应该（　　）。
   A. 移交行李和行李托运单
   B. 认找地陪导游
   C. 收集旅游者意见
   D. 向旅行社反映团队情况
2. 下列工作不属于全陪职责范围的是（　　）。
   A. 维护游客安全　　B. 处理团队事务　　C. 景点讲解　　D. 致欢送词
3. 旅游者的下列要求中，导游人员必须满足，否则构成违约的是（　　）。
   A. 旅游者在旅游协议中已声明的饮食禁忌
   B. 旅游者要求退、换餐
   C. 旅游者想换个档次更高的酒店
   D. 旅游者要求品尝风味餐
4. 在一地游览安排中，若发现活动内容与上几站有明显的重复和雷同，全陪首先应该（　　）。
   A. 向组团社反映情况　　　　　　B. 与地接社交涉
   C. 向地陪建议进行调整　　　　　D. 把情况通告游客
5. 全陪服务的最后环节，标志着团队的旅游活动已经进入尾声的服务是（　　）。
   A. 离站服务　　B. 转移途中服务　　C. 末站服务　　D. 善后服务
6. 全陪导游在上团之前要做好充分的心理准备，是因为（　　）。
   A. 全陪导游工作繁重复杂
   B. 全陪导游要适应当地的水土和饮食
   C. 要承受客人的挑剔和投诉
   D. 全陪导游要负责景区的讲解
   E. 全陪导游能有丰厚的回报
7.《全陪日志》的内容主要包括（　　）。

A. 旅游团的基本情况　　　　　　B. 旅游团的日程安排

C. 各地的接待质量　　　　　　　D. 发生的问题以及处理经过

E. 游客意见和建议

8. 全陪分房时团队出现单男或单女现象，可采取的分房措施是（　　　）。

A. 让客人和非本团队的陌生人合住一间房

B. 安排一个三人间

C. 安排标间加床

D. 请客人入住专门的司陪房

E. 问客人是否愿意住单间，根据合同由其支付另一半费用

9. 全陪导游致欢送词应该包含（　　）内容。

A. 表示惜别　　　　B. 感谢合作　　　　C. 小结旅游

D. 征求意见　　　　E. 期盼重逢

10. 美国来华旅游团成员史密斯先生突然找到全陪，表示他留在美国的太太遭遇车祸，需要他及时回国。全陪下列做法正确的是（　　　）。

A. 配合领队做说服工作，劝其继续随团旅游

B. 与游客协商未享受的旅游活动费用退还问题

C. 立即向旅行社通报

D. 协助订购返程机票，联系用车

E. 协助办理签证分离手续

参考答案：1.B　2.C　3.A　4.C　5.C　6.ABC　7.ABCDE　8.BCE　9.ABCDE　10.CDE

项目九
出境旅游领队服务程序与规范

【项目分析】

出境旅游领队是依照规定取得领队资格,受组团社委派,从事领队业务的工作人员,是经国家旅游行政主管部门批准组织出境旅游的旅行社的代表,是出境旅游团的领导者和代言人。因此,出境旅游领队在团结旅游团全体成员、组织旅游者完成旅游计划方面起着全陪、地陪往往难以起到的作用。其主要职责是:第一,介绍情况、全程陪同。出发前向旅游团介绍旅游目的地国家或地区的概况及注意事项;陪同旅游团的全程参观游览活动。第二,落实旅游合同,监督和配合旅游目的地国家(地区)的全陪、地陪全面落实旅游合同,安排好旅游计划,组织好旅游活动。第三,组织和团结工作。关心旅游者,做好旅游团组织工作,维护旅游团内部的团结,调动旅游者的积极性,保证旅游活动顺利进行。第四,联络工作。负责旅游团与旅游目的地国家或地区接待旅行社的联络与沟通,转达旅游者的意见、要求与建议乃至投诉,维护旅游者的权益,必要时出面斡旋或帮助解决。

【学习目标】

※ 知识目标
1. 了解出境旅游领队导游服务流程。
2. 掌握出境旅游领队具体岗位职责及服务规范。

※ 能力目标
1. 培养导游执行计划能力、导游接待能力。
2. 锻炼导游服务能力、组织协调能力、应对问题能力。

任务一 准备工作

【任务介绍】

出境旅游领队出团前的工作准备主要由4项基本任务组成,即行前业务准备,核对各种票据、表格和旅行证件，出团前物质准备，召开团队行前说明会。相较地陪、全陪带团准备而言，领队需做的带团前准备工作更为细致、繁杂。

【任务目标】

1. 了解领队出团前准备工作的具体流程及内容。
2. 培养分析旅游行程接待计划的能力。
3. 锻炼召开旅游团行前说明会的能力。

【任务导入】

我国出境旅游均采取团队形式，团队的旅游活动须在出境旅游领队的带领下进行。出境旅游与国内旅游相较更为复杂，领队身上的职责更为重大。要想带好出境旅游团队，领队必须做好充分的准备工作。

【相关知识】

一、行前业务准备

（一）听取旅行社计调介绍团队情况并接收、移交出团资料

1. 旅行社计调对领队的工作介绍应当包括以下四方面。
（1）团队构成的大致情况。
（2）团内重要团员的情况。
（3）团队的特殊安排和特别要求。
（4）行前说明会的安排。
2. 接收《出境旅游行程表》。
《出境旅游行程表》应列明内容：
（1）旅游线路、时间、景点。
（2）交通工具的安排。
（3）食宿标准/档次。
（4）购物、娱乐安排及自费项目。
（5）组团社和接团社的联系人和联络方式。
（6）遇到紧急情况的应急联络方式。
3. 接收《中国公民出国旅游团队名单表》。
《中国公民出国旅游管理办法》第七条、第八条规定，国务院旅游行政部门统一印制《中国公民出国旅游团队名单表》（以下简称《名单表》），在下达本年度出国旅游人数安排时编号发放给省、自治区、直辖市旅游行政部门，由省、自治区、直辖市旅游行政部门核发给组团社。组团社应当按照核定的出国旅游人数

安排组织出国旅游团队，填写《名单表》。旅游者及领队首次出境或者再次出境，均应当填写在《名单表》中，经审核后的《名单表》不得增添人员。

《名单表》一式四联，分为：出境边防检查专用联、入境边防检查专用联、旅游行政部门审验专用联、旅行社自留专用联。领队带团只需其中的第一、二两联。

《中国公民出国旅游管理办法》

【业务示例】

出国旅游团队名单如表 9-1 所示。

表 9-1 中国公民出国旅游团队名单表

组团社序号：　　　　　团队编号：　　　　　年份：
领队姓名：　　　　　　领队证号：　　　　　编号：

序号	姓名		性别	出生日期	出生地	护照号码	发证机关及时间
	中文	汉语拼音					
1							
2							
3							
4							
5							
6							
7							
8							
9							
10							
年　月　日　由　　　　口岸出境						总人数：（男　人 女　人）	
年　月　日　由　　　　口岸入境							

续表

授权人签字 组团盖章	省级旅游行政管理部门 审验章	边防检查站 加注（实际入境） 加注（实际出境）　入境验讫章
旅游线路： 组团社名称： 接待社名称：		联络人员姓名及电话： 联络人员姓名及电话：

（二）熟悉旅游行程接待计划

领队对旅游行程接待计划应掌握的要点是：

1. 掌握旅游团的详细行程计划，包括旅游团抵离各地的时间及所乘用的交通工具。

2. 熟悉并记住旅游团行程计划当中所列的全部参观游览项目。

3. 熟悉并记住旅游团行程中应下榻的各地酒店的名称。

4. 了解旅游团全部行程当中的文娱节目安排、用餐安排等事项。

二、核对各种票据、表格和旅行证件

1. 核对旅游者护照、签证。

（1）检查护照的重点是检查姓名、护照号码、签发地、签发日期、有效期、是否有本人签名几项内容。

（2）签证的检查重点是签发日期、截止日期、签证号码几项内容。我国的签证样式如图9-1所示。

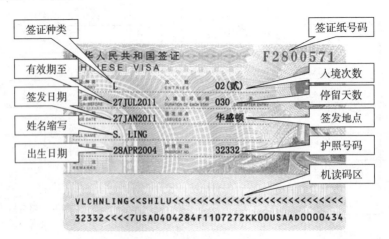

图9-1　中华人民共和国签证

2.核对机票及行程。

（1）核对护照/通行证与机票，包括中英文姓名、前往国家或地区等。

（2）核对机票与行程，包括国际段和国内段行程、日期、航班、转机间隔时间等。

3.核对团队名单。

核对证件与名单表，各项须一一对应；核对好实际出境旅游人数与团队名单表是否一致。

4.检查全团的疫苗注射情况。

5.准备多份境外住宿分房表。

三、物质准备

1.准备好个人证件、领队证、核对好的各类票据、表单（如团队名单表、客人房间分配表等）。

2.准备好团队计划书、发团通知书、各国出入境卡。

3.准备好旅行社社旗、胸牌、名片、行李标签、旅行包（核对该团是否提供）等。

4.准备好《领队日志》《旅行社服务质量跟踪表》《导游领队带团情况反馈表》。

5.国内外重要联系单位、联系人的联系电话。

6.准备好团队费用、备用金及个人随身日用品。

四、做好团队行前说明会

根据出团通知书约定的时间，召集本团队参游人员举行一次"出境旅游行前说明会"。在会上，一方面要把有关事项告知每一位客人，另一方面与客人认识并且让不认识的客人之间相互认识和接触，这样便于以后的团队组织工作。

（一）说明会的内容

1.欢迎词：代表旅行社感谢大家对本旅行社的信任，选择参加我们的团队。

2.领队自我介绍：表明为大家服务的工作态度，并请大家对领队的工作予以配合和监督。同时介绍领队的职责和服务范围：协助旅游者出入境、配合并监督境外导游服务、协调旅游者与境外导游的关系、处理紧急事件等。

3.行程说明：按行程表统一介绍，但必须强调行程表上的游览顺序有可能因交通等原因发生变化。

4. 提出要求，讲清注意事项：所有团员注意统一行动，强化时间观念及相互之间团结友爱；注意人身安全、财物保管。告诫客人不要把财物、证件放在旅游车上，并向客人讲解在酒店客房如何保管贵重物品、如何使用酒店提供的保险箱，以及在旅途中托运行李时如何保管贵重物品和易损物品等基本旅游知识。告知有关国家的法律和海关规定，说明过关程序及有关手续。讲清货币的携带与兑换规定。告知客人如有开通国际漫游，出境后如何使用等问题。

5. 对旅游目的地国家（地区）的气候地理、生活习惯、风土人情做必要介绍；对境外接待标准略做说明（含酒店、用餐、用车等）；提醒客人准备衣物、常用药品等；自备洗漱用品和拖鞋（在境外最好不要用酒店提供的）等。

6. 通知集合时间及地点：通常要比航班离港时刻提前2小时，在机场或港口指定位置集合；如乘火车或汽车，要在发车时间1小时前到达指定位置集合。

（二）说明会上应落实的事项

1. 分房。
2. 客人所缴纳费用的构成。
3. 是否有单项服务等特殊要求。
4. 是否有回民素食。

《出境旅游携带药品注意事项》

《出入境证件知识》

【任务实施】

实训项目： 出国旅游行前说明会。

实训内容： 1. 以小组为单位进行实训，小组成员有角色分配，一名领队，一名组团社工作人员，其余为旅游者。
2. 模拟召开一次出国旅游前的说明会。
3. 制作文本资料，同时配PPT进行说明，旅游者需在说明会上就出团事宜进行提问，并由领队进行解答。

实训考核： 主讲教师根据说明会的具体内容及模拟表演情况进行点评、打分。

任务二　全程陪同服务

【任务介绍】

出境旅游领队负责旅游团在境外的全程陪同服务，包括办理中国出境手续、办理外国入境手续、境外旅游服务和返程服务。领队应认真负责，按照各项服务规范完成旅游全程陪同服务。

【任务目标】

1. 熟悉办理中国出境与他国入境的工作流程。
2. 掌握领队在旅游目的地进行食、住、行、游、购、娱等方面的服务内容与要求。
3. 掌握办理他国离境与中国入境的程序。

【任务导入】

出境旅游领队全权代表组团社带领旅游团出境旅游，其负责督促境外接待旅行社和导游人员等方面执行旅游计划，并为旅游者提供出入境等相关服务。领队在为旅游团进行全程陪同服务中都需要做哪些方面的具体工作，其工作程序与规范是怎样的呢？

【相关知识】

一、办理中国出境手续

1. 提前到达集合地点并准时集合、清点旅游团人数。
（1）比集合时间提前 30 分钟抵达。
（2）向客人简单介绍过关程序，并选择一名客人负责把其他客人统一集合在一起（当领队办理各项手续时）。
2. 带领全团办理出关手续和卫生检疫。
（1）购买药盒，过卫生检疫。
（2）引导需购买航空保险的团员自行购买保险。
（3）引导需海关申报的团员至海关申报处申报。《中华人民共和国海关出境旅客行李物品申报单》如图 9-2 所示。

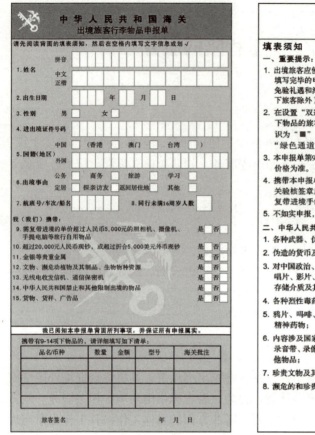

图 9-2 中华人民共和国海关出境旅客行李物品申报单

（4）按名单顺序集合、清点人数；将名单交给边检人员。让团员持护照/通行证按名单顺序排好，依次通过边检。提醒团员注意一米线，维持秩序，尊重现场工作人员；待最后一名团员通过后，边检自留一页，在其他页加盖检验章后交回领队保管。入境时依此核查。

3.办理登机手续，分配本团成员座位，协助团员托运行李。

（1）协助团员托运行李并办理登机手续。

（2）统计托运行李数，务必清点准确，并保存好行李牌。

（3）过安检，候机，登机。

二、办理国外入境手续

到达旅游目的地国家（地区）后，带领旅游团办理有关入境手续，通常称为"过三关"，即卫生检疫、证照查询、海关检查。通常，该国或地区的 E/D 卡

（E-Embarkation-入境，D-Disembarkation-出境，E/D卡就是出入境卡。到不同国家都需要填写，在入境时海关会收一部分，出境时再收回另外一部分）及海关申报单可以在飞往该国的航班上取得。领队统一领取后分发给团员，并作填表指导。领队不得拒绝为团员代填表格。

下机后，领队带领团员至移民关卡，告知团员将填写完毕的E/D卡夹在护照签证页，交于边检关员审验。提醒团员务必注意秩序，在规定距离外安静等候，礼貌通过。如系团队签证，应先行收齐团员护照和E/D卡，与团体签证（有时应持复印件换领原件）一同交于移民官审验并核对电脑记录。完成后，将护照按签证名单顺序发还给团员，依次通过关卡。此时务必提醒团员妥善保管加盖有入境章的E/D卡剩下部分，出境时需要提供，如有遗失将会造成很大麻烦。

查询行李到达的传输带号码，带领客人领取行李。领队如先于团员通过移民关卡，应回头照顾团员，并请已过关的团员协助取行李。必须提醒团员检查各自行李，如有损毁、丢失必须立即通知机场工作人员，离开机场后再有任何损失，只能由团员自行承担。

至海关检查处，如没有需申报物品，直接递交海关申报单即可。海关要求检查时，请团员配合立即开箱受检，但可请求海关官员抽验数件予以通行方便，同时告诫其他团员切勿远离，因国外机场庞大复杂，离散后寻找不易。如有需要申报的物品时，应引导团员至申报查验处，请海关官员查验。

查验完毕后出关，领队需带领团员与当地接待人员联络，上车并清点人数。某些国家或地区需再次收齐全团护照，到达酒店后交由当地接待人员保管或者保存于酒店保险箱。至此，办理国外的入境手续才算完成。

如果是在公路上通过国界，则领队应将团员证件收齐，团员坐在位置上不动，请求移民单位派工作人员上车检查，通常只核对人数，一般不检查行李。

《各国入境卡填写指南》

三、境外旅游服务

1. 抵达目的地后，领队应立即与当地接待社的导游人员接洽。
2. 清点行李与团员人数。
3. 安排团队入住饭店及提供用餐服务。
（1）负责办理入住手续并分配房间。

（2）宣布叫早、早餐、出发时间及领队、导游人员的房间号、电话号码等。

（3）检查行李是否送到客人房间。

（4）协助团员解决入住后的有关问题。

（5）告知注意事项，如中外星级标准的差别、小费问题、房间物品的使用、国外的行为礼仪等。

（6）用餐服务。讲清中西餐的差异，告知旅游者用餐的规矩。

4. 购物及观看演出服务。

（1）监督地陪安排购物的时间和次数，出现地陪过多地安排购物次数或延长购物时间的情况，领队要及时交涉；正确指导旅游者购物，提醒注意事项，如退税规定、限制携带出入境数量、商品规格及制式与我国的差异、全球联保、信用卡使用等。

（2）观看演出：提醒正规场合对服装的要求。

【案例分析】

神奇的非洲是不少中国公民理想的旅游目的地。北京某旅行社以商务考察的名义组织了一个24人的旅游团到非洲旅游。游客不仅感受到了非洲美丽的景色、古老的文化和奇异的民族风情，也被各式各样的旅游纪念品尤其是象牙制品所陶醉，游客大都有强烈的购买欲望。在购买前，客人纷纷向领队询问是否能顺利带回国。领队虽是位新手，首次带团赴非洲，但非常负责，她首先询问了当地导游，获知可以带出境；接着又通过国际电话向北京组团社询问，获知中国入境也不成问题，于是告诉客人可以放心购买。但没想到的是，团队在欧洲转机时却被拦了下来，原来许多欧洲国家为了保护大象，禁止象牙制品出入境，违者最高可处以两年以下监禁。结果，游客们不仅被没收所携带的全部象牙制品，而且还被罚款，游客们怨声载道，领队自然成为大家埋怨、指责和投诉的对象。

分析：该领队初次到非洲旅行，对业务不熟悉，所以犯下致命错误。只对非洲出境和中国入境的海关规定进行了解而忽略了过境地，导致团队遭受巨大损失。这个案例说明，领队的工作关系到游客利益，稍有疏忽即可能给客人造成不必要的损失。领队一定要熟悉业务，在出团前做好准备，仅凭热情是做不好领队工作的。

5. 游览观光。

（1）让旅游者清楚了解每日的行程计划。

（2）辅助当地导游完成游览计划。

（3）留意旅游者动向，保护旅游者安全。

6. 境外其他服务。

（1）返程国际机票确认。

（2）督促旅游计划执行，监督接待质量。

与当地导游人员商定日程时要注意以下两点：第一，遇有当地导游人员修改日程时，应坚持"调整顺序可以，减少项目不行"的原则，必要时报告国内组团社；第二，当地导游人员推荐自费项目时，要征求全体旅游团成员的意见。

（3）维护旅游团内部团结。

（4）妥善保管各类证件和机票。

在旅游途中，最好将客人的护照、签证集中保管；保管好全团机票和各国入境卡、海关申报卡等。

四、返程服务

（一）办理国外离境手续

1. 办理乘机手续，托运行李，换领登机卡，将证件、机票发给旅游团成员。
2. 购买离境机场税，购买机票时一起付清，但个别国家例外，如泰国需在乘机前现场购买。
3. 办理移民局离境手续。

填出境卡，如系团队签证，团员首先应按照签证名单顺序排队，领队将签证交与移民官，让团员持护照、出境卡依次通过。如非团队签证，只需指引团员至各 FOREIGN PASSPORT 处，持护照和出境卡分散过关即可。

4. 办理海关手续。
5. 办理购物退税手续。

欧美、澳大利亚以及南非等国家和地区，外国旅游者可以享受购物退税。如有此种情况，领队应事先了解退税程序，根据各地不同要求（如澳大利亚要求客人在免税店购买的免税物品必须封装完好，手提至海关查验并缴纳单据），过关时协助团员办理退税。退税手续可现场办理，也可回国内办理。北京、上海、广州等大城市设有退税点。

6. 登机（注意登机闸口是否改变）。

（二）办理中国入境手续

1. 接受检验检疫和入境边检。

飞往国内的航班上可以领取健康申明卡和入境卡，均为中文，领队可指导团员填写。其中，健康申明卡必须填写，如按团队名单入境，可不填入境卡。

下机后，首先上交健康申明卡。过后要求客人按照出境时的团队名单排队入境，出示护照。领队持名单率先通过，并告知团员至何处领取行李。待全部团员通过后，收回加盖入境章的名单，交回公司。如不按名单入境，客人需填写入境卡，自己持照通行，但应听从现场工作人员的指挥。

2. 领取行李，若遗失通常在查找21天后向所搭乘航空公司索赔。

3. 接受海关检查，游客申报物品复带入境。

领取托运行李后，检查无损后过海关。如有需补税款的物品应主动申报。

 知识链接

哪些物品不能出入境

花20欧元从地摊上买来的石头成了上海游客杜先生的"噩梦"。近日有媒体报道，杜先生一家在土耳其旅行时从地摊上买的一块石头竟在出境时被当地海关指认为文物，而杜先生则以"走私文物罪"遭扣留。对此中国驻土耳其大使馆表示，这样的事他们也是头一次遇到。出境游越来越热，作为普通游客，如何避免带错东西、无辜受罚？东方网记者特地采访了有关方面为您逐一盘点。

土耳其：一个石子儿都带不走

据了解，土耳其当地法律对石头、钱币出境早有相应规定。如果出国前事先做些功课，像杜先生遇上的倒霉事儿就可以避免了。

不少国家对文物都有可以在国内交易但不允许带出境的规定，而土耳其对文物走私行为打击尤其严厉。仅2010年伊斯坦布尔博物馆就起诉了5 000多起与文物走私有关的案件，并接收了大量试图被走私出境的文物。

在旅行社工作的魏小姐告诉记者，出境游客通常对国外情况不熟悉，应尽量避免买"地摊货"，以防不必要的麻烦。在官方指定的旅行纪念品商户或者其他可以开具发票的正规商店购物，都会受到保障。

同时，去商店购物时记得索要发票。这样，"如果游客在旅行社指定商店买到的纪念品被认为有问题，当地的地接社也可以提供担保，证明游客并无走私嫌疑。"

英国、澳大利亚：肉、蛋、牛奶禁入

每个国家在出入境方面都有不同的禁止性规定。上海海关提供的数据显示，近年因违规携带被查受罚的案例数不胜数，其中很大一部分都是因旅客不明规定造成的。

英国禁止旅客从欧盟以外国家携带肉制品、乳制品和蛋类入境。据悉，此前英国海关检查并不严，但自从去年年底起新策略出台后，英国海关方面表示，将重点检查一部分国家的航班，其中中国、印度、巴基斯坦、孟加拉国、泰国、菲律宾、印尼、马来西亚、越南等都在列。

而在澳大利亚，肉制品、乳制品和蛋类同样禁止入境，允许携带水果。药物方面，中药材允许携带入境，带西药则要凭医生处方。

美国：别带月饼、水果去

美国在入境携带方面也规矩甚多。许多中国人到美国时，常因携带月饼、肉松等东西被海关查扣罚款。

据美国海关规定，所有肉类都不能带，无论是湿的、干的还是真空包装的；月饼（尤其是里面有咸蛋黄）不能带；水果、蔬菜不能带，连果皮也不行。

如果不确定自己携带的物品中是否有违禁品，在过关时可以到违禁品通道主动申报，配合检查。

中国：7类物品不能入境

值得提醒的是，不同国家法规有差异，即使在同一个国家，出境、入境规矩也不同。国外允许带出的物品回国时未必能过关。

游客潘小姐从巴厘岛归来随身携带了一个高40厘米的正方形纸箱，入关时被机场检验检疫人员要求开箱检查，结果一箱鱼片全被扣留。潘小姐表示，她在巴厘岛当地购买时，地陪并没有提醒他们海产品不能在国内入境，而且登机时也没有受到任何质询。

※ **小贴士**：哪些物品禁止带入中国境内？

1. 各种武器、仿真武器、弹药及爆炸物品。
2. 伪造的货币、伪造的有价证券。
3. 对中国政治、经济、文化道德有害的印刷品、胶卷、照片、唱片、影片、录音带、光盘、计算机储存介质等。
4. 各种烈性毒药。
5. 鸦片、吗啡、海洛因、大麻等使人成瘾的麻醉品、精神药物。
6. 新鲜水果、茄科蔬菜、土壤、犬和猫以外的活动物、动物产品、有害生物等。
7. 有碍人畜健康的、来自疫区的或其他能传播疾病的食品、药品等。

根据中国海关规定，不能带出国境的包括以上1~5项以及内容涉及国家秘密的印刷品、光盘、计算机储存介质等，珍贵文物，濒危动植物及其种子、繁殖材料等。有关出入境违禁携带物品的更多详细规定可参见中国海关网的相关内容。

资料来源：新华网　http://news.xinhuanet.com/overseas/2012-03-28/c_122892695.htm（有删减）

【任务实施】

实训项目：出境旅游全程陪同服务。

实训内容：1. 以小组为单位，进行实训。

2. 通过网络、图书等途径搜集有关出境旅游领队带团中的注意事项等相关知识。
3. 利用所掌握的知识，以赴某个国家旅游为例，简要总结全程陪同服务的具体流程及注意事项。
4. 上交总结报告。

实训考核：小组间进行成果分享，教师进行点评、打分。

任务三　后续服务

【任务介绍】

出境旅游领队带团回来后的后续工作主要包括与组团社计调进行工作汇报和业务交接，以及整理旅游者意见，处理投诉或委托事项；向旅行社财务部门报账、归还出团时所借物品。身为领队，每一次带团都应力求善始善终，做好领队工作总结。

【任务目标】

1. 熟悉需要与旅行社计调进行工作交接的内容。
2. 能够按照旅行社要求进行报账。

【任务导入】

对一名出境旅游领队而言，将旅游者安全、顺利地带回出发地并不意味着带团工作的结束，还需要进行相关的后续服务，以保证旅行社对整个旅游团队的完整运作。后续服务对整个旅游服务的质量也起着非常重要的作用。

【相关知识】

一、和计调交接

上交《领队日志》及《旅游服务质量评价表》等相关文件。

二、整理旅游者意见、处理投诉或委托事项

如果旅游者有投诉等遗留问题，应如实写出事情经过，分清责任，找出证据，方便相关部门调查取证。

三、报账和归还物品

按旅行社要求报账，领取个人带团报酬。如有借款或个人垫付费用一并结清。

【任务实施】

实训项目： 出境领队导游带团后续服务。
实训内容： 1. 以小组为单位，进行实训，要求有人员分工、角色扮演。
　　　　　　2. 根据领队后续服务的程序与规范，进行模拟表演。
实训考核： 以小组间互评为主、教师点评为辅。

【考证专栏】

一、考点归纳

1. 出境领队出团前应该做的准备工作。
2. 出境领队召开行前说明会需要包含的内容。
3. 出境领队为团队办理中国出境手续的步骤。
4. 出境领队为团队办理他国入境手续的步骤。

二、同步练习

1. 到达旅游目的地国家时，需要办理入境手续，出境领队的错误做法是（　　）。
   A. 领队统一将填写的表格分发给团员　　B. 可以为团员作填报指导
   C. 领队不能为团员代填表格　　　　　　D. 下机后，领队带领团员移至民关卡
2. 领队与当地导游商定日程时，正确的做法是（　　）。
   A. 可以随意调整旅行项目
   B. 修改日程时，无须上报国内组团社
   C. 听从当地导游推荐的自费项目，不需要征求团员意见
   D. 修改日程时，应该遵守"调整顺序可以，减少项目不行"的原则
3. 《中国公民出国旅游团队名单表》一式四联，分别为（　　）。
   A. 出境边防检查专用联　　　　　　　　B. 入境边防检查专用联
   C. 旅游行政部门审验专用联　　　　　　D. 旅行社自留专用联
   E. 游客自留专用联
4. 检查护照重点是检查（　　）。

A. 姓名　　　　　　　B. 护照号码　　　　　　C. 签发地
D. 签发日期、有效期　　　　　　　E. 是否有本人签名

5. 根据出团通知书约定的时间要召集本团参游人员举行一次"出境旅游行前说明会",此次会上应落实的事项包括（　　）。

A. 分房　　　　　　　　　　　B. 客人所缴纳费用的构成
C. 是否有单项服务等特殊要求　　D. 是否有回民素食
E. 检查游客是否健康

6. 到达旅游目的地国家（地区）后带领旅游团办理有关入境手续通常称为"入三关",具体是指（　　）。

A. 卫生检疫　　B. 证照查询　　C. 海关检查
D. 游客关系检查　　E. 游客财产检查

7. 如果发生旅游者在境外滞留不归的事件,领队应当及时向（　　）报告。

A. 当地警察机构　　B. 地接社　　C. 组团社
D. 我国驻所在国使、领馆　　　　E. 该国驻华使、领馆

8. 下列物品中,属于中华人民共和国海关禁止出境的有（　　）。

A. 伪造的货币　　B. 虎骨　　C. 犀牛角
D. 音响电子制品　　E. 珍贵文物及其他禁止出境的文物

参考答案：1.C　2.D　3.ABCD　4.ABCDE　5.ABCD　6.ABC　7.CD　8.ABCE

项目十

导游服务中常见问题及事故的预防与处理

【项目分析】

在旅游过程中,出现任何问题、发生任何事故都是不愉快的,甚至是不幸的。出现问题、发生事故,都会给旅游者带来烦恼和痛苦甚至灾难,也会给导游人员的工作增添许多麻烦和困难,还会影响地区和国家旅游业的声誉。为此,导游人员在带团过程中要努力做好服务工作,与各方密切合作,时刻警惕,采取各种必要措施,预防问题和事故的发生。杜绝责任事故,处理好非责任事故是保证并提高导游服务质量的基本条件。

处理旅游过程中出现的问题和事故是对导游人员工作能力和独立处理问题能力的重大考验,处理得好,旅游者满意,导游人员的威信会因此而提高;反之,不仅旅游者不满,还可能留下隐患,使旅游活动无法顺利进行。因此,出现问题、发生事故时,导游人员要沉着镇定、处变不惊,要全力以赴、果断处置,迅速及时、合情合理地妥善处理。

【学习目标】

※ 知识目标
1. 了解导游服务中遇到的常见问题及事故。
2. 掌握对常见问题及事故的预防及处理方法。

※ 能力目标
1. 培养导游人员应对事故的能力。
2. 锻炼导游服务能力、组织协调能力、处理问题能力。

任务一 计划或活动日程变更的处理

【任务介绍】

在旅游活动中,因天气、自然灾害、交通问题等客观原因和不可预料的因素,造成旅游团不能按计划时间抵达和离开，迫使旅游计划和活动日程变更的情况时有发生。遇到此类问题，地陪应主动与全陪配合，向旅游团做好解释工作，稳定旅游者的情绪，及时将旅游团的意见反馈给组团社和接待社，并根据组团社和接待社的安排做好工作。

【任务目标】

1. 掌握旅游者要求改变旅游接待计划或活动日程的处理方法。
2. 掌握客观原因造成旅游接待计划或活动日程变更的具体处理方法。

【任务导入】

缩短旅游时间，导游应该怎么做？

某旅游团按计划于10月5日17：30飞抵D市，10月7日20：30乘飞机离开D市，由于正值旅游旺季，接团社未能按计划为该团买到机票，只得安排该团乘加班机于10月6日13：05飞离D市。如果你是该团的地陪导游员，应该怎样做好客人的工作，使他们在得知计划更改时不致起哄？又应该采取哪些补救措施，尽量使客人在游览期间过得愉快？

分析：这是缩短在D市活动时间的问题，而且缩短了一天半，地陪的工作比较困难。旅游团抵达后地陪导游员应做如下工作：① 先找全陪，说明情况，提出应变计划，协商达成一致意见。② 找旅游团领队和团中有影响的人物，实事求是地说明困难，诚恳地赔礼道歉，讲清补救措施，争取他们的谅解和支持。③ 分头找团员做工作，求得他们的谅解。④ 积极执行补救计划，利用有限时间让游客游览本地最具有代表性的景点，把计划中的风味餐和文娱演出提前至旅游团抵达的那天晚上，导游员的讲解要更精彩，服务要更热情、更周到。⑤ 必要时，经领导批准，可以加酒、加菜，赠送具有本地特色的小纪念品，甚至让领导出面向全团说明实际困难、赔礼道歉。⑥ 旅行社有关部门要及时将更改情况通知下一站接待旅行社。

【相关知识】

一、旅游者要求改变计划或活动日程

旅游者到达旅游目的地后，由于种种原因要求变更旅游接待计划或活动日程，导游人员一般应婉言拒绝，说明地接社不能单方面不执行旅游合同。如果遇到特殊情况或者是领队提出此类要求，导游人员不能当场拒绝，而应报告组团社，根据组团社的决定，或接受变更要求，或婉言拒绝。

二、客观原因造成计划和日程的变更

（一）延长活动日程的处理

旅游团提前抵达或者推迟离开，就会造成游览时间延长。旅行社和导游人员应立即行动，正确处理。

1. 与旅行社有关部门联系，重新落实该团用餐、用房、用车的安排及交通票据的核实。

2. 调整活动日程，经组团社同意后，酌情增加游览景点，适当延长在主要景点的游览时间，努力使活动内容更加充实。

3. 如系推迟离开本站，要及时通知下一站（也可提醒旅行社有关部门与下一站联系）。

4. 在变更活动日程时，地陪导游应征求领队和全陪的意见与要求，必要时还应请旅游团中有权威的旅游者代表共同商议，取得他们的支持与帮助。接待计划变更后应及时通知旅游团全体团员并争取大家的理解与配合。

（二）缩短活动日程的处理

旅游团提前离开或推迟抵达都会缩短在一地的游览时间，面对这种情况，导游人员应积极应对。

1. 尽量抓紧时间，将计划内的参观游览安排完成；若确有困难，要有应变计划；突出本地最有代表性、最具特色的旅游景点，力求旅游者对本地旅游景观有基本了解。

2. 如系提前离开，要及时通知下一站（也可提醒旅行社有关部门与下一站联系）。

3. 向旅行社领导及有关部门报告，与饭店、车队联系，及时办理退餐、退房、退车等事宜。如系提前离开，还要做好交通票据的变更与核实。

4. 如果是由于接待社方面的原因导致旅游团被迫提前离开，地陪一般应这样处理：

（1）旅游团一到，立即与全陪、领队商量，实事求是地说明情况，提出应变计划。

（2）向旅游团中有影响的团员代表说明情况，诚恳地赔礼道歉，详细介绍应变计划，争取他们的谅解和支持，然后分头做旅游者的工作，立即带领旅游团进行游览活动。

（3）由地接社办理退房、退餐、退车等相关事宜，通知组团社和下一站接待旅行社。

（4）适当补偿。必要时经旅行社领导同意可加酒、加菜，赠送小纪念品；若旅游者反应强烈，可由旅行社领导出面表示歉意并提出补偿办法。

（三）被迫改变部分旅游计划

被迫改变部分旅游计划大多数情况下都是由于外界客观原因导致，如地震、泥石流、大雪封山、洪水等，或某一景点正在大修，无法参观。面对此类情况，导游人员应积极采取措施。

1. 导游人员应及早报告组团社，由其决定变更旅游团行程，导游人员遵照执行。
2. 实事求是向团员说明情况，求得谅解与支持。
3. 被迫取消当地的某一活动由另一活动代替时，地陪导游要以精彩的介绍、新奇的内容和最佳的安排激起团员的兴趣，使新的安排得到团员认可。
4. 在可能的范围内对团员做出适当补偿。

【案例分析】

改变计划，旅行社是否应承担赔偿责任？

2014年1月30日至2月4日，王猛等16名游客参加某旅行社组织的"云南四飞六日游"。按日程计划应于2月3日乘飞机从西双版纳回昆明，但由于大雾和雷雨天气，当天航班被取消。旅行社为了保证2月4日准时乘上昆明到北京的航班，积极采取补救措施，拟改乘大巴返回昆明，但与游客协商未能达成一致。游客坚持按原约定乘飞机赴昆明，以致滞留西双版纳4天，直到2月8日旅行社买到机票后才返程。游客投诉该旅行社，要求其承担违约责任，支付滞留期间的食宿费及误工费等。

分析：《合同法》第一百一十七条规定："因不可抗力不能履约的，根据不可抗力的影响，部分或全部免除责任，但法律另有规定的除外。当事人延迟履行后发生不可抗力的，不能免除责任。"所谓不可抗力是指不能预见、不能避免并且不能克服的客观情况，航空公司因有雷雨天气原因，为了飞行安全取消西双版纳至昆明的航班，属不可抗力，旅行社为了保证今后的行程顺利进行，并采取了补救措施，改乘大巴返昆明，因此旅行社不应承担赔偿责任，只退机票与车票之间的差价。而游客坚持按原定计划乘飞机返昆明，双方未达成一致，以致滞留昆明4天，由此所造成的额外费用应由游客承担。

旅游质监部门在查明事实的基础上，依据《旅行社质量保证金赔偿试行标准》第十六条规定，处理如下：

1. 旅行社无过错，不承担赔偿责任。
2. 游客承担滞留期间所发生的一切费用。

提示：本案中，王猛等16名游客没有采取适当措施致使损失扩大。根据我国《合同法》第一百一十九条的规定："没有采取适当措施致使损失扩大的，不得就扩大的损失要求赔偿。当事人因防止损失扩大而支出的合理费用，由违约方承担。"由于天气原因造成航班取消，责任不在旅行社方面，而旅行社也采取了补救措施，但王猛等16名游客不予接受致使损失扩大，因此，导致损失扩大的一切费用应由王猛等16名游客自行承担，旅行社不负赔偿责任。

【任务实施】

实训项目：计划或活动日程变更的处理。
实训内容：1. 以小组为单位进行实训。
　　　　　2. 模拟导游带团中遇到的计划或活动日程变更情况，并做出相应处理。
实训考核：小组互评与教师点评相结合。

任务二　接、送站事故的预防与处理

【任务介绍】

接团是导游人员与旅游团成员的第一次接触，由此产生的"第一印象"，将会影响导游人员今后与团员的相处，也会影响到导游人员的工作，因而是非常重要的。导游人员必须加强责任意识，熟悉并严格遵循旅行社制订的日程安排计划，加强预防，尽量避免漏接、空接和错接。误机（车、船）事故是重大事故，一旦发生，不仅会导致团员在一地的暂时滞留，带来诸多不便利及其他方面的损失，影响到后面的旅游行程，从而造成许多问题和矛盾，还会给旅行社带来巨大的经济损失，严重影响旅行社的形象和声誉。导游人员应杜绝此类事故的发生。

【任务目标】

1. 掌握漏接的原因、预防措施及处理方法。
2. 掌握错接的处理方法及预防措施。
3. 掌握空接的处理方法。
4. 掌握误机（车、船）事故的原因、预防措施及处理方法。

【任务导入】

介于赶上与赶不上之间的时候，他的手机响了

D是W市国旅的导游员，2001年开始做导游工作，初出茅庐就遭遇了一场

硬仗。那次，D带着一个美国旅游团游三峡。这个团共有138名游客，游程是从重庆上船，顺流而下，至武汉上岸。游程很顺利，然而D却暗暗担心游客能不能准时到达武汉。按照惯例，游船一般是当日中午12点左右到达武汉，游客1点下船，4点30分飞机就要从武汉天河机场起飞，时间非常紧张。一点儿都耽误不得，万一游船不能准点到达，就会误机，给后面的游程造成很大的麻烦，D的担心是有道理的。结果，由于游船公司的原因，D所乘的那条船真的不能正点到达武汉，怎么办？D立即与游船公司做了郑重交涉，船方同意让该团于当日早晨8点从岳阳下船，转乘汽车去武汉。D把这一行程的变更通知了自己的地接社W市国旅，取得了领队及全团游客的谅解，对行程改变做了相应的准备。谁知祸不单行，乘车途中赶上天下大雨，路不好走，司机说，照这样前进，即使到武汉不换车、不用餐，4点30分也不一定赶得到天河机场。怎么办？D立即和W市国旅进行联络：一、取消午餐；二、取消原定到武汉后换乘W市国旅的车再去机场的计划，请W市国旅派人直接把机票送到机场；三、请W市国旅与航空公司方面协商推迟飞机起飞时间。然后，D在车上做了安抚游客的工作，并为每一位游客预订了盒饭。同时，D也做好了最坏的准备，并及时与游船公司的业务代表联系，万一真的误机，由游船公司负责安排全团在武汉的住宿及次日的机票。雨天路滑，司机一路高度专注。可是偏巧行车的这半边路上发生了堵车，眼见时间一分一秒地流逝，真是急死人。怎么办？这时来了一辆警车，D立即跳下车，向疏导车流的交通警察说明了这个旅游团的"窘况"。交通警察被他说服了，立即开起警车，引导旅游车逆行而上，绕过了堵车的地段。这样，几经周折，临近下午4点，就在D和游客的汽车快要到达飞机场、介于赶上与赶不上之间的时候，他的手机响了，W市国旅称，他们与航空公司交涉成功，那次航班推迟到5点30分起飞。D终于深深地松了一口气。

分析： D沉着冷静、机动灵活地应对了这样的遭际。第一，在旅途顺利的时候，D已经在思考着后面有可能遇到的意外，这是居安思危，不是杞人忧天。当麻烦突然降临的时候，D及时实施的那些即使在事后看来也是最为有效的应对方案，在很大程度上得益于他事前为此所做的思考。第二，面对突如其来的变故，D应对沉着，并没有因此而乱了方寸。这样，他才能够"立即"与轮船公司去做"郑重交涉"，采取有效措施，控制事态向着有利的方面发展。第三，D始终抓住克服"晚点"和争取"正点"这一对主要矛盾，他与轮船公司交涉、向W市国旅汇报、与航空公司交涉、做美国领队的工作及安抚游客、争取到交通警察的协助，一切努力都是为着争取时间，赶上飞机。围绕这一关键工作，他采取一切可以采取的措施，最大限度地发挥自己的潜在能力。第四，D评估了事情可能发生的各种情况及其可能带来的各种后果，均做了相应的准备。一旦补救措施失败，"真的误机，由游船公司负责安排全团在武汉的住宿及次日的机票"，这项工作只有在事前做好，才能够避免遇到雪上加霜的尴尬。最后，民航公司同意为等候他们而推迟一个小时起飞，这个喜讯使 D 彻底摆脱了被动局面。可是再经分析，这个转机的最终发生还是与 D 此前所做的一切努力分不开的。正是由于 D 事前与 W 市国旅所做的协调工作，才使航空公司有可能考虑他们的困难和要求；正是由于 D 因势利导，争取了时间，赢得了一个"介于赶上与赶不上之间"的局面，才使航空公司有可能等候他们一个小时。

【相关知识】

一、漏接的原因、处理与预防

漏接是指旅游团（者）抵达一站后，无导游人员迎接的现象。

（一）漏接的原因

1. 导游人员主观原因造成的漏接。
（1）导游人员未按服务程序要求提前到达接站地点。
（2）导游人员工作疏忽，将接站地点搞错。
（3）新旧时刻表交替，导游人员没有查对新时刻表，仍按旧时刻表时间去接旅游团。
（4）由于某种原因，原定车次、班次变更使旅游团提前到达，但导游人员没有阅读变更通知，仍按原计划去接团。
2. 客观原因造成的漏接。
（1）原定班次或车次变更，旅游团提前到达，但本站接待社没有接到上一站接待社的通知。
（2）本站接待社有关部门没有将旅游团因班次、车次变更提前到达的消息通知该团的导游人员，使导游人员仍按原计划去接团。
（3）由于交通堵塞或其他不可抗力因素，导致导游未能及时到达接站地点，造成漏接。
（4）由于国际航班提前到达或旅游者在境外中转站乘坐其他航班而造成漏接等。

（二）漏接的处理

1. 认真对待。
得知旅游团已抵达，导游人员必须立即赶去与旅游团会合，由于导游人员自身原因造成漏接时，导游人员应实事求是地向旅游者说明情况，诚恳地赔礼道歉，以求得旅游者谅解。对于客观原因造成的漏接，导游人员不要认为与己无关而草率行事，应立即与接待社有关部门联系查明原因；向旅游者进行耐心细致的解释，以防引起误解。

2. 提供高质量的服务。

更加热情周到地为旅游者服务，更精彩地进行导游讲解，高质量地完成旅游接待任务，尽快消除旅游者因漏接造成的不愉快。必要时可请旅行社的领导出面赔礼道歉或酌情给旅游者一定的物质补偿。

3. 支付必要费用。

旅游者因等不到导游人员而乘坐出租车前往下榻的饭店，导游人员应主动支付相应的费用。

（三）漏接的预防

1. 认真阅读接待计划。

导游人员在接到带团任务后，应了解旅游团抵达的日期、时间、接站地点并认真核对清楚。

2. 核实交通工具到达的准确时间。

旅游团抵达本站的当天，导游人员应与旅行社有关部门联系，了解班次或车次是否有变更，并及时与机场（车站、码头）联系，核实抵达的确切时间。地陪还应提前与旅游团的全陪或领队联系，核实旅游团所乘坐交通工具抵达的准确时间、地点，如没有全陪和领队也可与旅游者联系。

3. 提前抵达接站地点。

导游人员应与司机商定好出发时间，保证按规定提前半小时到达接站地点。

二、错接的处理与预防

错接是指导游人员在接站时未认真核实，接了不应由他接的旅游团（者）。错接属于责任事故。

（一）错接的处理

1. 立即报告旅行社。

发现错接，应立即报告旅行社领导及相关人员，请其协助寻找应接待的旅游团。找到了应立即办理移交手续，并说明情况，还要因自己的不认真给人家添麻烦赔礼道歉。

2. 寻找自己的旅游团。

地陪应设法寻找自己的旅游团。如经核查，若错接发生在同一家旅行社接待的两个旅游团，地陪应立即向领导汇报，经领导同意，地陪可不再交换旅游团；如果是地陪兼全陪，则应交换旅游团并向全体旅游者道歉。

若错接的是另外一家旅行社的旅游团时，地陪应立即向接待社领导汇报，设法尽快交换旅游团，并向全体旅游者实事求是地说明情况并诚恳地道歉。

3. 非法导游接走旅游团（者）的处理。

若发现非法导游接走了旅游团（者），地陪应立即报告接待社，请其协助寻找。若找到非法导游，报告有关部门予以严肃处理。

（二）错接的预防

1. 地陪应提前到达接站地点迎接旅游团。

2. 接团时认真核实。地陪要认真逐一核实旅游客源地组团旅行社的名称、旅游目的地组团旅行社的名称、旅游团的代号、人数、领队姓名（无领队的团要核实游客的姓名）、下榻饭店等信息。

3. 提高警惕，严防社会其他人员非法接走旅游团。

三、空接的原因与处理

空接是指由于某种原因旅游团推迟抵达某站，导游人员仍按原计划预定的班次或车次接站而没有接到旅游团。

（一）造成空接的原因

1. 接待社没有接到上一站的通知。

由于天气原因或某种故障，旅游团仍滞留在上一站或途中，上一站接待社并不知道这种临时变化，而全陪或领队又无法及时通知地方接待社。

2. 上一站忘记通知接待社。

班次变更后旅游团推迟到达，但由于上一站工作失误，忘记通知接待社有关部门，造成空接。

3. 接待社没有通知地陪。

接待社接到了上一站的变更通知，但接待社有关人员忘记通知该团地陪造成空接。

4. 旅游者自身原因。

旅游者（主要是散客）因生病、急事，临时取消旅游计划，但没有及时通知旅行社，造成空接。

（二）空接的处理

一旦发生空接，地陪应按下列步骤处理。

1. 排除漏接。

飞机、火车准时抵达，导游人员接不到旅游团（者）时，首先应排除漏接的可能，与旅游团下榻的饭店联系，核实旅游团是否自行到了饭店。

2. 请旅行社查明原因。

立即与地接社联系，请其查明原因。

3. 旅游团（者）推迟抵达。

经核实，旅游团（者）推迟抵达，导游人员要听从接待社的安排。如推迟时间不长，可在机场、车站等待，准备迎接不久后来到的旅游团（者），如推迟时间较长，可离开机场、车站，重新落实接团事宜。

【案例分析】

一个18人的旅游团原计划当日晚20：00由桂林飞抵北京，但那天桂林两江机场因故临时空中管制，计划中的航班都无法按时起飞，全陪忙于关注事态发展，未能及时通知旅行社，造成了北京的空接事故。全陪和地陪都不知道对方的手机号码，所以北京地陪虽然在机场与多方联络，但毫无结果；加上北京地接社计调部门的疏忽，将计划书上的旅游团出发城市桂林错写成贵阳，致使地陪没能发现桂林的航班没有准点起飞的情况。该团最终于次日到达北京，但因全陪没有掌握联络电话，造成全团近6 000元的损失。

分析：案例中的旅游团推迟到次日抵达北京，北京地陪应按照空接的处理方式进行妥善处理。从该事故中，可以得出4点教训：① 全陪必须随时将旅游团行程中任何变化通知相关人士，旅行社则应及时通知下一站地方接待社。② 北京地接社最好在团队抵达的当天与上一站地接社联系，再次确认旅游团抵达的准确时间。③ 手机是最方便的联络工具，导游人员在接团时一定要将其处于最佳状态，当然，导游人员必须记住必要的电话号码。④ 计调人员要加强责任心，下达的接待计划必须正确无误。

四、误机（车、船）事故的原因、预防与处理

误机（车、船）事故是指由于某些原因或旅行社有关人员工作的失误，旅游团（者）没有乘原定航班（车次、船次）离开本站而导致暂时滞留。

误机（车、船）是重大事故，不仅给旅行社带来巨大的经济损失，还会使旅游者蒙受经济或其他方面的损失，严重影响旅行社的声誉。导游人员要高度认识误机（车、船）的严重后果，杜绝此类事故的发生。

（一）误机（车、船）事故的原因

1. 客观原因造成的非责任事故。

由于旅游者方面的原因（重病、受伤、走失等）或由于途中遇到交通事故、严重堵车、汽车发生故障等突发情况造成延误。

2. 主观原因造成的责任事故。

（1）地陪安排日程不当或过紧，使旅游者没能按规定时间到达机场（车站、码头）。

（2）地陪没有认真核实交通票据，将离站的时间或地点搞错。

（3）班次（车次）变更，但接待社的有关人员没有及时通知导游人员。

【案例分析】

一个40人的国内旅游团计划于4月15日15:30分乘火车离京前往西安。旅游团在一家大型商场旁的餐厅用餐，午餐于13:00结束，旅游者要求去商场购物，地陪起先不同意，但经不住旅游者的坚持要求，还是同意了，不过一再提醒大家一个小时后一定要返回原地集合。

一个小时后只有38人回来，等了一会儿，地陪让已经回来的旅游者在旅游车上休息，自己与全陪及两名年轻旅游者进商场寻找，找到两人时，离火车离站时间只有20多分钟了，旅游车赶到北京火车站，火车已经离站。

分析： 这起误车事故的责任在地陪，他犯了两个错误：①地陪同意旅游者去商场购物，违反了"旅游团离站当天不得让旅游者自由活动，不带旅游者去大型商场购物"的纪律；38人已经返回，地陪应该让全陪携票证带旅游团先去车站等候，自己留下寻找走失者，而他却让所有的人在旅游车上休息。②旅游者进了商场，一旦分散活动，就是再三强调集合时间，不少人还是会因选购中意商品而忘了时间。导游人员应该充分认识到这一点。为了避免旅游者饭后购物，地陪可以安排午餐时间略晚，或用餐时间拖得长一点，以免留有过长的时间让旅游者产生购物欲望；或与计调部门商量更换餐厅，不安排旅游团在靠近大商场的餐厅用午餐。

（二）误机（车、船）事故的预防

1. 加强责任心。

导游人员要加强责任心，认真做好旅游接待工作。地陪、全陪要提前做好旅游团离站交通票据的落实工作，并核对日期、班次、时间、目的地等，切实做到"四核实"。

2. 与各方紧密联系。

导游人员要与计调部门和行李员、司机紧密联系，相互配合，共同做好送站工作。

3. 严格按照规章制度办事。

有关规章制度，导游人员必须遵照执行，不得我行我素，不能只凭经验办事。离开本站的当天不安排旅游团到范围广、地域复杂的景点参观游览；不安排旅游团到热闹的地方购物或自由活动。

4. 时间安排留有余地。

要充分考虑各方面的因素，安排充裕的时间去机场（车站、码头），保证旅游团按以下规定时间到达离站地点：乘国际航班，提前120分钟到达机场；乘国内航班，提前90分钟到达机场；乘火车或轮船，提前60分钟到达车站或码头。

（三）误机（车、船）事故的处理

1. 立即向旅行社领导及有关部门报告并请求协助。
2. 地陪和旅行社尽快与机场（车站、码头）联系，争取让旅游者尽快改乘后续班次离开本站；或采取包机（车厢、船）或改乘其他交通工具前往下一站。
3. 稳定旅游者的情绪，安排好滞留期间的食宿、游览等事宜。
4. 及时通知下一站，对日程作相应的调整。
5. 向旅游者赔礼道歉。
6. 写出事故报告，查清事故的原因和责任，责任者应承担经济损失并受相应处分。

【案例分析】

误机责任谁承担

国庆节前夕，刘某等8名旅游者报名参加某旅行社的海南五日游，双方口头约定，9月30日12:00乘机赴海南，10月4日下午3点多乘机返回，派全陪导游全程服务。后因未买到全陪导游的机票，就没派全陪导游随团前往海南，但承诺派导游送机、地接社将保证接待质量，并将返程机票交给刘某，告知时间为10月4日下午3点多。

10月3日，从三亚返回海口的途中，地陪询问乘机返回的时间，刘某答复是次日下午3点。4日上午9点多，刘某拿出机票想确知具体时间时，却突然发现机票是上午8点10分，而并非组团社所说的下午3点多。刘某当即与旅行社交涉，经过地接社的多方努力，重新购买了12点零5分的返程票。但是，由于该旅游团购买的是不得转签、退换的优惠票，原票全部作废。刘某等旅游者考虑单位尚有急事需办理，只好先承担了误机的责任，支付了机票款共12 600元。

旅行社认为返程机票已交给刘某，由其自行保管，在旅游过程中，地接社导游多次询问，旅游者始终回答是10月4日下午3点的飞机，由于旅游者的疏忽大意造成误机，其损失不应该由旅行社承担。但考虑旅游者的实际利益，出于对旅游者的同情和安抚，北京的组团社同意补偿机票损失的10%。刘某则持相反意见，双方各执已见，协商不能达成一致。请问该事故责任在谁？

分析：这次误机事故中，旅行社有违约行为和过错，应承担主要责任，刘某等旅游者存在疏忽查验机票的过失，也应承担相应责任。①组团社有违约行为。

组团社未按约定提供全陪导游服务，未买到机票而取消全陪的理由并不是不可抗力，属于单方违约行为。将机票交给刘某后，旅行社并没有告之返程飞机有变动的真实情况。如果全陪随团，按其职责核实机票时间，误机是可以避免的。因此，组团社未提供全陪服务与误机有直接关系。②地接社未按国家标准提供服务。离站的前一天，地陪应确认交通票据及离站时间，本案中，全部行程都是由旅行社安排的，在没有全陪的情况下，地陪社应负责组织落实全部旅游活动，而地陪并没有按导游服务质量标准的规定查验机票，确认返程的准确时间，只是询问了旅游者就轻率地认定返程时间，导致发生了误机的严重责任事故。③旅游者自身也存在过失。刘某负责保管返程机票，应具有查验核对的义务，发现问题应及时向旅行社提出，避免损失的发生。特别是10月3日返程的前一天，当地陪向其询问时，刘某仍未查验交通票据，而继续答复未变更的返程时间。如果刘某查验一下机票，误机的事情也是可以避免的。刘某疏忽大意，告之地陪错误的返程时间，也是造成误机的主要原因之一，因此刘某也应担负相应的损失。

【任务实施】

实训项目： 错接旅游团的处理。
实训内容： 1. 以小组为单位进行实训。
     2. 阅读所给案例，并针对实训资料进行分析讨论，提交分析报告。
实训考核： 主讲教师点评，打分。
实训资料：

导游员接错了旅游团

2014年4月的一天，导游员小汪按照旅行社的安排去机场迎接一个20人的旅游团。班机准时抵达，人数、团号、国籍一一核对清楚后，小汪就带着这些游客上车了。

当车子到达游客入住的饭店门口时，领队突然提出了疑问，说他们要入住的饭店不是这一家。小汪不明白，心想："我的计划怎么会和领队不一样呢？"当领队拿出计划与小汪对照后，小汪才知道自己接错旅游团了。

原来这是公司系列团中的一个，境外旅行社今天有两个团发给自己的旅行社，团号、人数都一样，但有A、B团区分，所住饭店也不一样。而原本由小汪接的团则被旅行社的另一名导游员接走了，幸好都是自己公司接的旅游团。最后，经请示旅行社领导后，此团也就由小汪"将错就错"地带下去。虽然这不算什么大差错，但旅游团中的领队却有些不满，因为在他看来，发生这种问题至少说明了导游员工作不细心、责任心不强。

分析： 地陪小汪为什么会接错旅游团呢？发生错接事故时，地陪到底应该承担怎样的责任呢？如果是你，你会怎么办？

导游带团误车了

地陪小张接待一个40人的旅游团,按计划该团将乘16:45的火车赴D市。午饭后游客出完行李,小张在14:30将全团游客带到中心广场并宣布:"请大家在广场自由活动或去购物一个小时。"于是游客纷纷走散。一小时后只有34人返回,待最后几位客人返回时已经是16:10分,旅游车匆匆驶至车站,火车早已驶离。

分析:此次事故的性质、原因和将会造成的损失有哪些?假设由你做地陪,当发现只有34人返回时你将如何处理?

任务三 旅游者丢失证件、财物、行李事件的预防与处理

【任务介绍】

旅游期间,旅游者丢失证件、财物、行李的现象时有发生,不仅给旅游者造成诸多不便和一定的经济损失,也给导游人员的工作带来不少麻烦和困难,影响旅游活动的正常进行,还会影响到旅行社和旅游目的地的形象。导游人员应经常关注旅游者这些方面的情况,采取各种措施预防此类问题的发生。如在旅游过程中发生旅游者丢失证件、财物、行李的现象时,应立即采取有效措施进行处理,将损失降到最低限度。

【任务目标】

1. 掌握预防旅游者丢失证件、财物、行李的具体措施。
2. 掌握旅游者丢失证件事件的处理方法。
3. 掌握旅游者丢失财物事件的处理方法。
4. 掌握旅游者丢失行李事件的处理方法。

【任务导入】

旅游旺季,导游小黄在接待一个从广东来的旅游团,当他带领大家游览完某个游人较多的景点时,一位旅游者声称自己钱包被偷,内有现金若干。小黄引导其回忆整个过程,钱包确为在游览过程中丢失。如果你是小黄,该如何处理?旅游者在旅游过程中经常会发生财物丢失的事件,作为一名导游人员,你该如何尽量避免此类事件的发生?

【相关知识】

一、旅游者丢失证件、财物、行李事件的预防

旅游期间，旅游者如果丢失证件、财物、行李将直接影响旅游活动的正常进行，导游人员应经常关注此类情况，采取各种措施预防此类问题的发生。

1. 多做提醒工作。参观游览时，导游人员要提醒旅游者带好随身物品和提包；在热闹、拥挤的场所和购物时，导游人员要提醒旅游者保管好自己的钱包、提包和贵重物品；离开饭店时，导游人员要提醒旅游者带好随身行李物品，检查是否带齐了旅行证件；下车时提醒旅游者不要将贵重物品留在车上。

2. 导游人员在工作中需要旅游者的证件时，要由领队收取，用毕立即如数归还，不要代为保管，还要提醒旅游者保管好自己的证件。

3. 切实做好每次行李的清点、交接工作。

4. 每次旅游者下车后，导游人员都要提醒司机清车、关窗并锁好车门。

二、旅游者丢失证件事件的处理

旅游者丢失证件时，导游人员应先请其冷静地回忆，详细了解丢失情况，尽量协助寻找。如确已丢失，应马上报告组团社或接待社，根据组团社或接待社的安排，协助旅游者向有关部门报失，补办必要的手续，所需费用由旅游者自理。

（一）丢失外国护照和签证

1. 由旅行社出具证明。
2. 请失主准备照片。
3. 失主本人持证明去当地公安局（外国人出入境管理处）报失，由公安局出具证明。
4. 持公安局的证明去所在国驻华使、领馆申请补办新护照。
5. 领到新护照后，再去公安局办理签证手续。

【案例分析】

一个波兰旅游团在北京游览的第四天，上午参观了天坛，下午逛了王府井。一位老先生在外文书店前突然焦急地叫起来，说放在上衣口袋里的护照不见了。全陪在附近陪游客购物，得知消息后赶了过来，一面安慰老人，一面迅速用手机与地陪联系。地陪到达后，请老人认真回忆，在身上与腰包中寻找，确认护照丢失后，地陪将此事通报了接待社，并写好波兰大使馆的地址，让全陪带失主去北

京公安局和波兰大使馆办理相关手续，自己则带领旅游团其他成员继续在王府井逛街、购物。

分析： 导游人员只有熟练掌握导游业务知识，才能有条不紊地处理旅游者证件丢失事故。处理这类事故的时候，导游人员还应注意两点：① 导游人员之间只有密切合作，才能既办好了事情，又不影响旅游团的游览活动。② 把知情范围尽量控制在相关几个人之内，以免影响其他旅游者的游兴；事后要一再提醒旅游者看管好自己的证件、财物，避免发生类似事故。

（二）丢失团体签证

1. 帮助寻找，确认丢失后由接待社开具团体签证遗失证明。
2. 备齐相关材料：
（1）原团体签证的复印件（副本）。
（2）按原团体签证格式重新打印旅游团的名单。
（3）全团旅游者的护照。
3. 持上述证明和材料到公安局出入境管理处报失，填写申请表（可由一名旅游者填写，其他成员附名单），申领新的团体签证。

（三）丢失中国护照和签证

1. 华侨丢失护照和签证的处理：
（1）失主准备照片。
（2）当地接待社开具遗失证明。
（3）失主持遗失证明、本人照片到省、自治区、直辖市公安局（厅）或授权的公安机关报失并申请办理新护照。
（4）持新护照去其侨居国驻华使、领馆办理入境签证手续。
2. 中国公民出境旅游时丢失护照、签证的处理：
（1）请地陪协助在接待社开具遗失证明，再持遗失证明到当地警察机构报案，取得警察机构开具的报案证明。
（2）持当地警察机构的报案证明和遗失者照片及有关护照资料到我驻该国使、领馆办理新护照。
（3）新护照领到后，携带必备的材料和证明到所在国移民局办理新签证。

（四）丢失港澳居民来往内地通行证

失主持当地接待社的证明向遗失地的市、县公安部门报失，经查实后由公安机关的出入境管理部门签发一次性有效的《中华人民共和国出境通行证》。

（五）丢失台湾同胞旅行证明

失主向遗失地的中国旅行社或户口管理部门或侨办报失，核实后发给一次性有效的出入境通行证。

（六）丢失中华人民共和国居民身份证

由当地接待社核实后开具证明，失主持证明到当地公安局报失，经核实后开具身份证明，机场安检人员核准放行。

三、旅游者丢失财物事件的处理

旅游者的财物丢失或被盗，导游人员要设法寻找，确认找不到后予以正确处理。

1. 帮助寻找。

（1）稳定失主情绪，尽可能详细地了解物品的丢失经过，丢失物品的数量、形状、特征、价值以及可能丢失物品的时间和地点。

（2）仔细分析物品的丢失原因，迅速判断财物是遗失还是被盗。

2. 迅速报案。

（1）一经确定财物丢失或被盗，立即向公安机关报案，必要时向保险公司报案。

（2）及时报告旅行社，听取指示并开具遗失证明。

3. 开具必要证明。

（1）丢失的如果是贵重物品，失主应持报失证明、本人护照或其他有效身份证件到当地公安局出入境管理处填写《失物经过证明》，列出失物清单；丢失的如果是入境时向海关申报的物品，失主应出示《中国海关行李申报单》。

（2）丢失的如果是行李申报单，要在公安局申请办理《中国海关行李申报单报失证明》。

（3）遗失的如果是在国外办理了财产保险的物品，要在公安局出入境管理处办理《财物报失证明》。

目前，旅游者丢失贵重物品一般应到当地派出所挂失，并开具相关证明。

公安机关开具的上述证明可供失主离境时由海关查验或回国后向保险公司索赔。

4. 遗失旅行支票、信用卡等票证，失主应同时向公安局和相关银行报失。

5. 财物被盗的处理。

（1）立即向公安机关报警。

（2）积极协助有关部门调查，争取早日破案，挽回不良影响。

（3）若不能破案，应安慰失主，按上述方式处理。

四、旅游者丢失行李事件的处理

（一）来华途中丢失行李

海外旅游者的行李在来华途中丢失，即使不是导游人员的责任，也应帮助其查找。

1. 导游人员带失主到机场失物登记处办理行李丢失和认领手续。失主须出示机票及行李牌，详细说明始发站、转运站，说清楚行李件数及丢失行李的大小、形状、颜色、标记、特征等，并一一填入失物登记表；将失主下榻饭店的名称、房间号和电话号码（如果已经知道的话）告诉登记处并记下登记处的电话和联系人，记下有关航空公司办事处的地址、电话以便联系。

2. 旅游者在当地游览期间，导游人员要不时打电话询问寻找行李的情况，如果一时找不回行李，要协助失主购置必要的生活用品。

3. 若离开本地前行李还没有找到，导游人员应帮助失主将接待社的名称、全程旅游线路以及在各地可能下榻的饭店名称转告有关航空公司，以便行李找到后及时运往最适宜地点交还失主。

4. 如行李确系丢失，失主可向有关航空公司索赔。

（二）行李在中国境内丢失

旅游者在中国境内旅游期间托运过程中丢失行李，一般是交通部门或行李员的责任，但导游人员应高度重视并负责查找。

1. 冷静分析情况，找出差错环节。

（1）如果旅游者在出站前领取行李时找不到托运的行李，就有可能在上一站交接行李或托运过程中出现了差错。此种情况发生时导游人员可采取以下措施：带领失主到失物登记处办理行李丢失和认领手续；立即向接待社领导汇报，请求协助。

（2）如果旅游团抵达饭店后旅游者没拿到自己的行李，问题则可能出在饭店内或本地交接或运送行李的过程中，此时地陪应和全陪、领队一起先在本旅游团所住房间寻找，查看是行李误送还是本团旅游者错拿。如找不到，则应与饭店行李部取得联系，请其设法寻找。饭店行李部门仍找不到，地陪应报告接待社有关部门。

2. 主动做好失主的工作，就丢失行李事故向失主表示歉意，并帮助其解决因行李丢失而带来的生活方面的困难。

3. 经常与有关方面联系，询问查找进展情况。

4. 将找回的行李及时归还。如果确定行李已经遗失，则应由旅行社领导出面向失主说明情况并表示歉意。

5. 帮助失主根据惯例向有关部门索赔。

6. 事后写出书面报告。报告中要写清行李丢失的经过、原因、查找过程及失主和其他团员的反映等情况。

【案例分析】

某国际旅行社全陪接待一个英国旅游团，团队在北京入境后，旅游者发现其托运的行李丢失。全陪立即陪同该客人到行李查询处了解情况。客人乘坐的瑞士航空公司驻北京办事处人员接待了查询。经联系，确认行李是在苏黎世转机时落下了，要在找到行李后随机托运过来。因团队在北京不做停留，直接前往承德，全陪在帮助旅游者填写行李查询单时，详细填写了承德下榻的宾馆名称，承德停留天数，地接社名称、地址，以及全陪姓名和手机号码，并详细记下了瑞航驻北京机场办事处的电话和联系人。团队抵达承德后，全陪首先陪同旅游者购买了洗漱用具和换洗衣物，以保证旅游者旅行生活不受影响。在随后几天的游览过程中，经常打电话询问行李的查找情况。以防行李在团队离开承德前无法找到，全陪及时将下一站的停留地点和接待单位的联系方式通报给航空公司。庆幸的是，行李在离开承德的当天中午运抵承德云山宾馆，交还旅游者。

分析：该团旅游者行李丢失虽然是航空公司造成的，但导游人员没有因此推卸责任，采取事不关己的态度，而是本着"顾客就是上帝"的服务宗旨，为旅游者着想，积极、妥善地解决问题。这是一名合格导游人员的基本素质要求。

【任务实施】

实训项目： 旅游者丢失证件、财物、行李的处理。

实训内容： 1. 以小组为单位，进行情景模拟实训。

2. 各小组内部要求有人员分工，角色扮演。

3. 模拟导游带团中遇到旅游者丢失证件、财物或行李的情景，并做出相应处理。

实训考核： 以小组互评为主、教师点评为辅。

任务四　旅游者走失事件的预防与处理

【任务介绍】

在参观、游览或自由活动时，旅游团中旅游者走失的情况时有发生，原因多种，不一定是导游人员的责任。无论哪种原因造成旅游者走失都会影响旅游者的情绪，严重时会影响旅游计划的完成，甚至会危及旅游者的生命和财产安全。导游人员必须加强责任心，周到细致地工作，以防此类事故发生。一旦发生旅游者走失事件，导游人员应第一时间采取有效措施进行处理。

【任务目标】

1. 掌握预防旅游者走失事件的具体措施。
2. 掌握旅游者走失事件的处理方法。

【任务导入】

某年暑假，由80人组成的银川中学生旅游团游览北京。旅游团分乘两辆车前往颐和园，到达颐和园时，入口处已是人山人海。两位地陪商量后，决定A车学生从东宫门进，B车学生由北如意门入园，3小时后在新建宫门口集合。

两个小时后，A车一行40人游览了石舫，地陪清点人数，40名旅游者都在现场，便带团登船前往东岸文昌阁。船抵码头，游客陆续下船，地陪一点人数少了喜欢照相的4人。4名学生都没有手机，这下带队的老师、全陪和地陪都着急了。这时，地陪让全陪照顾学生就地拍照、休息，自己跑去颐和园管理处请求广播找人，通知4人直接到东宫门，地陪去东宫门等候。30分钟后全团会合，乘车返回市区。

分析：此事没有耽误太多时间，但还是有几个值得注意的问题：① 地陪没有向学生讲清楚两车人员分别进入颐和园，分路活动，致使一路照相的4人以为后面还有大队人马没有过来，造成走失。② 地陪有点凭经验办事，以为刚点完人数大家都会跟着上船的，上船后没有再清点人数，致使4人走失。③ 地陪没有安排全陪或带队老师殿后，也没有向旅游者反复强调跟上团队。④ 地陪应将手机号码告诉旅游者，以备不时之需，可地陪没有这样做。

【相关知识】

一、旅游者走失的原因

（一）在景区、景点旅游者走失的原因

1. 导游没有讲清在景点内的游览路线、集合时间和地点以及旅游车的停车位置。
2. 导游的讲解不精彩，讲解内容缺乏针对性，旅游者不感兴趣。
3. 旅游者被某一景观或某种活动迷住了；或因摄影时间过长，脱离了团队；或碰到老熟人，聊天忘了时间。
4. 导游没有讲清景区、景点的复杂地形，旅游者误入岔道迷了路。

（二）自由活动时旅游者走失的原因

自由活动时，旅游者外出逛街、购物，忘了时间，迷了路；没有带饭店的卡片，又没有记清饭店的名称和地址，造成走失现象。

二、旅游者走失事件的预防

（一）做好各种预防工作

1. 导游人员每天都要向旅游者报告一天的行程，讲清上午、下午的游览地点，中、晚餐用餐的地点和餐厅的名称。
2. 下车后、进入游览点之前，地陪要告知全体旅游者旅游车的停车地点、车号及车的特征，并强调开车的时间。
3. 进入游览点后，在该景点的示意图前，地陪要向旅游者介绍游览路线，所需时间，集合的时间、地点等。

（二）密切配合，防止走失，经常清点人数

参观游览时，地陪、全陪和领队要密切配合，地陪举社旗走在队伍前面，引导旅游者观景赏美并做精彩讲解，全陪和领队则殿后，注意旅游者动向，必要时提醒旅游者跟上队伍，防止旅游者走失。导游人员要时刻与本团旅游者在一起，注意旅游者的动向。参观游览中，每次转移时都要清点人数，发现少人要及时寻找。

（三）导游人员要以丰富的讲解内容和高超的导游技巧吸引旅游者

导游人员讲解的内容是否丰富、导游技巧是否运用得好，直接关系到旅游者的注意力是否集中。

（四）做好提醒工作

1. 旅游者单独外出时，导游人员要提醒旅游者记住接待社的名称、导游人员的联系方法、下榻饭店的名称及电话号码或带上有饭店地址信息的纸条等。
2. 自由活动时，导游人员应建议旅游者结伴同行，不要走得太远；提醒旅游者不要回饭店太晚，不到秩序混乱的地方。

三、旅游者走失事件的处理

（一）参观游览时旅游者走失事件的处理

1. 了解情况，迅速寻找。

导游人员应立即向团内其他旅游者、景区工作人员了解情况并迅速寻找。地

陪、全陪和领队要密切配合，一般情况下是请领队、全陪迅速分头去寻找，地陪带领其他旅游者继续游览。

2. 争取有关部门的协助。

在经过认真寻找仍然找不到走失的旅游者时，地陪应立即向游览地的派出所和管理部门求助，同时与该团下榻的饭店前台和楼层服务台联系，询问该旅游者是否已回饭店。如采取以上措施仍找不到走失的旅游者，地陪应向接待社及时报告并请求帮助，必要时经领导同意向公安部门报案。

3. 做好善后工作。

找到走失的旅游者后，导游人员应问清情况，分析走失的原因。如是自己的原因，应向旅游者道歉；如责任在走失者，应对其进行安慰，讲清利害关系，提醒以后注意。

4. 写出事故报告。

如发生严重的旅游者走失事故，导游人员应写出书面报告，内容包括旅游者走失的经过、走失原因、寻找的经过、善后处理及旅游者的反映等详细情况。

【案例分析】

一个60人的旅游团队当日游完北京最后一个景点天安门广场之后，次日准备飞往桂林。也许是天安门的雄姿吸引了游客，晚上清点人数时发现有一位日本游客丢失，这可急坏了团队全陪。全陪让团队在长城饭店住下之后，迅速通知了饭店值班经理及旅行社经理，并与国际饭店团队电话联络，以期获得游客求助的消息，及时与其联系。此时游客发现自己脱离队伍也急坏了，幸好找到一家贵宾楼饭店，饭店主管经理依据经验与几家经常接待日本团队的酒店联系，几经周折，终于有了音讯。该团队在得知游客消息后迅速前去迎接，终于接回了走失的日本游客，并向游客深深道歉，同时向各家积极提供帮助的饭店致以谢意。游客归队了，一场有惊无险的事件结束了，虽然并没有出现什么意外事件，但其中的教训却值得深思。

分析： 本案例中该旅行社圆满地处理了这类事件，不但没有损害声誉，同时也给游客留下了美好的印象。但必须从中吸取教训：① 旅游团队在每游完一个景点离开前，务必按时清点人数并及时寻找，不要事后漫天撒网于茫茫人海。② 像本案例中的情况，导游应该做到：第一，及时弄清情况，迅速寻找。第二，导游应迅速向旅行社和有关部门报告，这一点十分必要。特别是那些范围大、进出口多的游览点，会给寻找工作带来较大的麻烦和困难，导游须迅速向该地派出所或管理部门报告，请求他们协助寻找。同时，迅速与旅行社驻饭店值班室、饭店前台取得联系，询问游客是否已返回饭店。第三，走失者找到后，要查清责任，并做好善后工作。如属己方责任，须向对方赔礼道歉，并征求其意见，弥补过失。如责任在对方，应对此表示遗憾，并友好提醒对方以后防止类似事情的发生。事后，要向领导书面汇报走失者与寻找情况，以及相关方面的反映。

（二）自由活动时旅游者走失事件的处理

1. 立即报告旅行社。

地陪可寻求接待社有关人员的协助，通过有关部门通报管区的公安局、派出所和交通部门，尽量详细地提供走失者的特征和相关情况，请求沿途寻找。

2. 做好善后工作。

找到走失者，应予以安抚，稳定他的情绪；必要时提出善意的批评，并以此为戒，提醒旅游者避免再次发生类似事故。

3. 写出书面报告。

【任务实施】

实训项目：旅游者走失事件的预防与处理。
实训内容：1. 以小组为单位，进行实训。
     2. 通过网络、图书等途径搜集有关旅游者走失的案例，并进行分析总结。
     3. 通过案例分析及所学知识，总结旅游者走失的预防与处理的方法与经验。
     4. 上交有关旅游者走失事件的预防与处理的经验总结。
实训考核：小组间进行成果分享，教师进行点评，打分。

任务五　旅游者患病、死亡事件的处理

【任务介绍】

在旅游的过程中，由于旅途劳累、气候变化、水土不服、起居习惯经常改变等原因，旅游者突然患病、患重病甚至病危的情况都有可能发生，特别是年老体弱和患病的旅游者更容易出现这种问题。导游人员应该积极主动地采取一些措施，尽量避免人为原因导致旅游者发生此类问题。如果旅游者患病或患重病，导游人员应沉着冷静，从容处理，并努力使旅游活动继续进行。

【任务目标】

1. 掌握旅游者患病的预防措施。
2. 掌握旅游者患病的处理方法。
3. 掌握旅游者死亡的处理方法。

【任务导入】

北京导游员小孙在接待某旅游团的时候,发现某位旅游者面色苍白,精神萎靡,经量体温发现有点发烧,小孙就给旅游者服用了退烧药,半天后该旅游者病症并未消失。小孙的做法是否有不妥之处?导游遇到旅游者患病时应该如何处理?

分析: 小孙不应该擅自给患者用药。正确的处理办法是:劝其及早就医,注意休息;关心患者的病情;向旅游者讲清看病的费用自理;严禁导游人员擅自给患者用药。

【相关知识】

一、旅游者患病事件的预防与处理

(一)旅游者患病的预防

从居住地到旅游目的地,旅游者经过长途旅行的劳累,加上气候变化、水土不服、起居习惯改变等原因,使得体力消耗较大。旅游团中年纪大、有慢性病、体质弱的旅游者很难适应,会引发一些旅游者在旅途中旧病复发、生病甚至死亡。导游人员应从多方面了解旅游者的身体状况,照顾好他们的生活,经常关心、提醒,避免人为的原因致使旅游者生病。

1. 了解旅游团成员的健康状况。

导游人员可以通过多方面了解本团旅游者的健康状况,做到心中有数。接团前通过研究接待计划了解本团成员的年龄构成;从接到旅游团时起,可从领队处了解团内有无需要特殊照顾的患病旅游者;在旅游者之间进行了解;通过察言观色对身体肥胖或瘦弱,走路缓慢、费力,面部表情和举止异常的旅游者多关心,预防突发疾病的发生。

2. 周密安排游览活动。

如旅游团中老弱病残者占的比重较大,导游人员制订计划、安排活动日程时要留有充分的余地,活动节奏不要太快,做到劳逸结合;体力消耗大的项目不要集中安排;晚间活动安排时间不宜过长。

3. 做好提醒、预报工作。

地陪应做好天气预报工作,要根据每天的天气预报提醒旅游者增减衣服、携带雨具、穿戴适宜的鞋帽等;提醒旅游者注意饮食卫生,不吃不洁食物,不要喝生水;气候干燥或在盛夏时,提醒旅游者多喝水;适当调整游览时间,保证旅游者有充分的休息时间。

(二)旅游者患一般疾病的处理

1. 劝其及早就医并多休息。

旅游者患一般疾病时，导游人员要劝其尽早去医院看病，并留在饭店内休息；如需要，导游人员应陪同患者前往医院就医。

2. 关心旅游者的病情。

如果旅游者留在饭店休息，导游人员要前去询问身体状况并安排好用餐，必要时通知餐厅为其提供送餐服务。

3. 向旅游者讲清看病费用自理。

4. 导游人员严禁擅自给患者用药。

（三）旅游者突患重病的处理

1. 旅行途中旅游者突然患病，导游人员应采取措施就地抢救，请求机组人员、列车员或船员在飞机、火车、轮船上寻找医生，并通知下一站急救中心和旅行社准备抢救。若乘旅游车前往景点途中旅游者患重病，必须立即将其送往就近的医院或拦车将其送往医院，必要时暂时中止旅行，让旅游车先开到医院；还应及早通知旅行社，请求指示和派人协助。旅游者在饭店患重病时，先由饭店医务人员抢救，然后送医院。

2. 旅游者病危时，导游人员应立即协同领队和患者亲属送病人去急救中心或医院抢救，或请医生前来抢救。患者如系国际急救组织的投保者，导游人员还应提醒领队及时与该组织的代理机构联系。

3. 在抢救过程中，导游人员应要求领队或患者亲属在场。并详细记录患者患病前后的症状及治疗情况。需要签字的，导游人员应请患者的亲属或领队签字。导游人员还应随时向当地接待社反映情况。

4. 若旅游者病危但亲属不在身边，导游人员应提醒领队及时通知患者亲属。患者家属到来后，导游人员应协助其解决生活方面的问题；若找不到亲属，一切按使、领馆的书面意见处理。导游人员这时应安排好旅游团其他旅游者的活动，全陪应继续随团旅游。

5. 患病旅游者转危为安，但仍需住院治疗不能随团离境时，接待社领导和导游人员（主要是地陪）要不时去医院探望，帮助患病旅游者办理分离签证、延期签证以及出院、回国手续和交通票证等善后事宜。

6. 患病旅游者住院及医疗费用自理，离团住院时未享受的综合服务费由旅行社之间结算，按规定退还本人；患病旅游者的亲属陪侍期间一切费用自理。

二、旅游者死亡事件的处理

出现旅游者死亡的情况时，导游人员应立即向当地接待社报告，按当地接待社领导的指示做好善后工作。同时，导游人员应稳定其他旅游者的情绪，并继续做好旅游团的接待工作。

1. 如死者的亲属不在身边，导游人员必须立即通知其亲属；如死者的亲属系外籍人士，应提醒领队或经由外事部门及早通知死者所属国驻华使、领馆。

2. 由参加抢救的医师向死者的亲属、领队及死者的好友详细报告抢救经过，并写出"抢救经过报告""死亡诊断证明书"，由主治医师签字后盖章并复印，分别交给死者的亲属、领队和旅行社。

3. 对死者一般不做尸体解剖，如要求解剖尸体，应由死者的亲属或领队提出书面申请，经医院和有关部门同意后方可进行。

4. 非正常死亡者，为查明原因，需进行解剖时，由公安、司法机关按有关规定办理。解剖前需征得死者亲属和领队或所在国驻华使、领馆人员的同意，并签字认可。解剖后，写出《尸体解剖报告》。此外，旅行社还应向司法机关办理《公证书》。

5. 如需要，请领队向全团宣布对死者的抢救经过及死亡原因。

6. 遗体的处理，一般应以在当地火化为宜。遗体火化前，应由死者的亲属或领队，或所在国驻华使、领馆人员写出《火化申请书》并签字后进行火化。

7. 死者遗体火化后，火葬场出具死者的《火化证明书》交给领队或死者亲属；我国民政部门发给对方携带骨灰出境证明。

8. 死者的亲属要求将遗体运送回国，除需办理上述手续外，还应由医院对尸体进行防腐处理，由殡仪馆成殓，并发给《装殓证明书》。同时需办理《尸体防腐证明书》《外国人运送灵柩（骨灰）许可证》《尸体灵柩出入境许可证》等有关证件，方可将遗体运出境。

9. 由死者所持护照国驻华使、领馆办理一张遗体灵柩经由国家的通行护照，此证随灵柩同行。

10. 死者的遗物由其亲属或领队、死者生前好友代表、全陪、接待社代表共同清点，列出清单，一式多份，上述人员签字后分别保存。遗物由死者的亲属或领队带回（或交使、领馆）。

11. 若举行追悼仪式或宗教祭祀仪式，导游人员要参加。

12. 死亡赔偿，按国家的有关保险规定妥善处理；死者生前办有人寿、医疗等保险，要为死者亲属办理人寿保险索赔、医疗费报销等有关证明。

13. 处理死亡事件，各类证件、证明必须齐全，事后存档；写出《死亡善后处理报告》。

【任务实施】

实训项目： 旅游者患病、死亡事件的处理。

实训内容： 1. 以小组为单位，进行实训。

2. 通过网络、图书等途径搜集有关旅游者患病、死亡的案例，并进行分析总结。

3. 通过案例分析及所学知识，总结旅游者患病、死亡事件的处理方法与经验。
4. 上交有关旅游者患病、死亡事件的处理经验总结。

实训考核：小组间进行经验分享，教师进行点评，打分。

任务六　旅游者越轨言行的处理

【任务介绍】

越轨行为一般是指旅游者侵犯一个主权国家的法律和世界公认的国际准则的行为。外国旅游者在中国境内必须遵守中国的法律，若犯法，必将受到中国法律的制裁。中国旅游者在国内或出国旅游也应遵守旅游目的地（国）的法律法规。国内外旅游者无论谁触犯法律，都必将受到法律的制裁。因此，处理这类问题要慎重，导游人员应掌握政策和策略，认真调查核实，分析原因。要分清越轨行为和非越轨行为的界限、有意和无意的界限、无故和有因的界限、言论和行为的界限。同时要分清旅游者越轨言行属于什么类型的行为，如攻击和诬蔑言论、违法行为、散发宗教宣传品行为、违规行为。一旦发现旅游者有越轨言行，应立即采取相应措施。

【任务目标】

1. 掌握旅游者出现攻击和诬蔑言论行为的处理方法。
2. 掌握旅游者出现违法行为的处理方法。
3. 掌握旅游者出现散发宗教宣传品行为的处理方法。
4. 掌握旅游者出现违规行为的处理方法。

【任务导入】

北京导游员小梁接待一个日本旅游团，在游览过程中看到了两名中国游客因为某事发生争执，其中有一个日本人说："中华民族真是一个野蛮低劣的民族。"小梁为了避免不愉快而采取了沉默的态度，你认为小梁这种态度对吗？导游人员面对旅游者出现越轨言行应该如何处理？

分析：小梁的态度不对。正确的做法是：①作为导游员必须立场坚定，旗帜鲜明，对其言行进行制止。②处理此类事情要非常慎重，事先要做调查研究，认真核实，分清两种不同性质的界限，分清有意和无意的界限。

【相关知识】

旅游者的越轨言行系个人问题,但处理不当却会产生不良后果。为了正确处理此类问题,导游人员应做好以下工作:

1. 积极宣传国家的有关法律、法规。应在旅游活动一开始就向旅游者积极宣传我国的有关法律、法规和相关注意事项,多做提醒工作,以避免个别人无意中做出越轨、违法的行为。

2. 必要的提醒和警告。一旦发现可疑现象,就要有针对性地给予必要的提醒乃至警告,迫使预谋越轨者知难而退。

3. 认真调查核实。发现个别旅游者违规、违法,要认真调查核实,分清有意和无意的界限,分清有因和无故的界限,分清言论和行为的界限。只有这样,才能正确处理,才能团结朋友、增进友谊。

4. 严肃处理。对冥顽不化者,应立即将其越轨言行实事求是地报告有关部门并协助调查,分清性质,严肃处理,维护我国的国家主权和尊严。

一、对旅游者攻击和诬蔑言论的处理

由于社会制度的不同、政治观点的差异,外国旅游者可能对中国的方针政策及国情有误解或不理解,在一些问题上存在认识分歧。因此,导游人员要积极地宣传,认真回答旅游者的问题,友好地介绍我国的国情,阐明我方对某些问题的立场、观点,求同存异。

但是,若有外国旅游者站在敌对立场上对我国进行攻击和诬蔑时,导游人员要严正驳斥,驳斥时要理直气壮、观点鲜明、立场坚定,必要时报告有关部门,查明后严肃处理。

二、对旅游者违法行为的处理

因社会制度和传统习惯的差异导致各个国家的法律不完全一样,对因缺乏了解中国的法律和传统习惯而做出违法行为的外国旅游者,导游人员要讲清道理,指出错误责任,并报告有关部门,根据其情节适当处理;对明知故犯者,导游人员要提出警告,并配合有关部门严肃处理,情节严重者应绳之以法。

旅游者中若有窃取我国机密和经济情报、走私、贩毒、盗取文物、倒卖金银、套购外汇、贩卖黄色书刊及录音带、录像带、激光视盘、嫖娼、卖淫等犯罪活动,一旦发现,导游人员应立即汇报,并配合司法部门查明情况,严肃处理。

三、对旅游者散发宗教宣传品行为的处理

旅游者若在中国散发宗教宣传品,导游人员一定要予以劝阻,并向其宣传中国的宗教政策,指出不经我国宗教团体邀请和允许,不得在我国布道、主持宗教活动和在非完备活动场合散发宗教宣传品。处理这类事件要注意政策界限和方式方法,对不听劝告并有明显破坏活动者应立即报告,由司法、公安有关部门处理。若有人以旅游者的身份宣传邪教,进行邪教活动,导游人员要坚决制止并迅速报告有关部门,予以严肃处理。

四、对旅游者违规行为的处理

(一)对违反景区、景点有关规定的处理

旅游者中总有一些人行为不检点,对景区、景点树立的醒目告示牌熟视无睹,明知故犯。导游人员在进行精彩讲解的同时,注意进行文物保护、环境保护的宣传。导游人员要讲清景区、景点的有关规定并一再提醒旅游者注意遵守。例如,禁止进入、禁止照相、禁止使用闪光灯;禁止乱涂、乱画;禁止践踏草地,禁止攀登,禁止采摘花草、果实,禁止采挖野菜;禁止随地吐痰、乱扔废弃物。导游人员还要注意旅游者的动向,防止少数人破坏景区、景点的环境,扰乱景区、景点的秩序。若发现违规行为,导游人员应予以阻止;若有人不听劝告,一意孤行,导游人员要报告有关部门,对其进行严肃处理。

(二)对女性有越轨行为者的处理

旅游者中若有人品行不端、行为猥亵并侵犯他人,导游人员应郑重地向其指出行为后果的严重性,让其立即改正。对境外旅游者,导游人员要明确告知中国人的道德观念和异性间的行为准则,请其尊重并遵守。

对男性旅游者的不端行为,女性导游人员的正确做法应是:

1. 行为端庄。女导游人员与异性旅游者交往时不能太随便,切不可轻浮,而是要行为端庄、落落大方,显出不可侵犯的姿态。这样的女性可使图谋不轨者望而却步。

2. 明确拒绝。若有异性旅游者向女导游人员挑逗或提出非分要求,必须明确拒绝,言语不应激烈,但必须明确拒绝。如果因怕搞僵关系而不明确表态或因不好意思而脸红跑掉,就会给自己找来更多的麻烦。

3. 采取措施。若有个别人蛮横无理,或纠缠不休,或行为粗野,女导游人员可以采取断然措施以求自卫,并立即报告旅行社领导,情节严重者由有关部门依

法处理。

（三）对酗酒闹事者的处理

旅游者酗酒，导游人员应先规劝并严肃指明可能造成的严重后果，尽力阻止。不听劝告、扰乱社会秩序、侵犯他人并造成物质损失的肇事者必须承担一切后果，直至法律责任。

【任务实施】

实训项目：旅游者越轨言行的处理。
实训内容：1. 以小组为单位进行实训。
　　　　　2. 阅读所给资料，并针对资料进行分析讨论，提交分析报告。
实训考核：主讲教师点评，打分。
实训资料：

导游途中遭遇游客要求讲"黄色"笑话等无理要求

某旅行社组织了黄山 2 日游，导游员王某全程陪同该团队。她是一名刚从学校毕业不久，从事导游工作时间还不长的女孩子，但组织能力较强，旅游知识较丰富。在前往黄山的途中，王某还为游客唱了几首歌，并介绍了安徽的风土人情、风景名胜。但一些游客却觉得不够刺激，其中游客 A 非要王某讲几个"黄色"笑话，并说所有的导游都应该会讲。王某此时感到非常为难，她认为导游员在带团过程中讲"黄色"笑话是不妥当的，就婉言拒绝了游客 A，并提议让所有游客参与做一个互动游戏。游客 A 拒绝并指责导游员不开放，不能满足游客需要，遂产生怨气。抵达目的地后，游客 A 发现自己的手机不见了，怀疑是导游员王某拿错了，要检查导游员的包并搜身。导游员反复说明自己没拿，对其要搜身更是不能接受。但游客 A 坚持要查包搜身，否则就去旅游行政管理部门投诉她和旅行社。导游员王某想着自己刚参加工作，为了避免旅行社遭受投诉而委曲求全，就让游客 A 检查了自己的包，并让一名女游客搜查了身上的衣服，均未发现游客 A 的手机。

分析：导游员王某遭遇游客 A 讲"黄色"笑话的要求时，做法是否正确？如果是你，被游客要求查包搜身时，你会怎么做？

任务七　突发事件的预防与处理

【任务介绍】

在旅游活动过程中，经常会遇到突发事件。突发事件的范围很广，交通事故、治安事故、火灾事故、地震、海啸、泥石流、恐怖活动等都属于突发事故，还包括骨折、溺水等。导游人员在带团期间必须提高警惕，一旦遇到突发事件，要沉着应付，果断采取措施，合情、合理、合法地予以处理，尽量让损失和影响降到最低限度。

【任务目标】

1. 掌握交通事故的预防和处理方法。
2. 掌握治安事故的预防和处理方法。
3. 掌握火灾事故的预防和处理方法。
4. 掌握旅游者受伤、骨折的预防和处理方法。
5. 掌握地震、海啸、泥石流等天灾的逃生知识。

【任务导入】

一旅游团参加某旅行社组织的旅游，他们坐着汽车公司的大客车行驶在崎岖不平的山路上。驶至一急转弯时，司机并未放慢速度，致使转弯时车碰在岩崖上，将靠在车窗边的一位旅游者头部撞伤，因诊治无效，右脸面部神经麻痹。据查，在山路行驶时，路况极差，车体抖动厉害，车上导游人员并未作任何警示和采取必要的措施（如让司机减慢行车速度）。事后，该旅游者提出了索赔。

分析： 此案例中导游人员和司机应当承担主要责任，《旅行社管理条例》明确规定，旅行社组织旅游，对可能危及旅游者人身、财物、安全的事宜，应当向旅游者做出真实的说明和明确的警示，并采取防止危害发生的措施。导游人员（包括地陪、全陪和领队）应该对事关旅游团人身财产安全的事宜不厌其烦地进行提醒，这不仅是对旅游者安全的负责，也是对司陪人员自身安全的负责。

【相关知识】

一、交通事故的预防和处理

交通事故的范围很广，最常见的是汽车交通事故，导游人员要与司机密切配合，做好交通事故的预防工作。

（一）交通事故的预防

1. 提醒司机经常检查车辆，发现隐患及时修理或要求更换车辆。
2. 行驶途中，导游人员不要与司机聊天，以免分散其注意力；但长途行车时，导游人员要不时与司机聊两句，以免司机打瞌睡。
3. 安排日程时在时间上要留有余地，以免司机因赶时间而违章超速行驶，避免司机疲劳驾驶；在任何情况下，导游人员都不应该催促司机开快车，有时还要阻止司机开"英雄车""赌气车"。
4. 如遇天气不好（雨、雪、大雾天）、交通堵塞、路况不佳，尤其在窄道、山区行车时，导游人员要随时提醒司机注意安全，谨慎驾驶。
5. 如天气恶劣、发生灾害时，导游人员有权改变行程，甚至可调整日程安排，但事先应向领队和旅游者讲清情况，征得他们的同意并及时报告旅行社。
6. 司机在工作期间不得喝酒，如果司机饮酒，导游人员要加以劝阻；若司机不听劝告，要立即报告旅行社，要求改派车辆或更换司机。
7. 非本车司机不得开车。
8. 导游人员若和司机有争执，待送团后解决，不要在行车过程中争执，以免司机赌气驾车。

导游人员必须将安全放在第一位，在任何情况下都不能忽视安全。

（二）交通事故的处理

一旦发生交通事故，只要导游人员没有受重伤、神志还清醒，就应立即采取措施，冷静、果断地进行处理并做好善后工作。

1. 立即组织抢救。

发生交通事故，应立即组织抢救，打电话叫救护车（医疗急救中心电话：120）或拦车护送重伤员去附近医院。

2. 立即报案，保护现场。

发生事故，尽可能指定专人保护现场，避免在慌乱中破坏现场。立即拨打122报警。

3. 立即报告接待社。

报告旅行社，通报事故情况，请求派人处理事故，派车来接安然无恙者和轻伤者或回饭店或继续游览。

4. 做好安抚工作。

安抚旅游者，提供热情周到的服务，力争使旅游活动得以继续进行。

5. 做好善后工作。

在旅行社的安排下，妥善处理善后事宜；事故查清后，告诉领队，由其向全团通报事故原因、对死亡人员的抢救、处理经过等。请医院开出诊断书和医疗证明书，请公安部门开具交通事故证明书，以便向保险公司索赔时使用。

6. 书面报告。

事故发生后，导游人员要写出详细的书面报告，包括旅游团名称，国籍，人数，事故发生的时间、地点、原因、经过及后果，处理的经过、结果，旅游者的情绪及对处理的反应等。报告内容要翔实，反映旅游者的状况要客观，重要内容最好用旅游者的原话。有可能的话，由领队、全陪和地陪联名签署确认报告。

二、治安事故的预防和处理

在旅游期间，遇到坏人行凶、诈骗、偷盗、抢劫等活动，导致旅游者身心及财物受到损害的事故，统称治安事故。

（一）治安事故的预防

在接待工作中，导游人员要始终提高警惕，采取有效措施并随时提醒旅游者，尽力防止发生治安事故。

1. 入住饭店后做好提醒工作。

（1）入住饭店后，提醒旅游者保管好贵重物品。建议旅游者将贵重财物存入饭店保险柜。不要随身携带大量现金或将现金放在客房内。

（2）向旅游者讲清外币兑换的有关规定，提醒他们不要私自与他人兑换外币，更不要在偏僻的地方与不熟悉的人兑换外币。

（3）提醒旅游者不要将自己的房间号告诉不熟悉的人；出入房间一定要锁好房门；晚间不要有人敲门就贸然开门，以防意外；不要让不熟悉的人和自称饭店维修人员的人进入房间。

2. 旅行、游览时导游人员的工作。

（1）旅游车行驶途中，不得停车让非本车人员上车，若有不明身份者拦车，提醒司机不要停车。

（2）下旅游车时，提醒旅游者不要将证件和贵重物品遗留在车上；旅游者下车后，提醒司机关好车窗、锁好车门，不要让生人上车，不要离车太远；旅游者返回上车时，导游人员和司机要尽力阻止小商贩上车兜售商品。

（3）参观游览活动时，导游人员要始终和旅游者在一起，随时注意观察周围环境和旅游者的行踪，经常清点人数；发现可疑现象应尽力引领旅游者避开；在人多拥挤的公共场所要提醒旅游者不要离开团队，注意保管好自己的证件、财物。

（二）治安事故的处理

一旦发生了治安事故，导游人员绝不能置身事外，而要全力保护旅游者的人身、财物安全。

1. 保护旅游者的安全。

遇到歹徒骚扰、行凶、抢劫，导游人员要临危不惧，绝不能临阵脱逃，可能时将旅游者转移到安全地点；导游人员要勇敢，但不能鲁莽行事，要防备歹徒的凶器，要保护旅游者的安全，也要保护好自己。

2. 组织抢救。

若旅游者受伤，应立即做好必要的伤口处理，尽快送往附近医院；尽可能保护现场。

3. 立即报警。

立即拨打110报警，公安人员赶到后，导游人员要积极配合、协助侦查。

4. 报告接待旅行社。

将案情报告接待社领导，情况严重时，请领导到现场指挥处理。

5. 妥善处理。

治安事故发生后，导游人员要设法稳定旅游者的情绪，如果后果不是很严重，就应设法继续进行旅游活动；在旅行社领导指导下准备好必要证明及相关资料，处理好种种善后事宜；注意破案情况，一有结果，请领队向全团通报。

6. 书面报告。

写出翔实的书面报告，对旅游者的重要反映，力争用原话并注明反映者的身份。

三、火灾事故的预防和处理

旅游团下榻的饭店在深夜大家熟睡时失火，会造成严重后果；地铁失火时，逃生也是个很大的问题。导游人员不能因火灾事故不常见而掉以轻心，也不要因没有经历过而惊慌失措。

（一）火灾事故的预防

1. 必要提醒。

导游人员应提醒旅游者不要携带易燃、易爆物品，不在托运的行李中夹带易燃、易爆等违禁物品；提醒旅游者不在床上吸烟，不乱扔烟头和其他火种。

2. 熟悉饭店安全通道。

入住饭店后，导游人员要熟悉所在饭店楼层的太平门、安全通道并向旅游者详细介绍；提醒他们熟悉客房门上贴的安全路线示意图，掌握失火时应走的路线；提醒旅游者，一旦发生火灾（地震、水灾等）时，不要乘坐电梯，只能从安全通道逃生。

3. 牢记火警电话119。

导游人员要牢记火警电话，掌握领队及全团成员的住房号码，以便失火时及时通知他们。

（二）酒店失火时的应急措施

1. 迅速撤离。

（1）火速通知旅游者。导游人员获悉酒店失火，要立即报警，采取一切可行的措施通知领队和全团旅游者。

（2）有序疏散。火灾逃生时，要轻装、快速、有序，避免摔倒，不盲目跳楼。

（3）集中旅游者。导游人员撤至安全地带后就要寻找本团旅游者，让大家聚集在一起。发现有人失踪应组织人力尽快寻找，有人受伤应及时救治。

2. 设法自救。

发现火灾已晚，无法逃离火灾现场时，导游人员应引导旅游者设法自救。

（1）用湿毛巾捂住口鼻，趴在墙根，爬行穿越浓烟，爬到烟少的地方，避免被烟气熏呛、烧伤或窒息，可能时打开窗户。

（2）大火封门时，或泼水降温，或用浸湿的衣被封堵塞严，越严实越好。

（3）房内有明火时，或泼水灭火，或用浸湿的被褥包住身体保护自己，等待救援。

（4）若身上着火，可能时就地打滚，或用浸湿的衣被压灭火苗。

（5）消防队员到来后，要一面高声喊叫，一面挥舞色彩鲜艳的衣物，争取救援。

3. 报告旅行社。

4. 正确处理善后事宜。

5. 写出翔实的书面报告。

（三）地铁失火自救

乘坐地铁时，万一失火或发生爆炸，旅游者要冷静应对，立即按响车厢内紧急报警装置通知司机；不要任意扒门，更不得跳下轨道，而要利用应急装置，手动打开车门；听从指挥，尽可能有序疏散；注意保护呼吸道。

四、旅游者受伤、骨折事件的预防和处理

（一）旅游者受伤、骨折的预防

提醒旅游者注意安全；照顾好老人，尽可能让他们走平坦的路；提醒父母照

管好孩子，不要让他们乱跑，以免发生意外。

（二）旅游者受伤的处理

旅游者受伤部位不同、轻重不一，处理方法自然就不同。旅游者如果擦伤皮肤，流血不多，导游人员可协助旅游者在附近寻找医疗点，消毒包扎；被动物咬伤应去医院消毒，打破伤风针或狂犬疫苗等。

小伤口进行简单处理后就可以止血，较大的伤口一般可采用指压法、包扎法、止血带法等方法止血。

较重的外伤在进行现场初步处理后应尽快送往医院。

（三）旅游者骨折的处理

旅游者受伤后忌按摩揉搓，疑为骨折时，要让患者停止活动。对开放性骨折，必须进行必要的现场处理：设法止血、消毒，四肢骨折应设法就地取材，例如用厚纸板、平直的木板、树枝进行固定，用毛巾等垫好后用布条将伤肢固定；也可将伤肢固定在健肢或躯干上：右腿骨折要固定在左腿上，上肢骨折要固定在胸部；四肢骨折固定时，要上肢屈肘，下肢伸直，固定范围包括上下关节；脊椎疑为骨折时，让伤者平卧木板上，固定好后才能搬运，并拨打120求助。

五、旅游者溺水事件的预防和处理

（一）旅游者溺水事件的预防

1. 在河、湖边游览时，导游人员要提醒旅游者，尤其要提醒孩子、老人不要太靠河、湖边行走，以免落水。
2. 在乘船和竹筏时，要提醒旅游者不要超载、不能打闹。
3. 不让旅游者在非游泳区游泳；在游泳区游泳前，要提醒旅游者做好全身准备活动，提醒水性不好者不去深水处游泳；提醒父母监护好自己的孩子。
4. 进行水上活动时，应穿好救生衣，带好救生圈等救护设备。
5. 将码头的电话告知旅游者，以备天气突变时与之联系。

（二）旅游者溺水的处理

有人落水或在游泳、水上活动时发生危险，导游人员应立即组织抢救，必要时请救生员、救生艇协助救援；救上岸后，帮助其吐出脏水，换上干衣服，让其喝姜糖水，以防感冒；对严重溺水者，应拨打120求助并及时报告旅行社。

六、天灾逃生常识

（一）地震

1. 现场自救。

室内遇险，应就地躲避：躲在桌、床等结实的家具下，尽量躲在小的空间内，例如卫生间、厨房或内墙角；可能时，初震后迅速撤至室外。

室外遇险，切忌乱跑乱挤，不要扎堆，避开人多的地方；远离高大建筑物、窄小胡同、高压线；注意保护头部，防止砸伤。旅游团在游览时遇到地震，导游人员应迅速引领旅游者撤离建筑物、假山，在空旷开阔地域集中。

【案例分析】

1996年2月，云南丽江发生大地震。晚7时许，大地突然震颤。当时，一个上海旅游团正在集合，准备前去用晚餐。带团的是位有丰富经验的导游人员，发现发生地震就镇定地高喊："大家不要乱跑，快到街中心来，这里没有建筑物，安全。"他一面把老人、孩子往人堆中推，一面让大家保护好头部。几秒钟后，古镇到处断墙残壁，周围一片漆黑。两位导游人员密切配合，一前一后带着旅游团在初震后几分钟内冲出险区，进入安全地带。

分析：天灾无法预知，但一旦发生都很危险，导游人员一定要处乱不惊，引领全团旅游者冷静应对。地震时，让旅游者站到较宽阔的街中心，说明导游人员很有经验，若让旅游者各自乱跑逃生，危险性会增加。初震后，利用短暂的空隙时间引领旅游者迅速撤离险地非常必要。如果旅游团在人多拥挤、建筑物密集的地区遭遇地震，旅游团可能被迫解散，各自逃生，在可能条件下导游人员一定要反复强调集合的时间和地点。

2. 遭灾者的自救。

对于地震时被压在废墟下神志还清醒的幸存者，最重要的是不能让其在精神上崩溃，而应该创造条件脱离险境或使其保存体力，等待救援。例如，若能挣脱开手脚，应立即捂住口鼻，以隔挡呛人的灰尘，避免窒息；设法保存体力，不要乱喊，而要听到外面有人时再呼救；若能找到水和食物，要计划使用，尽可能长地维持生命。

任何人在地震发生时都要有强烈的求生欲望，绝不要放弃希望。

（二）海啸

海啸威力巨大，会在瞬间吞噬数十万人的生命。若遇到海啸，怎样应对，怎样逃生？一位杭州的女导游员为我们提供了很好的榜样。

【案例分析】

2004年12月26日印度洋发生大海啸时，一位杭州的导游小姐正带领24人的旅游团在泰国普吉岛游览。下午，旅游团刚回饭店，突然听到后面传来的巨响，导游凭直觉感到有一股不祥的气息，于是立即高喊："大家快上楼，都上到三楼以上来，可能有大海浪……"顷刻，海水扑来，把岸上的所有东西撞成一团，到处一片狼藉。站在楼上的杭州姑娘在清点人数时发现少了4人，于是不顾个人安危，踩着漂浮的冰箱、桌椅，在海水冲砸过的地方寻找自己的客人。终于，全团24人一个不少地被她集中在饭店楼顶上，等候救援队伍到来。

分析：① 导游人员要有一种先期设想各种灾难的意识。② 人的生命安全第一，旅游者的生命安全最重要。③ 处事沉着、反应机敏、果断行事，导游人员的这些心理素质在处理突发事件时显得特别重要。不管发生什么灾难，导游人员自己不慌乱，旅游者也就可能镇定，并能保持秩序，形成合力，形成团队智慧，就有可能将灾祸的损失和影响降到最低。④ 措施得当。导游小姐指挥大家往高处逃生，确保了旅游团的安全；她不顾个人安危寻找失散者，将大家集中在一起，相互照应，共渡难关。这位杭州导游小姐的行为可圈可点，她为每个导游人员做出了榜样。

（三）泥石流

在旅游团行程中如果有泥石流、滑坡多发地区，导游人员必须注意天气预报，若有连绵阴雨或大雨，要与旅行社或旅游者商量，对行程作必要的修改；暴雨刚停时，旅游团最好不要在山区活动。

遇到泥石流，导游人员要镇定地引导旅游者逃生。

1. 泥石流发生时，不能在沟底停留，而应迅速向山坡坚固的高地或连片的石坡撤离，抛掉一切重物，跑得越快越好，爬得越高越好。

2. 切勿与泥石流同向奔跑，而要向与泥石流流向垂直的方向逃生。

3. 到了安全地带，旅游者应集中在一起，等待救援。

（四）飓风

旅游团若遇强大风暴，尤其遇到龙卷风时，要采取自我保护措施。

1. 若在室内，最好躲在地下室、半地下室或坚固房屋的小房间内，避开重物；不能躲在野外小木屋、破旧房屋和帐篷里。

2. 若困在普通建筑物内，应立即紧闭临风方向的门窗，打开另一侧的门窗。

3. 若被飓风困在野外，不要在狂风中奔跑，而应平躺在沟渠或低洼处，但要避免水淹。

4. 旅游团在旅游车中时，司机应立即停车，导游人员要组织旅游者立即撤离，躲到远离汽车的低洼地或紧贴地面平躺，并注意保护头部。

【任务实施】

实训项目：旅游中突发事件的处理。

实训内容：1. 以小组为单位，进行实训。

　　　　　　2. 通过网络、图书等途径搜集有关旅游突发事件的案例，并进行分析总结。

　　　　　　3. 通过案例分析及所学知识，总结各类突发事件的处理方法与经验。

　　　　　　4. 上交有关旅游中各类突发事件的处理方案。

实训考核：小组间进行成果分享，教师进行点评、打分。

【考证专栏】

一、考点归纳

1. 游客要求改变旅游接待计划或活动日程的处理方法。
2. 客观原因造成旅游接待计划或活动日程变更的具体处理方法。
3. 漏接的原因、预防措施及处理方法。
4. 错接的处理方法及预防措施。
5. 空接的处理方法。
6. 误机（车、船）事故的原因、预防措施及处理方法。
7. 游客丢失证件、财物、行李的处理方法。
8. 游客走失的处理方法。
9. 游客患病、死亡的处理方法。
10. 游客越轨言行、突发事件的处理方法。

二、同步练习

1. 旅游团抵达目的地后无导游人员迎接，致使旅游团久候的现象是（　　）。
   A. 漏接　　　　　　B. 空接　　　　　　C. 错接　　　　　　D. 误接

2. 为预防误机事故的发生，导游人员的正确做法是（　　）。
   A. 旅游团出发前安排密集的游览活动
   B. 旅游团出发前安排购物活动
   C. 提前核对机票日期、时间、姓名等内容
   D. 旅游团出发前安排自由活动

3. 发生误机事故后,导游人员首先应该( )。

A. 安抚游客　　　　　　　　　　　　B. 报告旅行社

C. 联系最近的航班送走客人　　　　　D. 及时通知下一站调整行程

4. 地陪前往机场接机,到达机场经询问旅游团乘坐的航班晚点5小时,地陪应该( )。

A. 原地等候　　　B. 报告旅行社,听从安排

C. 回家等候　　　D. 先完成其他工作

5. 外籍旅游者突发重病,在急救过程中需要手术签字时,地陪应请( )签字。

A. 领队　　　B. 公证人员　　　C. 团长　　　D. 全陪

6. 导游人员发现旅游者食物中毒后,首先应( )。

A. 将患者送往就近医院抢救　　　　　B. 设法进行催吐

C. 报告旅行社及相关部门　　　　　　D. 取消旅游活动

7. 游客在游览活动中走失,导游人员应该( )。

A. 了解情况,迅速寻找　　　　　　　B. 争取有关部门的协助

C. 做好善后工作　　　　　　　　　　D. 写出事故报告

E. 发动所有游客去寻找

8. 游客的越轨言行是其个人问题,但处理不当会产生不良后果,正确的处理方法是( )。

A. 积极宣传国家的有关法律、法规　　B. 必要的提醒和警告

C. 认真调查核实　　　　　　　　　　D. 严肃处理

E. 对其置之不理

9. 一旦发生交通事故,导游人员正确的处理方法是( )。

A. 立即组织抢救　　　　　　　　　　B. 立即报案,保护现场

C. 立即报告接待社　　　　　　　　　D. 做好安抚工作

E. 做好善后工作,并形成书面报告

10. 饭店失火时,导游人员正确的处理方法是( )。

A. 拨打火警报警电话,迅速通知游客,有序撤离,

B. 当无法逃离火灾现场时,可以设法自救

C. 让游客返回房间拿好自己的贵重物品

D. 报告旅行社

E. 正确处理善后事宜,并完成书面报告

参考答案:1.A　2.C　3.B　4.B　5.A　6.B　7.ABCD　8.ABCD　9.ABCDE　10.ABDE

参考文献

[1] 刘雪梅,张虹薇. 导游业务 [M]. 沈阳:东北大学出版社,2012.
[2] 姜福金. 导游实务 [M]. 大连:大连理工大学出版社,2006.
[3] 邓军华,栗洪伟. 导游业务 [M]. 北京:中国旅游出版社,2013.
[4] 张立仁. 导游业务 [M]. 北京:高等教育出版社,2003.
[5] 叶娅丽. 导游业务 [M]. 上海:上海交通大学出版社,2011.
[6] 王连义. 怎样做好导游工作 [M]. 北京:中国旅游出版社,2005.
[7] 李亚妮. 导游业务 [M]. 北京:清华大学出版社,2009.
[8] 叶骁军. 导游技能实务 [M]. 天津:南开大学出版社,2008.
[9] 张晓娟,程伟. 导游服务实训教程 [M]. 北京:机械工业出版社,2008.
[10] 夏林根. 导游服务语言艺术 [M]. 太原:山西教育出版社,2003.
[11] 陈乾康. 导游实务 [M]. 北京:中国人民大学出版社,2006.
[12] 蒋炳辉. 导游带团艺术 [M]. 北京:中国旅游出版社,2009.
[13] 蒋文中. 导游语言艺术一本通 [M]. 北京:旅游教育出版社,2007.
[14] 范黎光. 导游业务 [M]. 北京:机械工业出版社,2005.
[15] 国家旅游局人事劳动教育司. 模拟导游 [M]. 北京:中国旅游出版社,2009.
[16] 梁晓虹,蔡铁鹰. 中国寺庙宫观导游 [M]. 北京:旅游教育出版社,1993.
[17] 中华人民共和国旅游法 [M]. 北京:中国法制出版社,2013.
[18] 蒋炳辉. 旅游案例分析与启示 [M]. 北京:中国旅游出版社,2003.